Petra Schirrmann/Ulrike Richter-Vapaatalo

Deutschland meine Heimat, Finnland mein Zuhause

Petra Schirrmann
Ulrike Richter-Vapaatalo

Deutschland meine Heimat, Finnland mein Zuhause

Lebensgeschichten deutscher Frauen im Finnland von heute

Heiner Labonde Verlag

Umschlaggestaltung: Merja Sainio
Umschlagfotos: Ulrike Richter-Vapaatalo

Dieses Buch entstand mit freundlicher Unterstützung der Aue-Stiftung, der Deutschen Botschaft Helsinki und der Emil-Öhmann-Stiftung der Finnischen Akademie der Wissenschaften.

ISBN 978-3-937507-39-2

Gestaltung: Antje Zerressen, Pada ri GmbH, Essen
Printed in Germany

Inhalt

So fing es an

Petra: »Wie kam es eigentlich dazu, dass du dir einen Finnen ausgesucht hast«, frage ich Ulrike irgendwann beim Mittagessen. Wir arbeiten Tür an Tür, sind etwa im gleichen Alter. Ich bin vor ein paar Jahren nach Finnland gekommen, Ulrike ist schon seit mehr als fünfzehn Jahren hier. Wir beide leben und arbeiten in der Hauptstadtregion, zahlen unsere Steuern hier, unsere Kinder wachsen in zwei Kulturen und Sprachen auf. Beim Nachtisch dann: »Und, wie geht es dir als Deutsche in Finnland?«

Ulrike: »Man könnte wirklich ein Buch über dieses Thema schreiben«, sage ich nach so einigen weiteren Gesprächen halb im Scherz – und Petra springt sofort drauf an: »Ja! Und lass uns noch andere dazu befragen!« Natürlich kennen wir noch mehr deutsche Frauen in Finnland, man unterhält sich ja, tauscht Geschichten und Erfahrungen aus. Ich erzähle dann meist, dass ich Ende der achtziger Jahre die ersten Male in Finnland war. Mich faszinierte die Sprache und auch die Landschaft und Natur, ich ging hier paddeln und wandern. Aber ein Austauschsemester in Helsinki gab mir das Gefühl: Dies ist wohl doch kein Land für mich! Die Sprache ist ja sehr spannend, aber was, wenn man sich ehrlich bemüht sie zu lernen – und keiner mit einem sprechen will?! Einmal habe ich mich sogar absichtlich aus meinem Wohnheimzimmer ausgeschlossen, um meine Nachbarn so kennenlernen zu können. Sie waren freundlich, haben mir den Hausmeister gerufen – aber wenn ich sie später auf dem Flur traf, haben sie nie gegrüßt oder auch nur gezeigt, dass sie mich kannten. Ein paar Jahre später lernte ich dann in Münster meinen finnischen Mann kennen. Da zog ich nach Helsinki und dachte mir, ich gebe Finnland eine zweite Chance. Die wird nun seit fast zwanzig Jahren täglich gewinnbringend genutzt.

Petra: Ich kannte das Land bereits durch verschiedene Urlaubsaufenthalte mit meinem finnischen Mann und konnte mir immer vorstellen, auch mit der Familie mal hier zu leben. Als ich so Mitte vierzig war, kam der Familienumzug nach Finnland, und da wurde mein Ehemann prompt wieder zum richtigen Finnen. Er entledigte sich urplötzlich all seiner deutschen Gewohnheiten. Zu einem Bewerbungsgespräch ging er dann zum Beispiel, wie im Sommer in Finnland oft üblich, einfach in bequemer Freizeitkleidung. Für mich ein Albtraum, ich hatte ihm sogar vorher extra noch ein Hemd gebügelt! Aber sein zukünftiger Chef kam sowieso in Shorts und T-Shirt zum vereinbarten Treffpunkt, einer Tankstelle in der Nähe seines Sommerhauses.

Gänzlich unvorbereitet traf die Kinder und mich auch die finnische Sprache, wir kannten vorher nur eine Handvoll finnischer Wörter – wie »papukaija«, »elefantti«, »deodorantti« –, aber das reichte hier natürlich nicht. Anfangs klang die Sprache für mich manchmal wie eine Horde wilder Pferde, die vor Übermut ganz schnell galoppieren und kaum zu bändigen sind.

Ulrike: Wir haben nun also ein Projekt und eine Menge Fragen: Wie viele Deutsche gibt es überhaupt in Finnland? Wie viele deutsch-finnische Familien? Welches Bild hat die Öffentlichkeit davon? Wie geht es anderen deutschen Frauen hier? Tatsachen: In Finnland sind laut Statistikamt ca. 2400 finnisch-deutsche Partnerschaften registriert. Es sind etwa doppelt so viele deutsche Männer (ca. 1600) mit Finninnen verheiratet oder in einer Lebensgemeinschaft wie deutsche Frauen (ca. 800) mit Finnen (Angaben vom 31.12.2010). Auch die Anzahl finnisch-deutscher Familien spiegelt dasselbe Ungleichgewicht wider: 545 deutsche Frauen sind hier registriert (vgl. 1177 deutsche Männer), zusätzlich 74 alleinerziehende deutsche Frauen mit ihren Kindern. Familien, in denen beide Partner aus Deutschland stammen, gab es 2010 in Finnland offiziell 146.

Entsprechend dieser »männerlastigen« Statistik kommen auch bei der Darstellung Finnlands in der deutschen literarischen Öffentlichkeit weitgehend nur die Männer zu Wort. In deutschen Buchhandlungen finden sich vor allem humoristische Schilderungen eines exotischen Finnlands aus der deutschen Perspektive, im Stile »von einem der auszog, eine finnische Frau zu heiraten«.

Petra: Aber wir wollen das ganze Bild sehen und zeigen. Wir beginnen mit anderen deutschen Frauen Kontakt aufzunehmen, möglichst vielen verschiedenen: Sie stammen aus unterschiedlichen Teilen Deutschlands, wohnen in allen Ecken Finnlands, sind verschiedenen Alters und haben unterschiedlich lange Finnlanderfahrung. Wir wollen sie fragen, wie ihr Leben in Finnland aussieht – praktisch, sozial und emotional. Das ist der Anfang für unsere Reise von der Hauptstadt ins Land hinaus. Wo wir mit den Frauen sprechen, erfahren wir nicht nur ihre Geschichte, sondern oft heißt es auch: Ich kenne da noch eine deutsche Frau, die hätte auch viel zu erzählen! Unser Schneeball wird bald zur Lawine.

Als Erstes interviewen wir fünf Frauen, die mit ihren finnischen Männern in der Hauptstadtregion leben, in einem Alltag, der finnisch geprägt, aber oft auch ziemlich international ist. Davon erzählt uns Annette in ihrer direkten Art, gleich hier in der ersten Geschichte.

In Finnland wohnen die extremsten Männer

Annette, 34, aus dem Rheinland, seit neun Jahren in Helsinki

Finnisch, das sah mir irgendwie so abgefahren aus, da hab ich mich für einen Kurs angemeldet. Ich hatte mich in einer Buchhandlung umgeguckt, was mir als Sprache gefiel, denn ich wollte mal etwas machen, das nicht mit zu viel Druck verbunden war. Finnisch war so eine Art Ablenkungsmanöver, als ich damals in Berlin meine Diplomarbeit geschrieben und dabei fast einen Lagerkoller gekriegt habe. Man sitzt den ganzen Tag zu Hause, da wird man ja bekloppt! Also hab ich mir gedacht, ich brauche ein Hobby, und so bin ich auf Finnisch gestoßen. Finnisch sieht schon ganz schön komisch aus – Schwedisch oder Dänisch sind ja geschrieben nicht so aufregend.

Der Lehrer war ein Finne, der hat uns auch viel über das Land erzählt. Da hab ich mich dann immer mehr für Finnland interessiert und schließlich gedacht: Dort könnte ich doch für meine Doktorarbeit hingehen! Also habe ich einen Professor in Helsinki angeschrieben, und er hat mich eingeladen, ich sollte da mal einen Vortrag halten – und so war ich das erste Mal in Finnland. Damals war ich für vier Tage hier und das hat mir auch sehr gut gefallen. Und dann bin ich natürlich hierhergezogen. Ich hab nur zwei Koffer mitgebracht, hab mir gedacht: So kannst du auch ganz schnell deine Zelte wieder abbrechen, das kannst du riskieren. Wenn's mir nicht gefallen hätte, wäre ich wieder gegangen. Aber es hat mir ja gefallen.

Erstmal hat mir dieses Informelle an der Uni gefallen, dieses »du« und die entspannte Atmosphäre. Und weil die Gruppen so klein sind und in Vorlesungen manchmal nur fünf Leute sitzen, kriegt da jeder seine Extrawurst. In Deutschland ist die Distanz doch viel größer. Aber hier können sie sich's leisten, menschenbezogen zu sein, weil's so wenig Menschen gibt. Später hat es mich aber auch ein bisschen gestört, per »du« mit dem Professor zu sein, weil es ja gut ist, wenn man auch eine gewisse Distanz behält, im professionellen Rahmen.

Außerhalb der Uni hatte ich hier erstmal gar kein Leben. Ich hab wirklich immer gearbeitet, auch am Wochenende! Gelebt hab ich im Wohnheim, mit anderen Studenten zusammen, das waren auch alles Ausländer. Die Finnen waren alle in den einen Häusern und die Ausländer alle in den anderen untergebracht. Man hat uns quasi in ein Ghetto gesteckt, weil die finnischen Studenten wohl fanden, wir wären zu laut. Als wir bei der Verwaltung mal nachgehakt haben, warum man das nicht mischt, meinten die: »Das führt zu Reibereien.« Aber ich glaub nicht, dass wir zu laut waren. Ich meine, wir waren ja alle Studenten, haben auf unsere Prüfungen gelernt. Natürlich haben wir abends auch mal Party gemacht, aber mein Gott, doch nicht jede Woche und bis vier Uhr morgens! Aber es war schon schön da. Man war froh, Leute zu haben, denen man mal was erzählen konnte. Wie eine Ersatzfamilie, mit sieben anderen auf einer Etage. Jeweils zwei haben sich ein Zimmer geteilt, aber das Wohnzimmer war quasi für alle, und da waren wir oft zusammen.

Finnen kennenzulernen war ein bisschen schwieriger. Ich hatte eigentlich lange Zeit keine finnischen Kontakte, komisch. An der Uni hab ich zwar mit den Studenten geredet, so vor der Vorlesung ein bisschen Smalltalk, aber nicht richtig. Die waren zwar nett, aber dass man da aus seinem Leben plauderte, das gab's nicht. Man hatte auch nicht das Gefühl, dass die das gerne machen würden. Vielleicht habe ich aber auch einen falschen Eindruck bekommen.

Aber als ich schon vier Jahre in Finnland war, da habe ich dann meinen Finnen, Otso, kennengelernt. Das war auch an der Uni. Er hat drei Türen weiter gearbeitet, und so hat man sich ja irgendwie immer mal gesehen. Meine italienische Freundin hat uns ein bisschen verkuppelt: »Also, das ist ein Netter, mit dem hab ich schon Kaffee getrunken in der Küche. Endlich mal einer, der nicht alles zurückhält. Der hat mir erzählt, dass er sich grad mit seiner Freundin zankt und die aus am ziehen ist.« – Das ist ja schon mal intim. Und dann war ich öfter mit ihm Tee trinken und spazieren, aber irgendwie ist der Groschen bei mir nicht gefallen. Doch eines Abends hat er mich angerufen und gesagt, dass er mich sehr mag und möchte, dass ich das weiß. Da dachte ich: Huch, das ist ja nun mal 'ne Ansage. Ja, und dann war das so.

Otso ist schon sehr geradeheraus, und ihm ist auch nichts peinlich. Er muss nicht irgendwelche blöden Spielchen spielen – dass man so tut, als ob man den andern doch nicht mag oder so. Von so was hatte ich echt die Schnauze voll. Es hat mich beeindruckt, dass er sich so aus der Reserve getraut hat. Er ist einer, der eine klare Ansage macht, und das dann auch so meint. Ich weiß aber nicht, ob das typisch finnisch ist; das ist eben typisch für ihn. Und er ist er, und wir sind uns kulturell sehr ähnlich. Typisch finnische Sachen, die hat er schon in gewissem Sinne, aber das macht ihn für mich nicht aus.

Am Anfang trafen wir uns einfach immer mal auf einen Plausch und ich fand das total nett. Aber wenn wir uns dann am Bus verabschiedeten, sagte er nur: »Ok, tschüss.« Nicht: »Das war wirklich nett, lass uns das mal wieder machen. Treffen wir uns Montag in der Arbeit, schönes Wochenende …« Sondern: »Ok, tschüss!« Irgendwann hab ich ihn mal darauf angesprochen, und er hat mir erklärt: Das ist so natürlich für ihn, mehr muss man da nicht sagen. Er erklärt mir die Dinge eigentlich immer, und das hat dann auch Hand und Fuß. Mit ihm kann man ja gut reden.

Einmal, da waren wir noch nicht zusammen, sagte er: »Die Busse sind schon weg. Du kannst bei mir übernachten, wir müssen auch gar keinen Sex haben.« Ich dachte, was ist denn das für eine Ansage?! Wir hatten grade so einen schönen Abend und haben gelacht und über dies und das geredet – und jetzt sagt er so was. Das ruiniert ja voll die Atmosphäre! Aber es war einfach genau so gesagt, wie's gemeint war, ganz geradeheraus.

Erstmal haben wir uns also kennengelernt, und im April sind wir dann zusammengekommen, an Ostern, da hatte ich ihn eingeladen. Und im Herbst bin ich dann bei ihm eingezogen, weil ich sowieso immer dort war. Im Wohnheim bei den Mädels war ich nur noch einmal in der Woche, um Hallo zu sagen und ein paar Sachen abzuholen. Das Zusammenziehen ging automatisch, das war jetzt nicht so ein Einschnitt. Und wir haben uns gedacht, eigentlich könnten wir sofort heiraten, ja klar. Dann haben wir aber überlegt, wir heiraten erst nach einem halben Jahr, wenn ich promoviert bin. Außerdem wär Heiraten doch ein bisschen überstürzt gewesen, schon nach einem halben Jahr zusammen! Wir haben uns gesagt: ›Wenn wir uns in sechs Monaten immer noch sicher sind, dann ist das gut.‹ Wir haben auf engstem Raum gewohnt, Einzimmerwohnung, vierunddreißig Quadratmeter. Man war also immer im selben Zimmer, es sei denn, einer war im Bad. »Na, wenn wir uns dabei nicht die Köpfe einschlagen, dann können wir auch heiraten, das ist ein guter Test.« Denn man ist ja auch rational als Wissenschaftler, das muss ja alles seine Richtigkeit haben. Auch wenn man sich sicher ist und weiß, dass das für immer hält, muss man ja auch realistisch sein.

Wenn wir Differenzen haben, versuch ich zu verstehen, wie Otso das sieht, und er versucht zu verstehen, wie ich das sehe. Ein Beispiel: Wenn wir mit seinen Freunden zusammen sind, dann will er keine Zärtlichkeit mit mir austauschen. Das ist ihm peinlich, das mag er nicht: »Ich hab Angst, dass die anderen sich ausgeschlossen fühlen.« Das find ich zwar sehr gut, dass er daran denkt; es gibt ja nichts Schlimmeres als Paare, die immer nur aufeinander hängen. Ich verstehe es, aber dann hab ich auch zu ihm gesagt: »Wenn ich kurz eine Zärtlichkeit mir dir austauschen möchte, dann will ich, dass du die erwiderst. Sonst find ich das blöd.« Das nimmt er auch ernst und wir kommen auf einen Nenner. Und wenn wir alleine sind, macht er so liebe Sachen! Wenn ich zu Bett gehe, sagt er: »Hast du dich eingecremt? Deine Haut ist doch immer so trocken.« Da kommt er und cremt mich ein, wenn ich schon fast eingeschlafen bin. So ist er, denkt immer zuerst an mich. Wenn er Kaffee macht, schüttet er mir den ersten ein, weil der letzte nicht so lecker ist. »Du bist irgendwie für mich wie mein Kind, ich will nur das Beste für dich. Und dann erst komm ich.« Deshalb brauch ich nicht ständig ein Küsschen hier und da. Wenn er aber zu Hause ein kalter Kübel wäre, das würde ich nicht akzeptieren! Und wenn Otso mich zu Hause verabschiedet, dann kommt er zur Tür gerannt und will mich noch ganz fest drücken. Er ist schon sehr warm und herzlich, so eine herzliche Beziehung hatte ich noch nie! Wir halten auch Händchen im Kino, wenn's keiner sieht.

Wir sprechen zusammen eigentlich fast nur Englisch, und schrecklich schlechtes, eine Katastrophe! Man merkt erst, wie schlecht das Englisch ist, wenn man mit richtigen Muttersprachlern spricht. Ab und an zwing ich ihn, auch mal Finnisch mit mir zu reden, aber ich find das dann so lustig – da kann ich nicht ernst bleiben! Und Deutsch hat er bis jetzt so an die 28 Wörter gelernt. Wir kommen mit Englisch total gut aus. Nur wenn wir bei mir zu Hause sind, ist es natürlich blöd, denn meine Mutter und die Verwandten sprechen nur Deutsch. Aber dann denk ich mir: Er arbeitet so viel, soll ich ihn jetzt auch noch zum Deutschkurs schicken? Und mit meinem Finnisch ist es so: Auf der Arbeit ärger ich mich immer, wenn ich deswegen zurückgeworfen werde oder Nachteile habe. Ich könnte da natürlich mehr reinstecken, aber Anderes ist mir einfach wichtiger – eigentlich schon schlimm, wo ich doch hier lebe! Aber das ist eine Frage von Prioritäten, und ich hab da nie so den perfektionistischen Drang gehabt, auch nicht, als ich damals zum Finnischkurs gegangen bin. Ich wollte mehr oder weniger einfach Spaß haben, hab da nie so den Ehrgeiz entwickelt wie für mein eigenes Fach. Eigentlich schade.

Die finnische Staatsbürgerschaft annehmen würde ich aber wohl sowieso nicht. Ich hab ja nicht das Gefühl, dass ich wegen meiner Nationalität Nachteile habe, ich hab höchstens mal Nachteile, weil ich kein Finnisch spreche. Aber ich denk mal, als EU-Bürger bist du zwar Ausländer, aber irgendwie doch eher Premium-Ausländer. Wenn ich jetzt aus Afrika käme, wäre das anders, aber dann würde mir auch die finnische Staatsbürgerschaft nichts helfen. Und außerdem hab ich ja bei der Heirat auch meinen Namen nicht abgegeben und ich trage keinen Ring – ich hab nicht das Bedürfnis nach solchen Äußerlichkeiten. Ich fühle mich zu Hause hier, aber ich fühl mich eben nicht als Finnin. Und wenn man herkommt, gibt man ja schon einiges auf, dann will man eben nicht alles aufgeben – auch wenn der Pass in gewissem Sinne nur eine Formalität ist.

Unter meinen Kollegen hab ich eigentlich keine Freunde, obwohl ich viele sehr schätze und auch mag. Bestimmt wäre ich mit manchen auch befreundet, wenn ich sie woanders kennenlernen würde. Aber wenn ich im Durchschnitt sechzig Stunden die Woche arbeite, das ist der Horror. Dann hat man einfach keine Lust, sich am Wochenende auch noch mit Kollegen zu treffen. Finnische Freunde hab ich aber schon, die hab ich meistens durch Otso kennengelernt. Ich treffe mich auch mal alleine mit denen, aber eigentlich nicht so oft. Ich hab ja auch noch meine finnische Schwiegerfamilie, zu denen ist die Beziehung sehr herzlich. Ich fühl mich da als vollwertiges Familienmitglied, auch bei den Tanten und Onkeln, die haben keine Vorbehalte gegen mich. Meine Schwiegereltern sind beide aus Lappland, und mein Mann ist ein richtiger lappländischer Junge, obwohl er das gar nicht wahrhaben will. In der Familie bin ich als Schwiegertochter total akzeptiert. Und diese typischen Schwiegermutterwitze, die passen hier gar nicht! Wenn ich krank bin, ruft meine Schwiegermutter an und kocht für mich und ist unheimlich lieb. Sie ist schon typisch finnisch, einfach so ein bisschen zurückhaltend. Aber mit mir ist sie sehr warm, schon von Anfang an. Wahrscheinlich hab ich als Schwiegertochter einen Sonderstatus, aber ist ja auch normal.

Die Finnen sind generell mit ihren Eltern ein bisschen distanzierter. Wenn sie ihre Eltern nach drei Monaten wiedersehen, schütteln sie sich nur die Hand. Wenn ich meine Mutter sehe – wir treffen uns manchmal ein halbes Jahr nicht oder länger – da umarmt man sich, man küsst sich und drückt sich! Und wenn wir uns verabschieden, dann kommt sie auch noch hinterm Zug hergelaufen! Aber hier ist das schon anders … Das hab ich gestern noch gedacht, als ich unsere Sekretärin getroffen habe. Sie war ein bisschen aufgelöst, weil ihre Mutter grade im Sterben liegt. Aber sie sagte, sie geht jetzt nicht mehr ins Krankenhaus, ihre Mutter wäre nur kurz bei Bewusstsein gewesen und hat sie nicht mehr erkannt. Und die Ärzte hätten gesagt, das hätte auch keinen Sinn mehr, sie würde in den nächsten Tagen sterben. – Das hätte keinen Sinn mehr, zu der Mutter zu gehen?! Also, ich wäre da nur noch an ihrem Bett, auch wenn sie mich nicht mehr erkennt! Wenn sie nur noch eine Sekunde hat, wo sie klar ist – wer weiß, was die alte Frau denkt? Sie denkt, die lassen mich hier alleine. Darum geht es doch. Da hab ich auch gedacht, was ist das denn für eine Beziehung mit den Eltern?! Das versteh ich nicht.

Was mich hier immer noch stört, und da werde ich auch niemals drüber weg kommen, ist, dass die Finnen nicht akzeptieren, wenn du sie einfach mal so zum Essen einlädst, ohne Hintergedanken. Wenn du bei uns zu Hause zu jemandem gehst, da kannst du sicher sein, dass du vollgestopft wirst mit Kuchen, Kaffee … Das gibt's nicht, dass du jemanden nach Hause einlädst und nichts zu essen hast. Bei uns im Dorf, da kennt ja jeder jeden, wenn da einer vorbeispaziert kommt und mit meiner Mutter in einen Plausch gerät, sagt sie: »Wir trinken jetzt Kaffee, trinkst du eine Tasse mit?« Und da kriegt er natürlich auch ein Brot, ist ja keine große Sache. Aber hier ist das anders. Zum Beispiel: Wenn wir Freunde zu Besuch haben, mache ich immer Essen. Ich hab das als Hobby, ich mach das sehr gerne, wenn ich Zeit habe – und ich mach das dann auch sehr lecker. Aber meinste, mir hätte mal einer gesagt, was für ein leckeres Essen ich hab? Ich koche echt die Brühe aus einem richtigen Huhn, und ich weiß, dass mein Essen gut ist. Ich gebe mir nämlich Mühe und nehme das ernst. Ich mache zwar einfache Sachen, aber die mach ich dann lecker. Aber den finnischen Gästen scheint das manchmal sogar wirklich peinlich zu sein. Das ist doch schlimm, oder? Und wenn ich in Deutschland auf eine Hochzeit gehe, da gibt es ein richtiges Hochzeitsmenü. Das ist ein besonderes Essen, ein Festessen! Aber als ich hier das erste Mal auf einer finnischen Hochzeit war, da dachte ich, das Essen ist ja wie in der Mensa! Das Kleid ist super, die Dekoration ist schön, die Location ist wunderbar, aber das Essen ... Wenn man zum Essen eingeladen wird, ist es für mich ein Zeichen, dass man willkommen ist. Das will ich meinen Freunden und den Leuten, die ich einlade, auch zeigen, aber das ist hier einfach eine andere Sichtweise. Die Leute würden es einem gar nicht übel nehmen, wenn man ihnen da nur ein Glas Saft anbietet. Wenn ich jetzt bei Freunden eingeladen bin und die haben ein paar Weintrauben gewaschen und stellen sie vor mich hin und fühlen sich ganz stolz, dann sehe ich das, wie es gemeint ist: als nette Geste. Ich nehme das nicht mehr übel.

Was mir auch aufgefallen ist: In Finnland wohnen die extremsten Männer. Im Guten wie im Schlechten. Also, da gibt's Typen, die sind so was von abgefahren … Du denkst, das sind die größten Langweiler, aber dann sind die Weltmeister im Schnapstrinken oder finnische Meister im Winetasting! Die haben sich in den Kopf gesetzt, sie wollen jetzt finnischer Meister werden, und dann geben sie alles dafür. Dieses *sisu*, diese Passion in denen! Da denkt man, das ist eine Kalkleiste, da ist irgendwie nichts – aber es brennt ein Feuer in denen, das echt bemerkenswert ist!

Als ich Otso noch nicht kannte, hatte ich eigentlich den Plan, nach Deutschland zurück zu gehen. Aber seit ich ihn habe, ist er mein Zuhause – und er wohnt nun mal in Finnland. Er und Finnland sind im Moment dasselbe für mich. Wenn er jetzt wegen der Arbeit umziehen müsste, würde ich natürlich mit umziehen. Aber ich kann mir auch gut vorstellen, für immer hier in Finnland zu wohnen. Wenn ich woanders wäre, dann würde ich schon Heimweh nach Finnland kriegen, ganz bestimmt. Auch wenn es schon mal so ist, dass man sich über Dinge hier ärgert. Klar, die dunklen Winter, die Kälte, die Sache mit dem Essen … Aber das Gras ist ja immer grüner auf der anderen Seite. Man kann ja motzen und meckern, aber man muss dann auch mal sagen: Wir haben es doch wirklich gut hier. Die Finnen, die meinen es immer alle sehr gut. Ich wundere mich manchmal, da kommt diese Wärme oft so überrumpelnd. Wenn ich gedacht habe, die kann mich doch gar nicht leiden – und dann umarmt die mich auf einmal und sagt: »Das hat aber gut getan, mit dir zu reden.« Und ich hab doch eigentlich nur zwei Sätze gesagt.

Ich kauf immer noch Parmesan am Stück

Katrin, 49, aus Frankfurt am Main, zwei Kinder, seit fünf Jahren in Helsinki

Es war Frühling, ich hatte in meinem Garten noch ein paar Blümchen gesetzt, aber dann sind wir losgefahren. Der Multivan war vollgepackt bis wirklich auf das letzte Zentimeterchen. Es war frühlingshaft warm, wir hatten T-Shirts an und leichte Jacken. Als wir dann eine Nacht auf dem Boot waren, hab ich rausgeguckt und links und rechts Eis um uns herum gesehen. Aha, ich bin am Auswandern, habe ich da gedacht – vorher war mir das gar nicht so bewusst gewesen. Als wir dann in Helsinki angekommen sind, war's doch schon bedeutend kälter. Und dann, das werde ich nie vergessen, sind wir vom Schiff gefahren und mein Mann hat das Navigationssystem angestellt. Der erste Satz, den wir gehört haben, war: »Wenn Sie die Möglichkeit haben, kehren Sie um, jetzt!« Darüber haben wir gelacht, denn wir hatten die besten Absichten – das habe ich ja eigentlich immer.

Wir hatten uns relativ spontan entschlossen, nach Finnland umzuziehen. Mein Mann hatte über zwanzig Jahre in Deutschland gewohnt, aber er hat Finnland immer vermisst. Wir wollten sowieso umziehen – warum also nicht nach Finnland. Ich hatte vorher schon viele schöne Urlaube in Finnland verbracht und konnte es mir eigentlich ganz gut vorstellen, da zu wohnen. Ich bin gern draußen, ich mag die Natur und fand die Menschen dort immer sehr angenehm. Ich habe auch die finnische Familie meines Mannes sehr geschätzt und mich bei ihnen immer willkommen gefühlt. Außerdem dachte ich: In Zeiten der Globalisierung brauchst du nach Deutschland zwei Stunden mit dem Flieger, da kannst du auch gleich nach Finnland gehen. Ich hatte ja vorher schon Auslandserfahrung, wusste aber damals noch nicht, dass Finnland für mich nicht nur Ausland, sondern Ausland-Ausland sein würde. Als Kind war ich durch den Beruf meines Vaters oft für einen längeren Zeitraum in Italien gewesen, in Amerika und in Australien habe ich schon gearbeitet – aber Finnland ist doch schon was anderes, wenn man nicht im Urlaub dort ist.

Da fuhren wir also zu unserer neuen Wohnung mitten in Helsinki, dorthin hatte mein Mann auch unseren Möbelwagen bestellt, Endziel »Bordstein Helsinki«. Wir hatten bis vier Wochen vor dem Auswandern auch noch keine Wohnung, ein ziemlich mutiges Unterfangen, so im Nachhinein betrachtet. Mein Mann hatte keinen Job, ich hatte keinen Job, aber wir hatten diese Wohnung. Die hatten wir erstaunlicherweise bekommen – im Zentrum von Helsinki, zwei Arbeitslose –, weil mein Mann lustige Bilder von uns eingeschickt hatte, wir beide mit solchen Weihnachtsmützen, schon in leicht »relaxter Stimmung«, und die Frau von der Wohnungsgesellschaft war so beeindruckt von den Bildern und von unserem Ansinnen, dass sie uns sofort die Wohnung vermietet hat.

So, und dann kam ich in diese Wohnung rein. Und man muss sich das mal vorstellen: Ich hatte vorher ein Endreihenhaus in der Nähe von Hamburg bewohnt, mit drei Etagen, an die 200 Quadratmeter, also kamen nun vier Gartenzwerge und die ganzen Gartengeräte und zwei Sonnenschirme mit, und das alles wurde dort in der Wohnung abgeliefert. Da hat mich der junge Mann vom Umzugsunternehmen gefragt: Wenn dies also das Lager für die Möbel sei, wo wir denn nun wohnen wollten ... – Dass sich also in der Zukunft noch einiges ändern muss, stellte ich schon fest, als ich dort nachts in meinem Möbellager lag und kaum bis zur Toilette kam, weil wirklich alles zugestellt war. Meinen Mann hat das nicht so gestört, mich aber umso mehr – und dieser Zustand hat sich in den nächsten drei Jahren nicht erheblich verändert. Aber wir haben da irgendwie gewohnt. Also hab ich mich dann von immer mehr Möbeln getrennt und dabei auch von meinen Vorstellungen, die ich aus Deutschland mitgebracht hatte. Ich habe bald gemerkt, dass ich die nicht von Deutschland einfach so nach Finnland transportieren kann.

Am schlimmsten fand ich in der Anfangsphase eigentlich, dass wir keinen Alltag hatten. Wir hatten immer frei, wir konnten machen, was wir wollten, hatten keine Verpflichtungen; für mich persönlich war das schon nach zwei Wochen sehr belastend. Ich wollte etwas machen, was Sinn macht, ich wollte auch irgendwie dazugehören! Stattdessen haben wir uns viel angeguckt, viel Zeit mit den Kindern verbracht, die Kinder zur Schule gebracht – die hatten dann bald einen Alltag. Mein Mann hat an Umschulungen teilgenommen und ziemlich schnell auch in einer großen Computerfirma eine richtig gute Stelle bekommen, so gut, dass er uns einigermaßen davon ernähren konnte. Ich hatte das Gefühl, die Gehälter in Finnland stehen in keinem Verhältnis zu den Gehältern in Deutschland, wo mein Mann auch in derselben Branche tätig war. Ich habe in Deutschland auch gearbeitet, zeitweise in zwei Jobs. In Finnland war es dann bei uns recht knapp mit dem Geld, und zwar schon relativ schnell. Natürlich habe ich auch weiterhin eingekauft wie eine deutsche Hausfrau: Alles was ich gebraucht habe, ohne große Preisvergleiche, ohne darüber nachzudenken. Einmal kam eine finnische Bekannte zu Besuch und hat gesehen, wie ich koche. Sie hat mich gefragt, warum ich guten Parmesan am Stück kaufe, der sei ja teurer als fertig geriebener. Da hab ich gar nicht verstanden, was sie meinte. Jetzt nach fast fünf Jahren in Finnland verstehe ich das – ich kauf aber immer noch Parmesan am Stück.

Wie wir uns kennengelernt haben? Ich habe damals in Deutschland als Moderatorin beim Radio gearbeitet und das Interessante war, mein Mann kannte mich eigentlich schon, bevor er mich das erste Mal traf – also, er kannte meine Stimme, aber er wusste nichts über den Menschen dahinter. Ich habe damals immer nur gearbeitet, nachts und am Wochenende, immer nur gesendet. Da hat meine Sendeassistentin, die kam aus dem Computerbusiness, mich zu ihrer Party eingeladen: »Damit du mal ein paar normale Menschen kennenlernst.« Ich gehöre zu diesen Gästen, die man mag oder auch nicht, die um Punkt acht schon vor der Tür stehen und dann um zehn, halb elf müde werden und nach Hause gehen. Da saß ich also und dachte: Was machst du eigentlich hier?! Und dann ging die Tür auf und mein zukünftiger Mann kam rein. Ach, was für ein netter Mann. Er hat sich neben mich gesetzt und wir haben angefangen miteinander zu reden, und dann wär er fast umgefallen, als er rausfand, wer ich bin. Er hatte mich ja immer im Radio gehört, und nun saß ich da leibhaftig neben ihm – das fand er ganz schön, glaub ich. Da habe ich gedacht, ich habe auf diesen jungen Mann – damals waren wir beide noch jünger – so eine ungeheure Wirkung, dass ich mich getraut habe, ihn so um fünf nach zehn zu fragen: »Kann ich dich nun nach Hause fahren?« Weil ich ja immer ein Auto hatte und nie etwas getrunken habe. Worauf mein zukünftiger Mann in seiner unverblümten Art antwortete: »Nö, jetzt nicht, ich hab mir grad ein Bier aufgemacht«. Da hab ich als Frau doch etwas an mir gezweifelt. Und meine Freundin hat am nächsten Tag dazu gesagt: »Na, den schlag dir aus dem Kopf, das wird nie was« – und ein halbes Jahr später waren wir verlobt.

Das war eigentlich ziemlich romantisch: Mein Mann konnte sehr schön malen, und dann kamen, immer wenn ich gesendet habe, Bilder von ihm per Fax, die hat er mir direkt ins Studio geschickt – ich möchte die Frau sehen, die von so was unberührt bleibt! Nach einem Monat hab ich ihn dann angerufen und gefragt, ob er nicht mal mit mir spazieren gehen will. Und er hat das getan, was er dann nie wieder gemacht hat: Er ist mit mir spazieren gegangen. Und nach einem halben Jahr hat er mir dann den Heiratsantrag gemacht. Da habe ich mich sehr gefreut. Ich hatte auch schon gemerkt, dass den Finnen die Familie sehr wichtig ist. Das hat mich beeindruckt, denn ich selbst komme auch aus einem sehr familiengeprägten Elternhaus. Ich bin katholisch, und die Heirat und die Familiengründung, das hat mir schon sehr viel bedeutet.

Wir haben dann nicht sofort geheiratet, denn mein Mann hat ungefähr anderthalb Jahre an seiner Hochzeit geplant. Es war wirklich seine Hochzeit, denn er hat alles dafür haarklein organisiert. Er hatte sogar als Babysitter eine Frau engagiert, die früher Polizistin war – damit auf die Kinder der Gäste besonders gut aufgepasst wurde! Es war die perfekt geplante Hochzeit, ein reines Meisterstück. Wir haben hier in Finnland geheiratet, es war ein Tag voller Freude, und ich erinnere mich wirklich gern an diesen hellen Tag.

Ja, und nach der Hochzeit sind wir wieder zurück nach Deutschland gefahren, da fing dann der Alltag an. Ich hab eifrig gearbeitet, dann kamen zwei Kinder, mit vierzehn Monaten Abstand – und dann nach fünf Jahren die Entscheidung, nach Finnland zu ziehen. Für meinen Mann war das so: einmal Finne, immer Finne. Er hat oft erwähnt, dass er die Landschaft, die Felsen, die Ruhe und Stille in seinem Herzen hatte. Und ich hab auch gemerkt, er war zwar in Deutschland sehr beliebt, aber so richtig dazugehört hat er nicht; sie haben ihn liebevoll, manchmal auch ein bisschen spöttisch, »den Finnen« genannt. Er war schon anders als die anderen – was mich damals unglaublich angezogen hat, denn ich war so ein Hans Dampf in allen Gassen, und die Ruhe von meinem Mann, die Ausgeglichenheit und auch die Stille, einfach mal miteinander sein zu können, ohne immer was zu tun, all das hat mich damals sehr fasziniert.

Das hat sich aber dann geändert. Da gab es erstmal diese Anzeichen: Er ist so ein Perfektionist, hoch begabt, und hatte schon immer Probleme mit Stress. Wir waren gerade ein halbes Jahr verheiratet, als sich herausgestellte, dass die Depressionen, mit denen er schon immer zu kämpfen hatte, schlimmer wurden. Und als dann das erste Kind kam, war ich schon recht auf mich allein gestellt. Tag und Nacht war ich da im »Dienst«, ihm ging das über die Kräfte. Dann kam das zweite Kind, da war alles noch schwieriger. Und als ein paar Monate danach seine Mutter starb, die er sehr geliebt hatte, ging es bei ihm richtig los mit den Depressionen. Ich erinnere mich, wie ich mit dem Zweierkinderwagen um die Alster geschoben bin, immer alleine. Da war ich auch körperlich sehr beansprucht. Mein Mann ging zwar zum Arbeiten aus dem Haus, aber sonst kaum noch. Das war für uns als Familie schon sehr schlimm, und das hat uns über die Jahre auch begleitet. Meine Kinder und ich haben eine sehr enge Beziehung zueinander entwickelt, aber mein Mann war irgendwie aus dem Familienverbund raus. Auch gereist bin ich mit den beiden Kleinen sehr oft allein, da haben sie sich an einer Schnur am Koffer festgehalten – wir mussten so zusammenhalten, um die Welt erfahren zu können.

Aber ich hab meinen Mann wirklich geliebt. Wenn man mit jemandem zusammen ist, der Depressionen hat, dann macht man selbst auch so Phasen durch: Zuerst ist man absolut beunruhigt, nimmt sich aber selbst zurück, man nimmt Anteil, dann ist man wütend, macht so Sprüche wie »Reiß dich doch mal zusammen« –

das funktioniert natürlich überhaupt nicht –, dann ist man sauer auf sich selbst, weil man das alles mitmacht, schließlich ist man ungeheuer traurig, weil man denkt, es entgeht einem auch so viel ... Aber es war immer so: Mein Mann ist ja so ein lieber Kerl, man kann ihm nicht böse sein, und wir waren ja auch eine Familie, wir haben ihn wirklich geliebt. Aber kräftemäßig konnte ich einfach manchmal nicht mehr. Nach fünf Jahren haben wir als Familie gesagt, wir versuchen das jetzt mal in Finnland. Zurück zu den Wurzeln, da sind die finnischen Verwandten und alles ... Und ich hatte die Einstellung: Hauptsache, ein voller Kühlschrank und alle sind gesund, dann geht das schon.

Erstmal waren wir froh, hier in Finnland zu sein, und er ist auch aufgeblüht. Aber dann nach ein paar Monaten ist uns etwas ganz Schreckliches passiert: Er kam urplötzlich ins Krankenhaus und da wurde festgestellt, dass er einen Tumor hatte, einen recht großen. Und ich war hier in dem fremden Land, mit zwei kleinen Kindern, ich konnte die Sprache nicht, und der einzige Punkt, der mich mit diesem Land verband, war der Mann, der schwer krank dort lag. Der Krankenwagen war mehrfach nachts bei uns, die Kinder waren total verschreckt und besorgt, ich hab versucht, irgendwie ruhig zu bleiben. Als er im Krankenhaus war, bin ich dann immer dahin gefahren, von der Uni, wo ich einen Lehrauftrag hatte, habe die Kinder abgeholt, stand ständig im Parkverbot. Das Gute war, dass im Krankenhaus alle Englisch mit mir gesprochen haben, ich war dadurch nicht ganz so verloren, und dann hat sich endlich herausgestellt, dass es ein gutartiger Tumor war. Mein Mann kam nach drei Wochen nach Hause, lag dann aber noch mal einige Monate fest im Bett. Da hab ich den Anfang hier in Finnland, so kam's mir vor, also auch ganz allein gemacht. Habe mich um die Kinder, um den Mann gekümmert und versucht, hier beruflich Fuß zu fassen – das war auch für mich erhöhte Taktzahl.

Beruflich ist es noch immer nicht so leicht. Es gab Zeiten, da hab ich überhaupt nichts verdient, und das war für uns als Familie sehr bedrohlich. Ich war sehr überrascht, dass es mir trotz meiner recht internationalen Ausbildung nicht gelingen sollte, hier in Finnland eine Stelle zu finden. Ich habe intensiv Sprachkurse besucht, bin eigentlich ganz enthusiastisch an alles rangegangen und hab mich dann gewundert, warum ich damit nur teilweise Erfolg habe. Naja, jetzt weiß ich schon, woran das liegt: Ich habe mich eben auf einer deutschen Insel bewegt. Die Kinder gehen zur deutschen Schule, mein finnischer Ehemann hat mit uns immer nur Deutsch gesprochen, meine Lehraufträge waren auf Deutsch. Es gehört natürlich zu einer gelungenen Sozialisation in einem Land, dass man die Sprache spricht. Meine Sozialisation hier in Finnland läuft zu einem Teil natürlich auch über meine finnische Verwandtschaft – obwohl mein Mann und ich nun die Scheidung eingereicht haben, bezeichne ich sie immer noch als meine »finnische Familie«. Die sind mir herzensgut. So gut, dass sie mich meistens in Ruhe lassen – eigentlich fast immer. Aber ich weiß, wenn ich einen von ihnen brauche, dann sind sie für mich da. Doch es ist ganz anders als in Deutschland. Da hätte schon mal eher einer gesagt: »Du, komm, ich lad dich mal zum Kaffeetrinken ein, vielleicht bist du grad ein bisschen allein oder hast Probleme. Wenn du einfach ein Stück Kuchen essen willst, dann kannst du immer zu mir kommen!« Solche Sachen passieren hier seltener. Hier denkt man, man will mir nicht zu nahe treten. Das ist eben eine andere Kultur, das weiß ich jetzt auch besser einzuordnen, seit ich im Land lebe.

Ich kann aber zum Glück sagen, ich habe hier gute Freunde gefunden, eher deutsche. Ich bin auch aktiv rausgegangen, habe Leute kennengelernt, habe auch mal eingeladen zum Essen. Aber wenn ich Finnen eingeladen habe, war das zwar ganz nett, man hat sich auch gut verstanden, aber es ist so an der Oberfläche geblieben. Intensive Freundschaften haben sich da noch nicht ergeben. Ich habe nur eine gute finnische Freundin, die kenne ich schon über zehn Jahre, denn sie war damals in Deutschland als Au-pair bei uns. Wir waren uns schon immer nah. Sie hat aber auch gleich gefragt: »Na, bist du dir wirklich sicher, dass du nach Finnland ziehen willst?!« Aber für mich ist hier zu leben eine Aufgabe, die es zu lösen gilt, und ich glaube auch immer noch, dass ich diese Aufgabe lösen kann. Aber es erfordert unglaublich viel Geduld – was meinem Charakter überhaupt nicht entspricht. Ich weiß schon, dass ich hier nicht auf dieselbe Weise an die Dinge herangehen kann wie in Deutschland. Dort würde ich sagen: »Jetzt krempeln wir die Ärmel hoch und packen das an!« Hier verschreckt man aber vielleicht jemanden damit. Die finnische Art ist: erstmal sachte drangehen und ein bisschen abwarten. Da werde ich ja ganz nervös! Aber das ist eben eine andere Art. Ich kann es gar nicht bewerten – es sind einfach zwei verschiedene Kulturen, die da aufeinandertreffen.

Das merke ich auch in der täglichen Kommunikation. Ein konkretes Beispiel: In meiner Familie haben wir immer gern geredet, und wir reden laut und auch viel, und wir fallen einander gegenseitig ins Wort – wir haben einfach eine Freude dran, miteinander zu reden! Nun war mein Jüngster im Sommer bei einem finnischen Klassenkameraden ins *mökki* eingeladen, und als er zurückkam, hat er plötzlich ganz leise gesprochen. Da war ich richtig beunruhigt, aber mein Mann fand das ganz toll und sagte: »Jetzt spricht er wie ein richtiger Finne.« Doch ich hab gesagt: »Ach Bub, bist du dir sicher, dass du mit deiner Mama so reden willst?« Manchmal hat mein Mann früher auch gesagt, wenn ich zum Beispiel einen Abend mit

Deutschen zusammen gewesen war: »Wenn du nach Hause kommst, merkt man, dass du wieder lauter und schneller sprichst.« Das find ich alles ganz interessant – schon von der Akustik her treffen da Welten aufeinander!

Als mein Mann um meine Hand angehalten hatte, ist er zum ersten Mal zu uns nach Süddeutschland gekommen. Da hatte sich die ganze Familie versammelt, um nun diesen Neuen aus dem Norden zu begutachten, und alle redeten durcheinander und es gab Äbbelwoi und alle haben sich gefreut. Aber wenn mein Mann was gefragt wurde, ging das Gespräch immer schon weiter, bevor er antworten konnte. Als ich danach mit ihm über seinen Eindruck von diesem Zusammenkommen sprach, meinte er: »Ich versteh das nicht – waren die gar nicht an mir interessiert? Die haben mich ja gar nicht zu Wort kommen lassen!« Und als ich mit meinen Eltern sprach: »Na, wir haben das Gefühl, dein Mann ist ein bisschen schüchtern, der sagt ja nicht viel.«

Meine Familie und meine Freunde in Deutschland vermisse ich, täglich, schmerzlich. Aber ich habe hier zum Glück auch gute Freunde, und die verstehen, was meine Freunde in Deutschland nicht richtig verstehen können: Dass es Stress ist, immer wieder erklären zu müssen, warum man hierbleibt – wo doch in Deutschland alles günstiger sei, wo man dort vielleicht auch bessere berufliche Möglichkeiten hätte, wo man sich in Deutschland doch weniger »plagen« würde. Das hör ich oft: »Warum plagst du dich nur so?«

Alles hat seine Zeit, ich bin jetzt eben hier. Aber ob ich für immer hier bleibe, das kann ich nicht sagen. Es ist ohne einen finnischen Partner allein ziemlich schwer. Das weiß ich jetzt. Aber wenn man mich fragen würde, ob ich noch mal einen finnischen Partner haben möchte – das ist schwer zu sagen. So naiv, wie ich in diese Beziehung reingegangen bin, dass ich gesagt hab, Liebe überwindet alle kulturellen Unterschiede oder Gräben, so naiv bin ich nach diesen zwölf Jahren Ehe nicht mehr.

Mein Mann und ich haben uns nicht mehr verstanden. Das wurde besonders schlimm nach dem Tod meiner Mutter, als ich ein bisschen Trost gebraucht hätte. Aber da fühlte ich mich richtig auf mich allein gestellt, das hat mir überhaupt nicht gut getan. Für ihn war es »business as usual«, ich musste einfach funktionieren, alles sollte immer so weitergehen. Meine Mutter war mir eine große Freude gewesen, ich war so froh, dass ich sie noch hatte. Und dann hab ich einen Anruf bekommen, da war sie einfach tot – Herzinfarkt. Ich konnte das gar nicht glauben. Da hab ich Trost erwartet, aber ich hab keinen bekommen. Meine Kinder haben mich getröstet, die haben mich bekocht und mir Tee gemacht und Eis versprochen, die gingen mit mir spazieren. Einfach wunderbare Kinder! Ich war aber untröstlich. Ich hab mich dann einer finnischen Bekannten anvertraut, die viel Erfahrung mit Menschen hat: Dass das nicht mehr klappt mit meinem Mann und mir und dass wir darüber nachdenken, ob wir uns trennen sollen. »Schlägt er dich?«, war ihre erste Frage. Ich habe gar nicht verstanden, was das heißen sollte. »Nein, natürlich nicht«, hab ich gesagt, »es funktioniert nur nicht mehr.« Und dann hab ich gedacht: Das kann doch nicht sein, dass das das Kriterium für eine schlechte Ehe ist – dann wäre ich doch schon längst nicht mehr mit ihm zusammen gewesen! Da habe ich aber ganz andere Ansprüche an eine Beziehung! – Ich hätte vielleicht auch mehr sagen müssen. Vielleicht wäre er aus allen Wolken gefallen, wenn er gewusst, was da alles von ihm erwartet wurde. Aber ich habe immer nur gedacht, das müsste von alleine so werden, wie ich es in meinem Elternhaus gesehen habe. Als meine Mutter ihren Vater verloren hat, da hat sich ihr Mann erstmal Urlaub genommen, um sich um sie kümmern zu können. Überhaupt hat er sie manchmal zum Essen »ausgeführt«, wie er es nannte, oder er hat die Musik im Radio lauter gedreht, um mit ihr zu tanzen. So was hab ich irgendwie auch erwartet, aber das kam nicht und das wird nie kommen.

Ich hab früher auch immer gedacht, so ganz unschuldig: Ich spiele gern Backgammon, da könnte man sich abends doch zusammensetzen und ein Gläschen Wein dazu trinken. Aber das hat nie stattgefunden, in zwölf Jahren nicht. Für meinen Mann wäre das einfach nur Stress gewesen, spielen, so am Feierabend. Wenn wir, selten, mal über Erwartungen gesprochen haben, hat er immer gesagt: »Ich habe auch Erwartungen, aber wenn die nicht erfüllt werden, dann ist das eben so. Da muss man sich drauf einstellen, das Leben ist nicht zum Vergnügen da.« Aber ich hab die Einstellung, es muss auch Vergnügen geben. Ich esse gern, gehe auch gern mal spazieren – und dann hieß es früher öfter: »Na, du musst ja Zeit haben.« Ich war immer ein bisschen neidisch, wenn ich in Deutschland ältere Paare gesehen habe, die Hand in Hand um einen Teich laufen, vielleicht auch ohne zu reden, aber sich verstehend. Da hab ich oft gedacht: Das wird's für mich nie geben, und dann war ich richtig traurig. Wenn ich mit meinen Eltern darüber gesprochen habe, haben sie gesagt: »Meine Güte, Kind, was bist du bescheiden. Natürlich kannst du erwarten, dass dein Mann mal mit dir spazieren geht!« Meine Eltern haben ihre Beziehung wirklich gepflegt, sie haben viel zusammen gemacht und auch nach über 40 Jahren war meine Mutter für meinen Vater noch nicht selbstverständlich, er hat sie wertgeschätzt. Und ich hab das gesehen und gedacht, so geht das. Dazu gehören ja auch Routinen in der Beziehung: ein Abschiedskuss, ein Gutenachtkuss ...

Ich bin auch mit meinen Kindern zärtlich, es ist für mich ganz wichtig, dass man zu sich selbst gut ist und zu anderen Menschen auch. Da hab ich oft gedacht, mein Mann ist auch zu sich selbst so unbarmherzig, mehr als nur asketisch. Wenn ich da für ihn eine gute Wurst auf dem Tisch hatte, hat er gesagt: »Ich ess erstmal die Wurst aus dem Kühlschrank, die noch weg muss.« Da hab ich ja einen ganz anderen Ansatz: Man erfreut sich erstmal an der guten Wurst und die alte bleibt im Kühlschrank. Es ist doch schön, wenn mal was Besonderes auf den Tisch kommt! Einmal hatte ich die finnischen Verwandten zur Neujahrsfeier eingeladen und habe einen Tag lang gekocht und gebacken, die ganze Küche stand voll mit Essen, und dann kam mein Mann rein und sagte: »Du beschämst mit deiner Fülle die Gäste, du kochst so viel, das kann doch kein Mensch essen! Sie bekommen Stress, wenn sie sehen, wie viel du da aufträgst.« Aber bei uns zu Hause ist das doch so: Der schlimmste Stress ist, es reicht irgendwie nicht – wenn nur noch ein Stück Kuchen da ist, aber zwei wollen noch ... Fülle wird hier skeptisch beäugt, das wird oft mit Verschwendung gleichgesetzt – das finde ich sehr schade.

Im Alltag komme ich hier ganz gut klar. Ich kriege, was ich will. Und ich traue mich auch schon, Finnisch zu reden, vor allem mit Menschen, die mich nicht kennen. Wenn ich mit meinen Kindern unterwegs bin und ich spreche Finnisch, sagen sie: »Man blamiert sich mit dir mit jedem Jahr weniger, Mama.« Ich müsste natürlich die Sprache mehr anwenden, jeden Tag. Aber die Finnen sind auch sehr freundlich, entweder sprechen sie Deutsch mit mir oder dann sofort Englisch, wenn sie merken, es geht sehr langsam auf Finnisch. Aber so knüpft man natürlich auch keine engen Kontakte.

Trotzdem leb ich schon gern hier, auch jetzt allein, beziehungsweise mit meinen Kindern. Das ist noch mal was anderes, als mit einem finnischen Partner in Finnland zu wohnen. Aber ich kann sagen, dass ich Finnland schätze. Ich liebe die Natur hier, ich bin gerne draußen, ich laufe gern, ich schätze auch die persönliche Sicherheit überall sehr. Auch wenn ich abends in Helsinki unterwegs bin, fühle ich mich sicher. Ich habe das Gefühl, wenn ich mal meine Tür offen lasse – ich hab sowieso keine wertvollen Sachen –, wird mir schon nichts gestohlen. Man lebt hier entspannt. Ich bin noch nie angelogen worden, die Menschen sind sehr ehrlich. Man bekommt immer genau das, was man bestellt hat; in Deutschland hingegen muss man ein bisschen gucken, was man kriegt. Wenn ich hier ein Sandwich esse, dann nehme ich nie den oberen Teil ab und schaue nach, was drin ist – ich beiße einfach rein. Ich vertraue Finnland.

Der Sprung ins kalte Wasser hat mich stark gemacht

Anna, 29, aus Brandenburg, seit acht Jahren in der Hauptstadtregion

Zuerst hat mir mein Onkel ein Bild von Finnland vermittelt: Die Finnen sind sehr freundlich, die feiern ganz viel, die trinken ganz viel, mit denen hat man ganz viel Spaß, und im Sommer ist es total schön dort. Mein Onkel kannte Finnland schon seit vielen Jahren: Mit fünfzehn war er nach St. Petersburg gegangen und hatte dort eine Finnin kennengelernt, und seit damals ist er jedes zweite Jahr ein paar Wochen hier in Finnland. Ich hatte mich schon früh fürs Skispringen interessiert und bin öfter mal mit meiner Freundin in Deutschland zu so was hingefahren. Und da die Skispringen in kleineren Städten oder Dörfern stattfinden, trifft man leicht mal Skispringer. Irgendwie standen wir da wohl mal im Weg, denn das erste finnische Wort, das ich gehört habe, war »paska« (»Scheiße«) – da mussten wir doch gleich im Wörterbuch nachlesen, was das heißt! Wir standen anscheinend wirklich sehr im Weg …

Mit meinem Onkel habe ich dann im Sommer einen Sprachkurs in Jyväskylä gemacht. Er hat mich genau in dem Moment erwischt, wo ich am schwächsten war: Ich hatte gerade meine Ausbildung fertig gemacht, habe ganz wenig verdient und wusste überhaupt nicht, was ich eigentlich wirklich machen wollte. Das war 2003, in Finnland einer der wärmsten Sommer der letzten hundert Jahre – und ich war sehr positiv überrascht von dem Land! Es war so schön da, und ich habe mich so frei gefühlt. Mein Onkel war nicht in dem gleichen Kurs wie ich, weil er schon besser Finnisch sprach. Ich war im Anfängerkurs, der war auf Englisch, so dass ich gleich zwei Fremdsprachen auf einmal hatte. Das Wetter hat mir also gut gefallen und die Finnen auch. Ich musste auf niemanden zugehen, die kamen auf mich zu. Das ist mir in Deutschland auch nie so passiert. An unserem ersten Abend in Finnland waren wir in Pieksämäki, wo eine Freundin von meinem Onkel wohnte. Wir waren da in einer Bar, und mein Onkel und seine Freundin sind dann zum Tanzen gegangen – und als ich mich umdrehte, standen da plötzlich drei Männer hinter mir, die mir alle einen Drink ausgeben wollten! Die kamen einfach auf mich zu und haben versucht, mit mir zu reden, so auf die Art: »Na, wo kommste her, was machst'n du hier?« Ich konnte ja nu überhaupt kein Finnisch und hab's mit Englisch versucht, mit Händen und Füßen. Die fanden's ganz lustig, und ich hab mich sehr wohlgefühlt in dem Moment.

Die Sprache in dem kurzen Zeitraum zu lernen, das ging nicht – das ging mir links rein und rechts wieder raus! Ich fand den Klang von Finnisch total schön, aber es kam natürlich drauf an, wer gesprochen hat. Wenn man Kimi Räikkönen sprechen gehört hat, das war nur so ein Nuscheln, aber bei meinem damaligen Freund … Da hab ich gedacht: So möchte ich auch mal reden können!

Der Sprachkurs dauerte drei Wochen, und dann bin ich wieder zurück nach Deutschland und hab überlegt, wie es weitergehen sollte. Erst mal bin ich mit meinen Eltern in eine andere Stadt gezogen – was sollte ich auch allein in Berlin bleiben. Da wusste ich noch nicht, was für ein großer Glücksfall dieser Umzug für mich war. Denn dort wurde ich gleich in eine Maßnahme vom Arbeitsamt gesteckt, und der Leiter von dem Kurs hat versucht, möglichst jedem seine Chance zu bieten. Also hab ich zu ihm gesagt: »Ich hab eine Aufgabe für Sie: Ich will nach Finnland« – und er sagte nur: »Oha!« Es dauerte ein paar Monate und dann kam er ganz stolz rein und meinte: »So, Anna, ich habe einen Kollegen, dessen Tochter in Helsinki wohnt, und die sucht ein deutsches Au-pair-Mädchen.« Das war mein Schicksal! Ich hatte dann ein Vorstellungsgespräch bei den Eltern und die haben mich erstmal ausgefragt: »Wer bist du denn, warum möchtest du nach Finnland?« Und nachdem ich wahrscheinlich einen positiven Eindruck hinterlassen hatte, haben sie dann in Finnland angerufen – und innerhalb von sieben Tagen war ich hier in Helsinki. Meine große Motivation war damals natürlich mein finnischer Freund in Jyväskylä.

Da kam ich also in eine deutsch-finnische Familie in Helsinki. Glücklicherweise haben die mir angeboten, dass sie den Sprachkurs bezahlen, so zwei-, dreimal in der Woche, das war dann praktisch meine Freizeitgestaltung. Ich hatte wahnsinniges Glück mit meiner Lehrerin. Ich brauchte kein einziges Mal mein Wörterbuch, alles hat sie so gut erklärt – das war einer der besten Kurse, die ich je in meinem Leben hatte. Die ganzen Grundregeln, die habe ich da gelernt und die sind auch immer noch so in meinem Kopf. Angewendet habe ich sie erst ein paar Jahre später, denn das Sprechen fiel mir anfangs wahnsinnig schwer. Ich hab mich gar nicht getraut, oder wenn, dann nur in Notsituationen und nur ein oder zwei Wörter. Das erste Mal habe ich Finnisch mit einem Busfahrer gesprochen, der kein Englisch konnte. Das war, nachdem ich schon zweieinhalb Jahre hier gelebt hatte. Sonst hab ich immer nur Englisch gesprochen.

Der finnische Alltag war erstmal immer so eine kleine Herausforderung für mich, wenn ich alleine unterwegs war oder die Kinder von A nach B gebracht hab. Als ich hierher kam, bin ich grad einundzwanzig geworden – und wurde dann schnell sehr selbstständig. Ich hatte ja plötzlich eine große Verantwortung: auf zwei Kinder aufzupassen, in einem fremden Land, einer fremden Stadt, alles fremde

Leute um mich herum. Ich kannte meine Gastfamilie vorher ja überhaupt nicht. Und ich bin in den anderthalb Jahren, die ich bei ihnen war, an den Aufgaben gewachsen und bin erwachsener geworden. Aber ich hatte auch ganz viel Spaß, bin in Bars gegangen und habe mehr und mehr Leute kennengelernt. Ich war auch offen dafür, habe mich hier wohlgefühlt und kam auch relativ schnell zurecht. Da hatte ich keine Angst, dass ich mich jetzt hier verlaufe oder so. Ich hatte ja vorher in Berlin gewohnt, dagegen war Helsinki doch überschaubar. Und man kann hier trotzdem alles machen, was man in Berlin hätte machen wollen. Helsinki ist sauberer und wesentlich sicherer. Und Helsinki ist einfach eine tolle Sommerstadt. Als ich kam, war es ja Frühjahr, und der erste Sommer hier war total schön. Jedes Wochenende war ich in Jyväskylä und unter der Woche in Helsinki. Und natürlich war ich auch hier in Helsinki abends mal alleine unterwegs.

Englisch können die Finnen in der Hauptstadt sehr gut, da hatte ich überhaupt keine Probleme. Als ich dann nach Jyväskylä gezogen bin, war das ein sehr großer Unterschied, da musste ich dann auch mal Finnisch sprechen. In meiner Zeit in Jyväskylä hab ich in einer finnischen Familie als Nanny gearbeitet, hab aber nicht dort gewohnt, sondern in einer WG. Da in der Familie hab ich angefangen Finnisch zu sprechen, täglich – und wahrscheinlich völlig falsch. Aber die Kinder waren noch so klein, dass das nicht schlimm war. Sie haben mich aber öfter mal mit ganz großen Augen angeguckt: »Was möchte die jetzt eigentlich von mir?« Ich hatte richtig Glück, denn das war so ein sicherer Weg, die Sprache auszuprobieren: Die müssen mich nicht sofort verstehen – ich hab sie auch nicht immer verstanden. Ich hab dann in Jyväskylä natürlich weiter Sprachkurse besucht. Damals wurde mein Finnischsprechen flüssiger, und ich hab mich auch mehr getraut, weil ich es musste. Das hat dann meine Hemmungen beseitigt, die ich halt vorher die ganze Zeit hatte, weil ich in Helsinki mit Englisch so viel besser zurechtkam.

Der Alltag in Jyväskylä war anders, und dort bin ich dann wirklich erwachsen geworden. Ich hatte ja bloß meinen damaligen Freund dort und seine Freunde, sonst niemanden. Es war schon nicht einfach. Die Eltern und jeder, den man sonst kannte, waren nicht da. Meine Au-pair-Familie war auch ein paar Stunden Zugfahrt entfernt. Ich hatte teilweise harte Zeiten, vor allen Dingen, als es dann mit meinem damaligen Freund zu Ende ging. Aber ich bin geblieben. Ich hatte ja meine Arbeit und inzwischen aus meinen beiden WGs auch meine eigenen Freunde dort. Mit denen bin ich auch heute noch befreundet.

In Jyväskylä hab ich gern gewohnt, es ist eine kleine, freundliche Stadt. Ich hatte da alles, was ich brauchte, und vielleicht hab ich mich dort auch so wohl gefühlt, weil ich meine ersten zehn Lebensjahre in einem kleinen Dorf gewohnt hab. In Jyväskylä ist es mehr wie auf dem Land. Die Leute sagen *»Kiitos!«* zum Fahrer, wenn sie aus dem Bus aussteigen. Das macht man in Helsinki nicht. In Jyväskylä sind die Menschen freundlicher und haben mehr Zeit. Das gilt auch für Pieksämäki, wo meine Freundin wohnt.

So eine Sicherheit empfand ich hier in Finnland von Anfang an – auch wenn man jetzt in den Nachrichten manchmal schlimme Sachen hört. Es fühlt sich hier trotzdem aber nicht gefährlich an. Man wird auch nie bedrängt. Zum Beispiel wenn man in der Schlange an der Supermarktkasse steht, ist da mindestens ein halber Meter Abstand zwischen den Leuten! Das fand ich schön, und als ich dann wieder mal in Deutschland war, ist es mir richtig aufgefallen – die stehn da ja so dicht an der Kasse, das ist fast unangenehm. Was ich hier auch lustig find: Überall muss man Nummern ziehen, in der Apotheke, beim Fleischer ... Einer nach dem andern, hier herrscht Ordnung! In Deutschland gilt: Wer zuerst kommt, mahlt zuerst. Wer halt drängelt, der drängelt halt. So was gibt's hier überhaupt nicht.

Nachdem dann mit meinem Freund Schluss war, stand ich wirklich vor einer großen Entscheidung. Ich hatte eigentlich keine weitere Ausbildung, hatte nur die letzten drei Jahre, die ich in Finnland war, auf Kinder aufgepasst und musste nun überlegen: Gehst du jetzt zurück nach Deutschland oder bleibst du hier? Ich bin geblieben, ich wollte ein bisschen was riskieren, gucken, ob ich es selber schaffe. Ich dachte: Wenn ich jetzt nach Hause gehe, dann zieh ich wieder zu meinen Eltern zurück und die kümmern sich dann wieder um mich. Aber ich bin jetzt 23, da muss ich es hier auch schaffen!

Da bin ich zurück nach Helsinki gezogen, zum Glück hat meine Au-pair-Familie mich wieder aufgenommen. Bei ihnen habe ich dann gewohnt, ein bisschen mitgeholfen und bin zur Schule gegangen, zu so einem Integrationskurs für Einwanderer. Das war praktisch wie ein Jahr Schule mit verschiedenen Fächern wie Finnisch, Mathe, Englisch, Chemie, Physik – alles auf Finnisch natürlich. Und das war absolut das Beste, was ich hätte machen können. Das hat mir den letzten Kick gegeben, die finnische Sprache richtig gut zu lernen, um hier noch mal eine Ausbildung machen zu können. Denn das war ja meine Idee: Wenn ich hier bleibe, will ich eine Ausbildung zur Masseurin machen. Und dazu brauchte ich den Kurs, sonst hätte ich das nicht geschafft. Ich hatte mich ja schon in Jyväskylä an Massageschulen beworben und überall wurde mir gesagt: »Wir würden dich gerne nehmen, wenn dein Finnisch nur besser wäre« – weil die Ausbildung natürlich auf Finnisch war. Also habe ich gedacht: Na gut, da musst du halt noch irgendwas machen, um das auch zu schaffen! Und dafür war der Kurs die beste Entscheidung. Die Leute im Kurs waren teilweise wesentlich jünger, teilweise älter als ich. Ich war auch die einzigste Deutsche dort, hab also wirklich nur Finnisch gesprochen. Das war gut so. Wir hatten eigentlich gar keine Möglichkeit andere Sprachen zu sprechen, weil das Englisch der anderen teilweise ganz schlecht war – da waren Leute aus Afrika, Algerien, Libyen, dort sprechen die ja eher Französisch. Nach dem einjährigen Kurs hatte ich sofort zwei Ausbildungsplätze, von den acht oder zehn Bewerbungen, die ich weggeschickt hatte. Und ich wäre beinahe nach Turku gezogen dafür, aber dann hab ich doch den Ausbildungsplatz in Helsinki angenommen.

Ich hab zu dem Zeitpunkt auch meinen jetzigen Freund, Sami, getroffen. Er kommt aus Turku, und ich hab ihn über Freunde kennengelernt. Er ist ganz anders als alle finnischen Männer, die ich vorher kennengelernt hab, denn er ist mindestens genauso offen wie ich, wenn nicht gar offener. Das hat mich einfach überwältigt. Er ist sehr freundlich und total gelassen. Ich hab nie Probleme gehabt, mit ihm über Sachen zu sprechen, die ein bisschen ernster sind. Dieses Stereotyp, dass Finnen doch eher zurückhaltend sind, das gibt's sicherlich; ich hab auch ein paar Männer kennengelernt, die über nichts reden können und sehr zurückhaltend sind, vor allem wenn es Probleme gibt. Aber mit ihm ist das gar nicht so!

Wir sprechen Deutsch zusammen. Sami ist Soldat gewesen und dadurch viel herumgekommen in der Welt, ist auch mit seinen Freunden mit dem Auto quer durch Deutschland gefahren und hat da seine Erfahrungen gesammelt – und er ist sowieso so ein Sprachtyp. Deutsch fiel ihm da gar nicht allzu schwer. Um ihm zu helfen und um sein Deutsch zu verbessern, reden wir halt Deutsch zu Hause. Ich tue ihm gern den Gefallen und er spricht jetzt auch schon fließend. Ich find das so schön, wenn wir in Deutschland sind, dass er keine Probleme hat, sich mit meinen Eltern zu unterhalten oder vielleicht auch mal irgendwo allein hinzugehen. Das fand ich immer auch wichtig, wenn ich hier jemanden heirate, dass der auch mit meinen Eltern reden kann. Denn wenn man da die ganze Zeit dolmetschen muss, ist es sehr anstrengend. Das hatten wir im letzten Herbst, als meine Eltern hier waren und endlich seine Verwandtschaft getroffen haben. Das musste mal sein, wir heiraten ja bald. Als ich seine Eltern kennengelernt hab, war mein Finnisch schon relativ gut. Sicherlich, es gibt immer wieder Sachen, die an einem vorbeigehen, aber dann fragt man halt nach. Da gab's keine Probleme.

Ich kenne Sami jetzt seit vier Jahren, aber es gibt nur Kleinigkeiten, worüber wir uns mal gestritten haben. Das kam meistens einfach durch die Kommunikation, Sprachdefizite. Im Grunde meinten wir das Gleiche, aber wir haben es einfach verschieden ausgedrückt und aneinander vorbeigeredet und dann gab's irgendwie einen Riesenkrach. Es dauerte eine Weile, bis wir herausgefunden hatten, dass wir schon das Gleiche meinten, aber die Sprache eben ... Wir hatten Deutsch gesprochen und ich hab's so erzählt und er hat's halt andersrum gesagt. Ich weiß jetzt gar nicht mehr, was es war. Ich hab daraus gelernt, vielleicht in Zukunft, wenn wir Deutsch sprechen, immer mal nachzufragen, was er denn genau meint. Oder wenn es kompliziert wird, dann sag ich: »Sag's doch einfach mal auf Finnisch.«

Er arbeitet in Schichten und ich auch. Also sind wir letzten Endes eher relativ langweilige Leute. Wenn wir dann mal einen oder zwei Tage gleichzeitig frei haben, versuchen wir das Beste draus zu machen. Wirklich gut reden und uns entspannen können wir, wenn wir spazieren gehen. Wenn wir wirklich beide frei haben und Zeit ist, dann machen wir das auf jeden Fall. Es würde sich lohnen einen Hund mit dazu zu holen. Aber abends sitzen wir dann eher vor dem Fernseher, oder wenn wir wirklich gar nicht mehr wissen, was wir machen wollen, dann holen wir einen Spielekasten raus und spielen Karten. Wenn wir in Turku sind, ist das eine ganz andere Geschichte, denn er hat alle seine Freunde dort und dann treffen wir uns auch regelmäßig mit denen und machen viel gemeinsam.

Kinder haben wir noch nicht. Ich werde aber auf jeden Fall versuchen, das Gute von Deutschland, was ich da mitbekommen habe, dann einzubringen. Natürlich erzieht man die Kinder so, wie man selbst erzogen wurde, das kommt ganz automatisch, glaube ich. Das kann man gar nicht so beeinflussen, auch wenn man es vielleicht gerne möchte. Wenn man jung ist, sagt man: Das werde ich mit meinen Kindern niemals machen! Und dann passiert's doch. Was wir auf jeden Fall wollen, ist, die Kinder zweisprachig aufziehen, gerade weil ja die Großeltern nicht beide Sprachen können. Das ist für uns ganz wichtig, und ich hab ja in meiner Au-pair-Familie gesehen, dass es auch funktioniert, wenn es auch sehr viel Arbeit ist. Für mich auf jeden Fall ganz wichtig ist Offenheit – dass das Kind bloß nicht irgendwie Vorurteile hat, vor allen Dingen nicht gegenüber anderen Ländern oder Rassen oder was auch immer. Ich komm ja auch aus einer multikulturellen Familie. Meine beiden Schwestern sind in Polen geboren, nur ich in Deutschland. Wichtig in Finnland ist die Liebe zur Natur. Mein Eindruck ist, die Finnen kümmern sich mehr um ihr Land, oder sie versuchen es zumindest. Das Draußensein und die Freunde sind zwar in Deutschland auch wichtig, aber vielleicht nicht ebenso wie hier. Sami kennt seine Freunde in Turku nun auch schon seit der Grundschule, und die machen immer noch viel zusammen. Die heiraten jetzt alle nach und nach, kriegen Kinder – und sind immer noch die besten Freunde, treffen sich jede Woche.

Das finnische Gesundheitssystem lässt zu wünschen übrig, finde ich. Ich mach ja klassische Massage, und das wird hier doch sehr wenig von den Ärzten empfohlen. Die geben lieber Schmerztabletten, als irgendwie aktiv was dagegen zu verschreiben. Das ist wirklich einer der Punkte, die mich hier wahnsinnig nerven: das Gesundheitssystem und die Art mit Krankheiten umzugehen. Vor allen Dingen, da ich in den letzten Jahren auch selber Probleme hatte, und da lagen meine Nerven wirklich blank, so wie die Ärzte mit mir umgegangen sind! Eine Ärztin hab ich auch schon mal angemeckert. Da ist mir wahrscheinlich eine Gehirnwindung geplatzt in dem Moment – ich bin eigentlich wirklich nicht jemand, der laut wird. Das war, als ich schon innerhalb von zwei Monaten zum vierten Mal wegen der gleichen Sache da war, und die Ärztin wollte mir dann wieder nur Medikamente geben und sagte: »Warten wir's nochmal ein paar Monate ab.« Da hab ich gesagt: »Nein, jetzt hören Sie mir mal zu!« Und dann hab ich auch das bekommen, was ich haben wollte. Es tat mir dann leid, dass ich sie angemeckert hab, aber sonst wär das einfach immer so weiter gegangen. Was die finnischen Ärzte kennen, sind Antibiotika und Burana. Und Cortison, ja natürlich. Das ist das Einzige, was ich von den Ärzten je gekriegt habe.

Meine Schwiegermutter hat wirklich viele Krankheiten – es sind auf der Welt mindestens drei Leute kerngesund, weil sie alles hat! Da ihr keine Ärzte mehr helfen können, sucht sie dann auch andere Wege und guckt immer, was für pflanzliche Mittel man kriegen kann, und durch sie habe ich Medikamente mit pflanzlicher Heilkunst auch hier bekommen. Die zeige ich jedes Mal, wenn ich beim Arzt sitze: »Ich hab hier schon so was, das hilft mir, aber es macht's nicht weg.« Die gucken nicht mal hin, was ich denen zeige. Das macht mich wahnsinnig. Da wünschte ich mir manchmal, ich könnte einfach so nach Deutschland zum Arzt gehen. Mal schnell nach Deutschland, um dort krank zu sein – und dann wieder hierher zurückkommen. Ich bestelle alle paar Monate aus Deutschland ein Paket mit Tees und mit Medikamenten, die man hier nicht kriegt.

Auch die Kosten sind ein Punkt. Hier in Finnland geht das meiste Geld für Lebensmittel und Miete drauf, was in Deutschland vielleicht nicht unbedingt der Fall ist. Und das sind ja die Grundsachen, die man im Leben braucht: ein Dach überm Kopf und Essen. Aber wenn man dann nicht mal mehr die Möglichkeit hat, sich was anzusparen, das ist schrecklich! Zu wissen, dass das ganze Monatsgehalt für Essen und Miete draufgeht, das find ich sehr schade. Ich habe Sami schon mal drauf angesprochen nach Deutschland zu gehen. Die Sache ist nur, dass er hier beruflich nicht so einfach wegkommen oder in Deutschland etwas finden würde.

Unbedingt dagegen hätte er wohl nichts, ich glaub, er fände es sogar ganz lustig und entspannend.

Aber als ich vor zwei Jahren mal in Deutschland im Flugzeug saß und nach Helsinki flog, da kam mir zum ersten Mal das Gefühl: Ich flieg nach Hause. Finnland ist für mich das Land, wo ich erwachsen geworden bin. Deutschland war für mich Kindheit und Jugend, und meine Eltern wohnen da. Ich brauche schon meine Besuche in Deutschland, muss ich ja zugeben – gucken, dass da auch alles okay ist. Berlin ist meine Heimat, am wohlsten fühle ich mich, wenn ich dort in meine alte U-Bahnlinie steige und bis zum Alexanderplatz fahre, obwohl ich da nur zehn Jahre gewohnt hab. Das Dorf meiner Kindheit vermisse ich sehr. Vor ein paar Jahren wollten wir ja dahin, dann kam ich aber ins Krankenhaus – und das war's dann mit dem Deutschlandurlaub. Besuchen möchte ich das Dorf gern mal, aber ich hab auch Angst, dass es ganz traurig ist. Es sieht jetzt alles ganz anders aus, da ist keiner mehr, den ich kenne.

Die finnische Staatsbürgerschaft nehm ich wohl nicht an, aber mich würde interessieren den Test zu machen, um zu sehen, ob ich überhaupt Finnin werden könnte. Aber da wir hier in der EU sind, brauch ich es ja nicht. Wenn es andere Zeiten wären, dann würde ich es wahrscheinlich machen, aber … Ich hatte vorher den Pass der DDR, dann der BRD und hätte man mich vor ein paar Jahren gefragt, hätte ich gesagt: »Ja, Finnin werden, das wär schön!« – das klingt doch toll. Aber jetzt nehme ich mit der Heirat nur den finnischen Namen an und das reicht mir schon. Ich möchte doch gern Deutsche bleiben und bin auch stolz drauf. Und ich fahr gern immer wieder mal nach Deutschland, um mir ein kleines Stückchen Heimat zu holen – und dann komme ich wieder hierher, wo ich hingehöre.

So ganz finnisch werden, das geht gar nicht. Was ich bei meiner Ausbildung oder bei meinem jetzigen Arbeitsplatz mitgekriegt habe: Wenn es Probleme gibt oder man sich dem Chef doch mal entgegenstellen muss, weil er komische Ideen hat oder nicht macht, was er machen soll, dann kuschen die Finnen. Die machen nichts, und das ist schlimm! Während meiner Ausbildung haben wir noch einen Beschwerdebrief geschrieben, dass wir nicht den nötigen Unterricht gekriegt haben – und da war ich diejenige, die das gemacht hat, die einzige Ausländerin im Kurs! Sami unterstützt mich bei solchen Sachen; ich sag, was da stehen soll, und er schreibt's mir auf. Das ist auch einer der Punkte, warum ich ihn so sehr mag: Er steht auf jeden Fall hinter mir. Er ist nicht einer, der dann sagt: »Na, wart doch mal ab.« Sondern: »Ich helf dir schon, das machen wir jetzt.« Aber dass die Finnen generell anders sind, das ist mir öfter aufgefallen, und das ist bei meinem jetzigen

Arbeitsplatz auch so. Ich bin die, die im Arbeitsschutz-Komitee sitzt, kein anderer hat sich dafür interessiert. Das regt mich auf. Die Finnen wissen, dass da was falsch ist, die wissen, die müssten was sagen – aber die was machen, das sind zwei Russinnen und ich. Wir gehen zu den Chefs und sagen: »So geht das nicht.« Das ist die Mentalität.

Ich bin hier selbstständig geworden, und das hat das Land mit mir gemacht. Wäre ich nicht hierhergekommen, hätte es vielleicht wesentlich länger gedauert erwachsen zu werden, oder mein Erwachsenwerden wäre wesentlich anders verlaufen. Herzukommen war so ein Sprung ins kalte Wasser, und das hat mich stark gemacht. Und deswegen mag ich das Land wahrscheinlich auch so. Es dauerte eine Weile bis ich mich daran gewöhnt hatte, alleine zu sein, denn ich hab hier nun mal überhaupt keine Verwandten. Das war schon anders als in Deutschland, auch durch die Sprache und die Kultur. Und die Sprache ist, Entschuldigung, sauschwer. Die zu lernen hat Jahre gedauert, das war eine ganz große Aufgabe für mich und ich habe auch immer noch das Gefühl, dass ich die Sprache nicht richtig kann. An manchen Tagen geht es echt gut und an anderen steh ich da: »Was möchtest du von mir?!« Ich muss wohl immer noch weitermachen, ich bin nicht fertig. Man braucht auf jeden Fall auch Geduld mit dem Finnischen, das lernt man eben nicht von heut auf morgen. Es gibt natürlich Leute, bei denen geht's schneller, aber bei mir hat's lange gedauert. Und ich hab auch immer noch das Gefühl, ich bin noch lange nicht so weit. Das hält mich wahrscheinlich auch auf Trab, ich werd im Herbst noch mal einen Sprachkurs machen. Hier muss man ein Macher sein – wenn man zu viel nachdenkt, kommt man nicht allzu schnell voran.

Ich muss da sein, wo das Meer ist

Hilde, 69, aus Berlin, ein Kind, seit 47 Jahren in Helsinki

Für Finnland hatte ich damals einen Zweijahresvertrag – und habe lebenslänglich bekommen! Ich bin seit dem Jahr 1965 hier. Als ausgebildete Kindergärtnerin und Hortnerin hatte ich mich für den Auslandsdienst gemeldet. Ich wollte gerne an die deutsche Schule nach Tokio, aber das klappte nicht. Da hat mir das Auswärtige Amt Helsinki angeboten. Ich hatte keine Ahnung, wie es dort aussieht, wusste nur, das ist in Finnland und sehr im Norden, aber mehr auch nicht. Aber ich wollte unbedingt weg, also war mir auch Helsinki recht. Und meine Eltern fanden das natürlich besser – so viel weniger Wasser würde demnächst zwischen ihnen und mir liegen!

Ich kam im August an, das ist eine schöne Jahreszeit. Ich kannte schon eine Jugendleiterin hier; sie hatte während meiner Ausbildung in Deutschland in unserem Seminar hospitiert. Das war natürlich ein guter Einstieg. Sie hat mich gleich überall vorgestellt, und am ersten Wochenende sind wir sofort nach *Nuuksio* in den Wald gefahren. Ich liebe die Natur, als Kind habe ich fast draußen gelebt. Da kam mir Finnland sehr recht. Das Leben hier bot viel Gelegenheit zu verreisen, denn man hatte monatlich pro Woche einen freien Tag, der immer wechselte. Ja, und dann gab es so ungefähr für jeden finnischen Dichter oder Denker einen freien Tag, dadurch gab's eigentlich selten mal eine richtig volle, kompakte Woche.

Im Kindergarten war ich Ausländerin; auch wenn man das nicht sah, hörte man es doch, ich habe ja anfangs die Sprache nicht gekonnt. Wenn ich die Kinder bat, mich zu verbessern, wenn ich etwas auf Finnisch gesagt habe, dann antworteten sie ganz ernst: »Das geht nicht, du bist ja eine Ausländerin.« So hoch im Ansehen war man damals. Für mich war sowieso neu, dass man als Kindergärtnerin nahezu einen Lehrerstatus hat. Man wurde auch mit *»ope«* (Lehrerin) angesprochen – in Deutschland ist ja eine große Kluft zwischen Kindergarten und Schule. Das war hier an der deutschen Schule auch so, muss ich dazu sagen, aber eben nicht im finnischen Leben. Die finnischen Kinder und Eltern sahen in einer Lehrerin eine wichtige Person und zeigten Achtung. Das hat mich erst mal sehr erstaunt, aber natürlich auch sehr aufgebaut, denn ich konnte mich eigentlich nicht auf Finnisch äußern. Ich war hier, um Deutsch zu vermitteln. Und das ging gut, die Kinder waren so brav! Ich hatte in Berlin mit erziehungsschwierigen Kindern gearbeitet – die verschwanden im Gully und ich stand hilflos mitten auf der Straße! Dagegen war das hier ein sehr schönes Leben. Natürlich waren die Kinder sehr viel verschlossener und schwerer zugänglich.

Ich war im Kindergarten der Deutschen Schule tätig. Es waren insgesamt hundertzwanzig Kinder in mehreren Gruppen an verschiedenen Stellen in der Stadt mit dreizehn Angestellten. Ich hatte das Los, mit meiner Gruppe ständig umziehen zu müssen, was einen Neuanfang nicht nur räumlich, sondern auch inhaltlich mitbrachte. Und die Kinder waren herrlich, sie sagten: »Der Dom zieht immer mit!« – Der ist ja so ein beherrschender Punkt in der Stadt. Wir waren in einem Gebäude in der Liisankatu und dann vorübergehend im Gemeindesaal, danach in der Kasarmi*katu* – wir konnten also wirklich immer den Dom sehen!

In meiner Zeit als Kindergärtnerin hier haben sich die Kinder eigentlich nicht verändert, vielleicht eher meine Einstellung mit der wachsenden Erfahrung. Ich hatte meist die Kinder, die im darauf folgenden Jahr in die Schule kamen, etwa zwölf – das war wie eine große Familie, wenn man so will. Eine schwierige Situation war immer das Essen, denn da spielten verschiedene Erziehungsansichten mit hinein. Natürlich musste da Konsequenz sein, Konsequenz ohnehin. Da bin ich vielleicht ein bisschen verbohrt, aber ich denke, um gerecht sein zu können, muss man konsequent sein, denn sonst schwimmt das Ganze und wie entscheidet man dann, wer was darf oder nicht. Beim Essen galt bei mir die Regelung: Was ich mir selber auftue, muss ich aufessen. Die Schüsseln standen auf dem Tisch, jeder durfte selbst nehmen, musste aber von jedem Gericht etwas probieren, denn mein Standpunkt war: Eine Erbse kann jeder schlucken! Und das mochten die Eltern nicht. Wenn die Kinder sagten: »Ich bin satt, ich kann nicht mehr«, dann muss man das akzeptieren, aber es gab eben keinen Nachtisch – und das gab fürchterliche Dramen! Es zog solche weiten Kreise, dass unsere Tochter in der Schule noch von ihren Mitschülern hörte: »Bei deiner Mutter mussten wir essen!« Eine Mutter erzählte mir einmal, sie fragte ihren Sohn: »Du isst doch nie Tomate, wie kannst du im Kindergarten Tomate essen?« Er: »Ach, wenn *ope* das so gerne will, dann kann ich das schlucken.« Ein Junge hat dann sein Essen, seine Erbse, die er nicht essen wollte, einfach auf meinen Teller getan, wie halt in einer Familie. – Aber ich glaube nicht, dass die Kinder dadurch essen gelernt haben ... Ich bin ein Kriegskind, bei uns war Essen etwas, das nie weggeschmissen wurde. Ich weiß nicht, ob diese Strenge dabei richtig war.

In kleinen Gruppen zu arbeiten, eben keine Vermassung, das war ein Luxus. Insofern habe ich hier ein sehr positives Arbeitsleben gehabt. Ich war immer meine eigene Leiterin. Ich habe hier in Finnland auch die Erlaubnis bekommen, als Ausländerin »Macht und Einfluss auf das Volk ausüben« zu dürfen. So stand es in der Sondergenehmigung, die ich ohne das obligatorische Praktikum und wegen »hervorragender Arbeit« bekam. Ich hätte sonst in Kindergarten und Vorschule nicht Leiterin sein dürfen.

Beruflich war ich also voll integriert. Ich hab alleine gewohnt, zwar in einem Kindergarten, aber zur Untermiete in einem Zimmer. Man musste sich hier melden, denn man brauchte eine Arbeitserlaubnis und eine Aufenthaltsgenehmigung. Ich weiß leider nicht mehr den Namen des Herrn, der jahrzehntelang auf dieser Stelle saß, wo man sich dauernd melden musste. Diese Erlaubnis bekam man, glaube ich, zuerst nur drei Monate und nachher für ein halbes Jahr, dann für ein Jahr. Also, ich hatte das Gefühl, ich musste dauernd dort vorstellig werden. Und er sagte, es sei zweckvoll, sich in der Deutschen Gemeinde zu melden, einen Anstandsbesuch zu machen, denn da trifft man andere Deutsche. Und das war wirklich so. Da gab es einen Jugendkreis mit vielen jungen Leuten. Die Jungs, oder jungen Männer würde man heute sagen – damals waren's einfach nur Jungs! –, umgingen den Wehrdienst, indem sie nach Finnland kamen. Und die Mädchen haben hier meist im Haushalt gearbeitet, sie suchten ihren Weg, heute sagt man vielleicht »soziales Jahr« dazu. Die alle trafen sich in der Deutschen Gemeinde, einmal in der Woche. Es gab immer erst eine kurze Andacht oder einen Vortrag, und danach trank man Tee und aß *pulla*, für die man selbst bezahlte, heute auch unvorstellbar. Daraus bildeten sich dann kleinere Gruppen, auch Sportgruppen, wie in Finnland ja alles über Sport läuft, da haben wir Volleyball gespielt. Und ich ging hin und traf da natürlich viele Leute. Dort habe ich auch meinen Mann kennengelernt.

Mein Mann ist hier in Finnland geboren, in Turku, aber er hat wahrscheinlich mehr deutsches Blut als ich! Sein Vater kam aus Deutschland nach Finnland, die Familie seiner Mutter auch, aber die hat schon zwei Generationen davor hier gelebt, in Tampere. Die Mutter ist schwedischsprachig, der Vater hat Deutsch gesprochen, die Heimsprache war in Anwesenheit des Vaters Deutsch, aber sonst Schwedisch. Die starke Sprache meines Mannes ist Schwedisch. Er ist *Finnländer*, obwohl er auch stark zum Deutschen tendiert. Ich habe zum Beispiel meine Sprache nie aufgeben müssen, wir sprechen zu Hause Deutsch und so wie ein anderer dazukommt Finnisch oder Schwedisch. Wenn man nicht gleich als Deutscher hier erkannt werden will, in manchen Situationen ist das ja nicht so positiv, dann wechseln wir einfach die Sprache zu Finnisch oder Schwedisch, je nachdem – das merken wir eigentlich gar nicht.

Damals am Anfang war ich dem Finnischen gegenüber zwar schon offen, aber wenn man die Sprache nicht kann und alleine ist – und das war ja ein Alter, da kann man nicht gut alleine sein –, ist klar, dass es auch einsame Momente gab. So war ich eigentlich zufrieden damit, in einer deutschen Gruppe, in einem deutschen Umfeld zu sein. Es war ja auch nicht dasselbe Deutsche, wie ich es verlassen hatte, es war schon anders hier. Heute weiß ich, dass es falsch war, sich in deutschen Kreisen zu bewegen. Mein Finnisch wäre sehr schnell sehr viel besser geworden, ich hätte wahrscheinlich ganz andere Leute sehr viel früher und schneller kennengelernt. Ich interessiere mich für gesellschaftspolitische Fragen, und das ist natürlich unmöglich mit unzureichendem Finnisch. Ich könnte hier schlecht eine öffentliche Rede halten, die müsste mein Mann erst einmal korrigieren. Eben weil ich hohe Ansprüche stelle, wenn ich Deutsch lehre, so stelle ich die auch an mich, wenn es um Finnisch oder Schwedisch geht. Aber die Fehler, die drin sind, bleiben. Wenn ich spontan zum Beispiel einen Leserbrief schreiben wollte – das geht nicht. Und ebenso wenig könnte ich schnell in einem gepflegten Schwedisch oder Finnisch auf komplizierte Fragen antworten. Da kommt dann auch das Finnische in mir durch und warnt: »Mach das bloß nicht – bitte nicht auffallen!« Was ich am Finnischen anfangs schlimm fand: Dieses offene »ä«, das fand ich ordinär. *»Hyvää päivää«* fand ich klanglich gar nicht schön! Ich würde auch heute noch nicht sagen, dass Finnisch eine wohlklingende Sprache ist. Ich finde sie hart, durch die vielen offenen Vokale, während das Schwedische wie das Französische ist, das hat eine Melodie.

Mein Mann war damals auch dort im Jugendkreis. Als ich mich wie empfohlen im Pfarramt vorgestellt habe, saßen wir in dem guten Wohnzimmer – und mein künftiger Mann, der Sohn des Hauses, hat mir Obstsalat serviert! Von jenen schönen Kristalltellern, die wir heute besitzen. Eigentlich hat er mich zuerst nicht so beeindruckt. Wir haben uns dann auch durch den Sport näher kennengelernt, er ist ein guter Sportler, und wir haben zusammen Volleyball gespielt und sind Ski gelaufen. Aber es war nicht so sehr Liebe auf den ersten Blick, sondern das hat sich dann erst irgendwann ergeben. Ich hatte eine Wette abgeschlossen mit einem anderen jungen Mädchen, einer Angestellten bei dem damaligen Botschafter. Mein Mann trug immer sehr weite Hosen, und ich habe gewettet: Ich kriege ihn dazu, dass er richtig enge Jeans tragen wird! Und dafür musste ich halt näheren Kontakt suchen ... Aber vielleicht war das so ein vorgeschobener Grund. Es wird schon etwas dagewesen sein, dass er mich interessiert hat – aber nicht, dass man nun sagt: »Wow, das ist derjenige!«

Geheiratet haben wir 1971. Ich glaube, dass die Nationalität oder das Anderssein keine Rolle spielte, da ja sein Vater selber Deutscher war. Nur hat mein Mann noch studiert, und das fand sein Vater natürlich nicht gut, dass ich da schon reingefunkt hab! Wenn ich an der Tür klingelte und sein Vater öffnete, dann drehte er sich um und rief: »Junge, steck die Nase ins Buch!« Und er hat mich auch wirklich gefragt – das darf man vielleicht gar nicht laut sagen, aber warum nicht – : »Können Sie meinen Sohn auch ernähren?« Ein Finne hätte so was nie gefragt! Die Familie hat mich also ohne weiteres positiv aufgenommen. Sie ist sowieso sehr offen, da gibt es beruflich alles, von der Verkäuferin bis zum Diplomaten und genauso alles an Nationalitäten. Und bei großen Festen ist die Tischordnung sehr kompliziert, weil man schauen muss, dass Englischsprachige zu denen gesetzt werden, die auch Englisch können, die Finnen nicht neben jemanden, der nun überhaupt kein Finnisch kann. Das ist eine richtige Logistik, aber all das ist nie ein Problem in der Familie gewesen.

Unsere Tochter kam 1975 auf die Welt. Sie war dann aber bald bei einer Tagesmutter, weil ich ja arbeiten ging und man damals nur drei Monate Mutterschutz hatte. Sie ist im März geboren und ich ging im August wieder zur Schule, früher begann die Schule ja am ersten September, der ganze Sommer war frei. Wir schickten unsere Tochter bewusst zu einer finnischen Tagesmutter, und ihre starke Sprache war auch sehr lange Zeit Finnisch. Sie hat ihre sehr nette Tagesmutter, Sinikka, auch äiti (Mutter) genannt, und mich »Mami« oder »Mama«. Wenn ein Zahn rausfiel und das geschah bei uns zu Hause, dann sagte sie: »Ich muss auch *äiti* anrufen und das erzählen!« Finnisch bei der Tagesmutter, Schwedisch und Deutsch zu Hause, hatten wir uns damals gedacht, aber sie ist auf das Schwedische überhaupt nicht angesprungen, da haben wir das gelassen. In der Familie hatten wir gemerkt, dass es auch eine Überforderung sein kann. Ich hab im Dienst erlebt, dass vier Sprachen parallel ohne weiteres zu meistern sind, es kommt aber immer auf die jeweilige Persönlichkeit des Kindes an und darauf, wie belastbar es ist. Wir fanden zwei Sprachen sind ausreichend. Sie hat ja in der Schule sowieso neben Schwedisch auch Englisch und Französisch gelernt. Das mit der Tagesmutter ging also sehr gut, obwohl meine Verwandten in Deutschland entsetzt waren: Dass man ein so kleines Kind weggibt! Aber dadurch hat sie wirklich sehr gut Finnisch gelernt. Wenn ich irgendwo Finnisch sprach und Fehler machte, war es ihr sehr unangenehm, dann sollte ich lieber still sein. So finnisch war sie, heute lebt sie aber in Deutschland und hat dort vieles abgelegt, das erstaunt uns sehr.

Mein Mann hatte natürlich manchmal andere Ansichten von Erziehung, sehr viel gemäßigter, nicht so konsequent: »Wenn man nun nicht will, dann muss man ja nicht unbedingt.« Bei nur einem Kind kann man das vielleicht so machen, aber ich war es ja aus dem Kindergarten anders gewohnt. Dieser Ordnung hab ich mich selber auch unterworfen, es musste immer aufgeräumt sein, abends durften keine Zeitungen mehr herumliegen.

Es gibt also schon kulturelle Unterschiede, die sehe ich auch bei meinem Mann: ein bisschen ruhiger, sehr viel geduldiger. Was ich als nicht so positiv empfinde – auch nach den vielen Jahren nicht, und grundsätzlich bei Finnen – ist, dass sie sich nicht äußern. Ein sehr schönes Beispiel dafür hab ich heute erlebt: Der Busfahrer hatte eine falsche Route gewählt und dabei einen Schlenker mit vier Bushaltestellen ausgelassen, und keiner im Bus sagte etwas dazu. In Deutschland würden alle sofort aufspringen und protestieren: »He, hier geht es lang!« Das ist auch eine Hilfe für diesen jungen Mann, der das ja nicht mit Absicht macht, er hat wahrscheinlich gar nicht mehr gewusst, welche Busnummer da oben dran ist. Na, da stehen diese Leute nun an den Haltestellen und müssen einen Busausfall ertragen. Jeder andere hätte reagiert – die Finnen schauen sich an, lächeln, aber sagen nichts. Anfangs ist mir das unheimlich schwer gefallen, in solchen Situationen still zu sein, aber heute habe ich auch gelächelt und gedacht: Ich kann's.

Solche Dinge sind typisch für hier, und das ist auch in unserer Beziehung zu Hause so. Ich muss diejenige sein, die etwas ankurbelt und sagt »Jetzt machen wir das so und so, und zwar heute.« Es heißt immer: »Lass uns nochmal überlegen.« Eigentlich überlegt man schon vorher, ehe man sich über etwas einigen wird, weil man ja schon selbst weiß, wie es laufen sollte. Das ist etwas, womit ich auch nach über 40 Jahren noch zu kämpfen habe. In der Beziehung zum eigenen Mann genießt man diesen ruhigen Pol und die Tatsache, dass einem nicht übel genommen wird, wenn man selbst anders ist. Ich meine, immer ist er nicht begeistert von meiner Lebhaftigkeit, das ist ganz klar. Im finnischen Freundeskreis aber empfinde ich das eigentlich viel störender, dass ich immer diejenige bin, die anrufen muss: »Wollen wir dieses Jahr wieder zusammen Ski laufen?« Sie sind dann sofort begeistert: »Mach mal!« Man selber muss immer aktiv sein und das ist doch recht anstrengend – und ich merke jetzt manchmal, dass mein Elan nicht mehr ausreicht. Dass ich denke: »Warum eigentlich immer ich?!« – obwohl ich weiß, dass die Anderen froh sind, wenn das jemand in die Hand nimmt. Was aber sehr schön ist: In Finnland kann man sich nur einmal im Jahr treffen und ist trotzdem sofort ganz vertraut miteinander. In Deutschland geht das nicht, denke ich; wenn man sich ein Jahr nicht gemeldet hat, dann ist man eigentlich abgeschrieben. Oder man muss triftige Gründe haben, warum man so lange nichts von sich hat hören lassen. Hier aber habe ich fünf Damen, mit denen ich regelmäßig Ski laufe, aber sonst hören und sehen wir uns das ganze Jahr nicht, höchstens mal auf die Schnelle ein Telefonat, wenn etwas Besonderes war, oder zum Geburtstag die obligatorische Karte. Und zu Weihnachten kommen immer die Karten, wie das hier so ist, wo nur »*Hyvää Joulua* toivoo X« (»Frohe Weihnachten wünscht X«) draufsteht. Solche Karten schreibe ich nicht, aber ich bekomme sie trotzdem – und das zeigt, dass man dazugehört.

Im Laufe der Zeit hat sich hier die Einstellung Ausländern gegenüber verändert. Ich empfinde das natürlich persönlich nicht so, weil ich in den Sprachen des Landes antworten kann und ich weiß ja auch schon, was kommen wird. Aber ich erlebe das im Umfeld und höre von Deutschen, dass sie mit »Heil Hitler!« gegrüßt werden, wenn sie zu erkennen geben, dass sie Deutsche sind. Gut, so etwas ist uns im Park auch passiert, wenn wir mit der Kindergruppe unterwegs waren und Deutsch gesprochen haben, aber das waren meistens Betrunkene oder Obdachlose, was man auf Finnisch so als *puliukko* bezeichnet. Andererseits konnten die sehr nett sein, haben gefragt, wo man herkommt, was man macht und waren einfach glücklich, mal Deutsch sprechen zu können. Und wenn ich gefragt habe: »Warum lebst du jetzt hier auf der Parkbank, du mit deiner Ausbildung und nach allem, was du gemacht hast?«, dann waren das immer sehr persönliche Schicksale. Es kamen natürlich auch solche Floskeln: »Alles Schöne ist im Deutschen weiblich, die Liebe, die Frau, die Flasche ...!« Die Kinder erzählten zu Hause: »Unsere Lehrerin spricht mit puliukot!« – das mochten die Eltern nicht, denn die Penner boten auch die Flasche an, das war für sie das, was sie geben konnten.

Als Ausländer kriegt man heute generell nicht mehr so viel Achtung, man ist hier nichts Besonderes mehr. Es gibt zu viele, die Zeiten sind schlecht, Menschen verlieren ihren Arbeitsplatz. Eine gefährliche Entwicklung, zum Beispiel bei Nokia: Was jeder kann, also auf Anweisung ein paar Teile zusammenzusetzen, das gibt man ins Ausland, in Billiglohnländer, und entlässt hier Mitarbeiter. Ich erinnere mich an einen befreundeten Architekten, der zu mir sagte, als er hier keine Arbeit fand: »Das macht nichts. Wenn ich nichts kriege, gehe ich in den Hafen und schleppe Säcke« – so etwas ist heute aber nicht mehr möglich. Fahren Sie mal mit der Metro, da hören Sie kaum noch Finnisch! Gut, die Finnen reden leise und sagen wenig. Wenn man in den Osten Helsinkis fährt, hört man viele Sprachen. Und da gibt es ja mehr Schwarze, als ich gerade bei meinem Besuch in Berlin gesehen habe. Ich finde es nicht schlimm, es stört mich nicht, aber es ist einfach eine Riesenveränderung für Finnland.

Ja, Finnland hat sich enorm verändert, und ich weiß nicht, ob es nur zum Positiven ist. Etwas Öffnung musste sein, das ist klar. Als ich herkam, gab es einen einzelnen Polizisten auf der Hauptverkehrsstraße, der *Mannerheimintie*, auf so einer runden Insel stehend, wie man das aus Bilderbüchern kennt, mit weißem Stock wirbelnd! Ampeln gab es noch keine, es gab keinen Joghurt, an Nudeln nur Makkaroni, also Spaghetti und so etwas alles nicht. Das haben wir alles aus Deutschland mitgeschleppt! Unmöglich, wenn man sich das heute überlegt. Aber das alles hier fand ich einfach exotisch. Ich fand es auch irgendwie sehr russisch, muss ich sagen. Die Denkmäler, das hat mich erschüttert: Diese würdigen Herren, gerade und streng sitzend in Stein gehauen – das fand ich wie in Russland.

Heimweh hatte ich ganz selten. Wenn es meinen Eltern sehr schlecht ging oder so – meine Mutter war immer recht krank –, dann war es schon schwierig, so weit weg zu sein. Man konnte zwar mit dem Schiff hinfahren, aber das war sehr weit, da war es schon traurig. Und Telefonieren war wahnsinnig teuer. Es gab kein deutsches Fernsehen, um deutsche Sender hören zu können, musste man ein gutes Radio haben, das hatten wir alles nicht. Da war man schon anfangs sehr viel mehr abgeschnitten, aber dadurch eben auch offener für dieses Neue. Ich glaube, heute kann man hier leben, ohne überhaupt mit etwas Finnischem konfrontiert zu werden! Man geht in den Supermarkt, pflückt sich alles selber zusammen, muss mit keinem reden. Das gab es früher nicht, da musste man im Laden bekennen, was man wollte.

In Finnland mag ich natürlich die Natur. Ich kann nirgends mehr sein, wo ich kein Wasser um mich habe! Ich bin in Berlin geboren, aber nicht dort aufgewachsen, sondern im Hessischen, in einem kleinen Ort – und da fehlt das Wasser. Und sogar unsere Tochter stellte in Deutschland einmal fest: »Das Möwengeschrei und das Meer fehlen mir.« Möwengeschrei fanden wir natürlich hier zu Hause immer fürchterlich! Aber dann vermisst man es doch, wie auch das Meeresrauschen. Die Natur in Deutschland ist auch sehr schön. Mein Bruder wohnt im Norden Berlins, da gibt es Kiefern und Birken, Sumpfgebiete. So verwunschene Plätze, fast wie Finnland, dieses Märkische – aber es gibt eben auch immer Hunderttausende von Menschen. Und ich denke, hier ist das Leben so schön und so ruhig, eben weil es so wenig Menschen gibt. Man muss sich nicht laufend über irgendwas ärgern, es gibt nicht dieses ständige Gegenüber, das man in Deutschland hat; höchstens hier in der Hauptstadt.

Man braucht hier eine gewisse Genügsamkeit, man muss es aushalten können, allein zu sein. Auch wenn ich heute sehr gerne hier bin und denke, ich bleibe auch, so muss man hier doch eine innere Stärke haben. Aber vielleicht braucht man das in jedem Land, nicht nur in Finnland. Außerdem geht es mir ja auch so: In Deutschland kennt eigentlich keiner meine Ehegeschichte, diesen ganzen Lebensabschnitt, und in Finnland kennt keiner meine Jugend, meine Kindheit – diese Diskrepanz wird immer bleiben. Die ist ja nie mehr zu überbrücken, und dadurch wird man in keinem Land mehr eine volle Person sein. Die einen wissen dieses über einen, die anderen aber nur das. Und was dazwischen liegt, ist eigentlich nur Erzählen und das ist immer gefärbt, weil es von mir selbst kommt. Seine zwei Seiten wird man nie mehr ganz zusammenfügen können. Manchmal merke ich das, wenn ich Leuten in Deutschland etwas erzähle, und das kommt nicht an, weil sie das entsprechende Hintergrundwissen zum Beispiel über das Leben in Finnland eben nicht haben. Aber für mich selber und wohl für jeden, der im Ausland lebt, ist es doch immer eine Bereicherung – wenn es auch schwieriger ist und erst einmal mehr Kraft erfordert.

Die Kultur hier hat mich gelehrt, Kleinigkeiten besser zu sehen, sie auch mehr zu schätzen. Diese Reinheit in Natur und Design, die finde ich wunderbar – und dass man diese schönen Dinge täglich gebraucht! Ich weiß nicht, ob das nur noch meine Generation ist, aber ganz besondere Gegenstände wurden in Deutschland nur zu Weihnachten oder zu einer Festlichkeit hervorgeholt, während man hier diese Dinge täglich benutzt. Die Finnen benutzen sie, und wenn sie kaputt gehen, ja, dann sind sie eben kaputt. Aber sie stehen nicht nur in der Glasvitrine, das finde ich sehr schön. Und genügsam ist man hier natürlich auch, heute vielleicht nicht mehr so – die Jugendlichen sowieso nicht –, aber man musste nicht immerzu ein neues Kleidungsstück haben. Dieser fürchterliche Trainingsanzug, den jeder hier trug! Der reichte für den ganzen Sommer auf dem Lande und ist natürlich sehr bequem. Es gibt dieses Bild eines finnischen Ministers, der in einem solchen Trainingsanzug mit seiner Plastiktüte in der Hand in ein Flugzeug einsteigt! Mein Mann würde am liebsten auch in so einem Trainingsanzug herumlaufen, aber das gibt es bei uns nur nach der Sauna!

Ich hätte durch die Heirat Finnin werden können, aber dann hätte ich damals den deutschen Pass verloren, das wollte ich nicht – ohne eigentlich sagen zu können, warum. Außerdem hätte ich etwa zehn Prozent meines Jahresgehaltes für den finnischen Pass zahlen sollen. Das mache ich nicht. Ich bin als Deutsche geboren und bleibe das auch. Ich sehe auch die Weltsituation nicht so, dass das nun nötig wäre. Mein Mann meinte mal: »Wenn irgendwas passiert, dann bist du die erste, die raus muss.« Er hat das aus den Erzählungen seines Vaters, der damals sehr vielen Menschen, gerade Juden, geholfen hat, noch aus Finnland herauszukommen. Aber das ist heute nicht mehr das Problem und wenn, dann kann er ja auch mitgehen.

Finnland ist mein Zuhause, ich hab hier ein ruhiges, gesundes Leben, wenn auch vielleicht nicht so lebendig, wie ich es mir in einem anderen Land vorstellen könnte. Es läuft schon alles ein bisschen ruhiger. Mein Mann kann es sich für die Zukunft nicht vorstellen, nach Deutschland zu gehen, er nicht. Als unser Schwiegersohn Geburtstag hatte – und auf dem Lande in Deutschland ist es üblich, dass da jeder kommt, es war eine riesige Gesellschaft – da sagte ein älteres Ehepaar, das uns gegenüber saß: »Na, und wenn Sie dann pensioniert sind, dann ziehen Sie zu uns!« Mein Mann sagte: »Nee, ich könnte nie in Deutschland leben!« Da waren diese hundert Leute alle mucksmäuschenstill! Er fährt schon gerne hin, denn unsere Tochter lebt auf dem Lande, da kann er herrlich laufen, den Wald genießen. Und da gibt es Tiere, Hunde und Pferde, das findet er super. Aber wie bei allen Reisen: Es ist immer sehr schön nach Haus zu kommen. In Deutschland empfinde ich ein gewisses Konkurrenzverhalten unter den Menschen: Wenn der Nachbar ein neues Auto hat, muss man selber auch eines kaufen. Diese ständigen Vergleiche mit anderen, das finde ich wirklich schlimm in Deutschland.

Das ist hier erholsam, dass man völlig allein sein kann – vielleicht aber auch allein sein muss. Es kann sehr weit gehen: In der ersten Wohnung lebte auf unserer Etage ein junges Mädchen, sie wohnte sicher fünf Jahre mit uns gemeinsam dort, doch bis zum Schluss fuhr sie nie mit uns gleichzeitig im Fahrstuhl, sie lief lieber die Treppen hinunter oder verschwand ganz schnell wieder hinter ihrer Wohnungstüre. Sicher nicht, weil ich Deutsche bin, sondern so distanziert verhielt man sich eben hier. Man redete früher auch an der Bushaltestelle nicht miteinander. Wenn man lange morgens um die gleiche Zeit fährt, standen dort immer die gleichen Leute. Erst in den letzten Jahren habe ich erlebt, dass man nicht nur »Guten Morgen« sagt, sondern auch, »Mensch, die ist noch gar nicht da, ist die krank?« Man kannte keine Namen, man wusste nur, sie steigt hier ein und dort aus. Wenn ich jetzt nach Deutschland komme, hab ich das Gefühl, alle sprechen einen sofort an – so etwas beginnt hier erst. Manchmal denke ich auch, dass das mit dem Alter zu tun hat; das ist dieses Alte-Tanten-Syndrom, die reden ja sowieso viel schneller und leichter. Junge Leute sehe ich eigentlich auch nie an der Bushaltestelle miteinander reden. Man bleibt distanziert, möchte seine Ruhe haben. Und das wird heute durch die Technik ja noch gefördert. Man hört sich nicht mehr, alle haben etwas im Ohr stecken.

Menschen kennengelernt habe ich durch den Sport und meine Hobbys. Ich habe mich immer schon für andere Völker interessiert und da gibt es Kurse in der Volkshochschule, dort bin ich hingegangen. Da findet man nicht die besten Freunde, gehört aber zu einer Gruppe, mit der man diskutieren kann. Wenn der Kurs oder die Stunde zu Ende ist, trinkt man noch einen Kaffee zusammen und geht. Man weiß eigentlich gar nicht, in welchem Umfeld dieses Gegenüber lebt, doch man ist in angenehmer Atmosphäre zusammen, und das empfinde ich als wohltuend. Man muss nicht immer gleich alles von sich offenbaren, um aufgenommen zu werden. Das, glaube ich, ist in Deutschland nicht so, da will man schon wissen: Wo kommst du her, wo gehst du hin, was hat dein Vater gemacht? Gut, vielleicht ist das heute auch nicht mehr so. Als Kind fand ich es bei meinem Vater schrecklich, wenn ich jemanden mit nach Hause brachte und er dieses arme Kind gleich nach seiner ganzen Familie befragte – das wollte doch nur mit mir spielen! So etwas, glaub ich, würde es hier nie geben.

In meiner deutschen Art bin ich hier am Anfang aufgefallen. Ein Beispiel: Beim Skilaufen war ein Mann vor mir hingefallen und war voller Schnee. Ich habe diesen fremden Mann angefasst und ihm den Schnee von Anorak und Mütze geklopft – und alle machten große Augen! Für mich war das normal, eine spontane Handlung. Ich hätte es mir auch gewünscht, dass jemand das bei mir macht, ehe der Schnee als Wasser in den Nacken läuft. Aber so verhält man sich hier nicht. In solchen Momenten haben die Leute mir nichts gesagt, aber auch nicht gelacht. Die haben nur erstaunt geschaut – und ich habe gemerkt: Ich bin anders, oder ich war zu schnell. Man ist hier nicht so spontan, man überlegt noch dreimal, ehe man etwas unternimmt. Ich hab das schon etwas angenommen, dann still zu sein, aber das kommt auf die Situation an. Ich finde, man darf ruhig mal auffallen, denn man meint es ja nicht böse, im Gegenteil. Aber es würde mich nie ein Finne fragen: »Warum hast du jetzt so reagiert?« Und dadurch kann man es eigentlich auch nicht aufarbeiten. Sein Verhalten hinterher zu erklären, ja, das würde man nicht machen, weil man dadurch ja noch mehr auffällt. Oder was mich auch erschüttert hat: Wenn man als Frau nicht die Tür aufgehalten bekommt. Da hab ich dann schon nachgefragt, die Antwort lautete: »Warum denn, du bist doch gleichberechtigt! In der Gleichberechtigung gibt's das nicht, also erwarte das nicht.« Ich glaube, eine finnische Frau muss mindestens so hart oder wohl noch härter arbeiten als ein finnischer Mann. Und wenn ich noch ein wirklich schönes Zuhause bieten will, also selber koche und nicht nur aus der Mikrowelle, dann geschieht das alles in Hetze. Vom Gehalt stimmt es für eine Finnin sowieso nicht. Ich habe das über Jahre hinweg beobachtet: Deren Gehalt verfliegt, indem Kinderbetreuung sein muss, hin- und hergefahren werden muss ... Das sind Dienste, die ich kaufen oder selbst für andere erbringen muss, um das ausgleichen zu können. Als Berufstätige muss ich teurer kochen, besser gekleidet sein, öfter zum Frisör gehen. Da bleibt kaum Zeit für die Familie. Und das Geld ist eigentlich weg, schon ehe ich es bekomme. Aber ich bin selbstbestimmt und selbstbewusster, und ich bin wahrscheinlich glücklicher. Dass eine Finnin zu Hause bleibt ist selten – oder dann arbeitet sie zu Hause wie die Tagesmutter unserer Tochter, sie hatte auch andere Tageskinder und hat mit ihnen sehr viel unternommen. Sie hat nicht einfach nur die Kinder morgens entgegen genommen und nachmittags wieder abgegeben, nein, sie hat mit ihnen gebastelt, ist mit ihnen in Museen und zu Ausstellungen gefahren ... Ihre Kinderbetreuung war wirklich auch ein Beruf.

Die Kinder sind hier sehr viel selbstständiger als in Deutschland. Man traut ihnen auch mehr zu. Hier hat ja jedes Kind einen Schlüssel, jedes Kind ein Handy. Aber ich glaube, man traut ihnen auch häufig zu viel zu, und die Kinder machen eher diese negative Erfahrung, früh selbstständig werden zu müssen. Andererseits: Als ich hier herkam, hatte ich zum Beispiel Hemmungen, so einen Riesenbus anzuhalten, wie man das hier machen muss, also an der Bushaltestelle einfach die Hand auszustrecken, sonst fährt er ja vorbei. Ich wusste nicht so richtig: Ist das nun mein Bus, fährt der auch wirklich dahin, wohin ich wollte? Solche Hemmungen hat ein finnisches Kind nie, es ist daran gewöhnt. Oder telefonieren, sie konnten alle telefonieren – das konnten wir als Kinder in Deutschland nicht. Da gehört ja gar nicht viel dazu, aber man hat es uns eben nicht gezeigt, Telefonieren war nur für Erwachsene. Solche Dinge haben finnische Kinder von Anfang an gelernt und beherrscht. Ein zehnjähriges Kind, das abends um neun im Hellen noch allein mit der Metro fährt, ist hier ziemlich normal – da muss man keine Angst haben, dass da etwas Schlimmes passiert. Es kann zwar vorkommen, aber die Wahrscheinlichkeit, belästigt, überfallen oder ausgeraubt zu werden, ist in Finnland viel geringer. Natürlich steht hier in der Zeitung eine ganze Seite lang: Da ist jemand erstochen, da jemand überfallen worden ... Aber man muss sich klar machen: Hier werden alle Vorkommnisse des ganzen Landes veröffentlicht. In Deutschland müsste die Zeitung x-mal so dick sein, wenn man alles aufzählen würde, was dort an einem Tag passiert!

Einladungen nach Hause sind hier seltener als in Deutschland. Das empfinde ich als ein großes Manko, nicht einfach an der Türe von Freunden klingeln, sie besuchen zu können, zu sagen: »Du, ich komm gerade vorbei, koch mir doch eine Tasse Kaffee.« Es kommt keiner unangemeldet! Wir besuchen uns auch unter den Nachbarn sehr selten, obwohl ich mit den Leuten im Haus ein gutes Verhältnis habe, auch in der Hausverwaltung sitze und sie mich alles Mögliche fragen. Aber keiner kommt und sagt: »Lass uns mal zusammensitzen.« Ich pflanze mit ihnen zusammen Blumen oder gehe auch ein Stück Wegs, wenn es sich ergibt, aber sie würden nie klingeln und sagen: »Komm, wir gehen spazieren.« Da läuft jeder alleine. Das ist natürlich auch schön, dadurch läuft jeder sein Tempo, seine Route, so wie er das will. Ich bin eine begeisterte Schwimmerin, ich gehe das ganze Jahr jeden Morgen schwimmen, auch ins Eisloch, und denke manchmal, ich könnte ja eine Nachbarin mitnehmen – aber da müsste ich erst bei ihr vorbei gehen, mich verabreden, die Zeit festlegen ... Da bin ich vielleicht auch schon ein wenig eigenbrötlerisch, ein wenig finnisch geworden.

Meine Tochter ist eine starke Frau, vielleicht ist es auch das Finnische in ihr. Ein gutes Beispiel dafür ist ihre Hochzeit. Sie und ihr Mann sind Pferdenarren, so haben sie sich kennengelernt. Und bei der Hochzeit in Deutschland gab es zwei Vierergespanne, mit denen wir von der Kirche durch eine wunderschöne Landschaft am Bach entlang bei schönstem Wetter in das Lokal fuhren, wo gefeiert werden sollte. Da scheuten die Pferde von einer dieser Kutschen, das war hochdramatisch. Mein Mann landete im Krankenhaus, der Kutscher sogar auf der Intensivstation. Es war alles ganz fürchterlich, mein Schwiegersohn weinte, aber unsere Tochter sagte: »Es sind alle hier. Wir feiern!« Ich wusste nachher eigentlich ganz wenig von dem Fest, weil ich mich um die Finnen gekümmert und gedolmetscht habe, es mussten auch finnische Kinder ins Krankenhaus und ich musste die Eltern beruhigen. Unsere Tochter hat durchgehalten und gesagt: »Was sollen wir sonst machen, wir feiern.« Da dachte ich: Das war vielleicht dieses Stück finnische Stärke, dieses *sisu* in ihr. So etwas sehe ich hier auch beim Skilaufen oder Wandern in Lappland. Die Finnen haben vielleicht keinen Tropfen Wasser mehr, können eigentlich nicht mehr, aber laufen noch bis zur nächsten Hütte, kehren nicht vorzeitig um. Das imponiert mir, und man nimmt auch etwas davon an, denn ich würde in so einer Situation auch nicht mehr sagen, »Nein, ich will nicht mehr«, sondern durchhalten. Ich denke, dass dieses Land einen lehrt, immer ein bisschen mehr von sich zu verlangen als man eigentlich zu schaffen meint.

Meine Situation ist sprachlich sehr schön eingebettet geblieben. Dadurch, dass wir zu Hause Deutsch sprechen, hab ich mich hier nie fremd fühlen müssen. Das ist schon eine große Hilfe. Im Bekanntenkreis gibt es ein deutsch-finnisches Ehepaar, da hat der Mann gesagt: »Du hast dein Land aufgegeben, ich gebe meine Sprache auf.« Das fand ich sehr lieb, denn das zeigt schon, dass der andere auch empfindet, dass man etwas aufgibt. Das war bei unserer Situation eigentlich nicht so. Ich kam aus dem deutschen Raum und bin hier eigentlich auch in den deutschen Kreisen zu Hause – dass da auch Finnen hineingehören, das ist für mich klar. Ich bin ja sehr früh aus dem Berufsleben ausgeschieden; ich hab fünfunddreißig Jahre lang gearbeitet und bin dann 1997 krankenpensioniert worden. Da hab ich es eigentlich sehr so empfunden, dass man in Finnland kein Umfeld mehr hat, wenn man weder arbeitet noch sportlich mithalten kann. Da merkte ich, wie einseitig mein Leben gelaufen ist: Es war vom Beruf bestimmt, viele Kontakte mit finnischen Eltern und Ämtern, mit denen man verhandeln musste. Und eben der Sport.

In Finnland gibt es heute viele Angebote für Rentner. Hier bekommt man Ermäßigung in staatlichen Museen und Ausstellungen, bei der Bahn und beim Fliegen, es gibt sehr viele Gruppen für ältere Leute, angefangen von der Politik über Sport, Kultur; Einrichtungen, in denen man sich zum Essen treffen kann. Hier hat beinahe jeder Stadtteil eine Begegnungsstätte mit verschiedenen Altersgruppen, das ist besser organisiert als in Deutschland. Ich finde sowieso, dass der Mensch in Finnland rundum organisiert und betreut wird, das fängt schon mit der Krippe an, dann in Kindergärten, in Ganztagsschulen sowieso. Das ist vielleicht manchmal ein bisschen zu viel. Aber gut ist es schon, dass es all das gibt; später werde ich die Angebote für ältere Menschen vielleicht auch mehr nutzen. Noch gehe ich da aber nicht hin, so alt fühle ich mich noch nicht.

Unser Enkel jetzt, der wächst in Deutschland auf, trotzdem hat er auch etwas Finnisches in sich. Er versteht Finnisch, spricht es jedoch nicht. Aber wenn er hier Fußball spielen geht, dann muss er ein bisschen sprechen, also wird das Finnische schon kommen. Er ist fest entschlossen, sowie er das selber bestimmen kann, zieht er nach Finnland! Auch wenn er jetzt noch sagt: »Meine Mama lässt mich nicht.« Wir waren neulich alle auf *Suomenlinna* mit seinem deutschen Patenonkel, der meinte: »Das ist ja richtig schön hier auf dieser Insel.« Darauf unser Enkel: »Ja, gell, so was Schönes habt ihr nicht in Deutschland!«

Ich würde gern dazu gehören, aus ganzem Herzen

Anke, 43, aus Berlin, seit 17 Jahren in Helsinki

Finnland – das war das erste Land, das meiner Freundin einfiel. Sie hat nur gesagt: »Wir fahren nach Finnland.« Das war im September 1990, und mir war es wurscht, wohin. Hauptsache wegfahren.

Es war ja Herbst, der erste Eindruck also: grau, Regen, keine Cafés, keine Restaurants ... War nicht so schön. Wir sind eine Woche geblieben, haben in Otaniemi im Wohnheim bei ihrem Freund gewohnt, wir waren ja noch Studenten. Und dann sind wir wieder abgefahren – und es war immer noch grau und kalt und keine Cafés, da gab's nur das *Kappeli*, sonst nischt. Ich wollte nicht mehr hierherkommen. Ich kam trotzdem wieder, so wie die meisten deutschen Frauen, die hier sind: wegen eines Mannes.

Wir haben uns hier kennengelernt, in dieser Woche. Aber da hat erst mal nichts gefunkt, erst nach zwei Jahren haben wir uns ein bisschen näher kennengelernt. Wir hatten wenig Kontakt, nur einmal im Jahr eine Postkarte: Schönen Gruß aus Spanien. Dann war ich aber noch mal hier, und da ist es irgendwie passiert. Als ich im Frühjahr 1995 das Studium beendet hatte, habe ich mir überlegt: Dann komm ich erstmal her und gucke. Und nun bin ich immer noch hier.

Als ich kam, war Sommer, und auf einmal war Finnland für mich gar nicht mehr so grau – wo ich hier nun jemanden hatte. So ist es eben mit einem Pärchen: Es passt oder es passt nicht. Ich glaube, das hat nichts mit Finnland zu tun, er hätte auch von sonst wo kommen können. Von Finnland wusste ich wenig – ich konnte kein Englisch, ich konnte kein Finnisch, aber Hauptsache: raus aus Deutschland. Das war ein Versuch. Und dann hab ich die Doktorarbeit hier angefangen und bin geblieben. Wir haben nie drüber nachgedacht, wir haben auch nie geplant, wie's weitergeht. Wir haben eigentlich zwanzig Jahre nicht drüber gesprochen, was wir als nächstes machen, das hat sich eins nach dem andern so ergeben.

Mittlerweile hab ich mich an das Land angepasst. Mein Land, die DDR, gibt's ja auch nicht mehr, ich bin also keine Deutsche in dem Sinne mehr. Und als ich weggegangen bin, da war Deutschland noch nicht wieder so zusammengewachsen wie jetzt. Insofern bin ich mehr Finnin, für mich ist Deutschland mehr Ausland als Finnland. Aber die Finnen sind ja auch mit Ostdeutschland verbunden gewesen, nicht nur wegen des Schulsystems, auch vom Gefühl her. Es war mir also nicht so fremd hier, aber ich hab's vielleicht auch einfach nicht mitgekriegt. Denn es hat ja sieben Jahre gedauert, eh ich Finnisch wirklich verstanden hab und sprechen konnte. Damals hatte ich bloß die Doktorarbeit, und das war ja ein Zwölfstundenjob. Ich hab mir nie Gedanken gemacht – wie das eben ist in dem Alter. Finanziert hab ich mich in der Zeit mit Stipendien. Natürlich hab ich versucht Finnisch zu lernen, aber dafür war wenig Zeit. Und zuerst musste ich natürlich Englisch lernen, weil ich die Doktorarbeit auf Englisch schreiben musste. Ich hab einfach immer weitergemacht, jeden Tag. Es war aber nicht: »Hurra, jetzt bin ich in Finnland, wie toll!« Die ersten zwei Jahre wollte ich schon oft nach Hause, und zwar nach Hause zu den Eltern, ich hab dort ja bis zum Schluss zu Hause gewohnt. Hier war mir alles sehr fremd, und die Finnen reden ja am Anfang nicht mit einem. Das dauert nun mal zwei Jahre, eh man Freunde kriegt, damals haben sie ja mit Ausländern noch weniger gesprochen. Viele haben sich umgedreht und sind weggegangen – das war mir schon sehr ulkig. Ich hab mich hier nicht immer wohlgefühlt, aber was sollt ich machen? Ich hatte die Doktorarbeit, und wie ein guter Deutscher so denkt: »Jetzt mach ich die auch zu Ende.«

Ich spreche noch immer nicht fließend Finnisch und mache auch Fehler. Ich spreche nur sehr schnell. Aber manchmal versteh ich auch überhaupt nichts. Ich hab ja mit den Leuten am Anfang Englisch gesprochen, Englisch war die erste Sprache, die ich hier gelernt hab. Mit denen, die ich damals kennengelernt hab, spreche ich heute noch Englisch, wir werden das wohl nie auf Finnisch ändern. Die meisten Freunde, die wir haben, sind von meiner Seite. Mein Mann hat zwar auch seine und die treffen wir ja auch immer noch, aber ich habe auch meine eigenen. Ich hab auch viele Freunde, die er gar nicht kennt. Das ergab sich so, die meisten waren vorher meine Kollegen – wo sonst lernt man Leute kennen, wenn nicht auf der Arbeit. Jetzt erst kommen auch andere dazu. Es dauert schon ziemlich lange, bis man hier finnische Freunde hat. Aber wenn, dann richtig und für immer, sehr unkompliziert. Man kann sich hundertprozentig auf die verlassen, alles mit ihnen besprechen, zur Not sogar Geld von ihnen leihen.

Missverständnisse gab's hier anfangs dauernd. Ich hab ja zuerst nicht mal das Thema von meiner Doktorarbeit verstanden, ich konnte ja damals noch kein Englisch. Dann hat's vier Monate gedauert, bis ich kapiert habe, dass die ganzen Sachen, die ich mache, für mich sind und nicht für meine Kollegen – so was ist oft passiert. Und auch heute gibt's noch Missverständnisse, aber das gehört dazu. Ich sag meinen Namen am Telefon – ich hab meinen deutschen Namen behalten – und die sagen: »No English!« und legen auf. Ich glaube, dass die Leute einfach Angst haben. Einmal beim Arzt sollte ich Blut abgenommen kriegen und saß da im Labor.

Dann kam die Krankenschwester rein und hat mich auf Finnisch gefragt: »Wie ist Ihr Name?« Da hab ich den gesagt und dann guckt sie mich an, sagt »voi kauheeta« (»Oh, schrecklich!«) und war weg. Und dann saß ich da und nichts passierte. Nach zehn Minuten kam die Ärztin: »Was machen Sie denn noch hier?« – »Na, ich wollte Blut abgeben.« Im Nachbarzimmer, hab ich dann gehört, hat sie die Krankenschwester gefragt, was los war, und die: »Das ist doch eine Ausländerin, die hat ganz ausländisch gesprochen!« Darauf die Ärztin: »Nee, die hat nur ihren Namen gesagt.«

Oder die berühmte Geschichte, bei der alle Kollegen lachen, wenn ich das erzähl: Im Eisladen hab ich mir so ein Softeis namens »pyörremyrsky« (Wirbelsturm) bestellt. Das ist schon schwer genug zu sagen, aber das hat die junge Verkäuferin ja noch verstanden. Aber dann wollte ich »valkosuklaa« (weiße Schokolade) dazu. Da sagt die: »Ah, mandariini« – und macht mir Mandarine drauf! Manchmal kann ich über solche Sachen lachen, aber meistens macht's mich wütend. Nach siebzehn Jahren hier! Ich weiß ja, dass ich nicht richtig gut Finnisch spreche – aber doch verständlich! In der kleineren Stadt, wo ich jetzt arbeite, ist es mit der Verständigung immer leichter als in Helsinki. Aber ich würd da nie wohnen wollen, das ist mir einfach zu klein. Ich brauch drei Millionen Menschen um mich rum! Ansonsten ist es aber in Ordnung dort, die Leute sind da wie in Berlin, so von der Art her: sehr direkt, halten Wort, sagen Ja oder Nein – nicht wie in Helsinki: »Nun ja, maybe.« Irgendwie sind sie da auch toleranter mit der Sprache und schämen sich nicht, wenn ich was falsch sage.

Mit meinem Mann spreche ich Deutsch und mit seiner Familie Deutsch und Englisch und Finnisch. Er versteht alles, und wir waren ja so jung, als wir uns getroffen haben, da entwickelt man auch eine gemeinsame Sprache im Laufe der Zeit. Ich weiß nicht, ob wir richtig Deutsch sprechen, man merkt das einfach nicht mehr. Ich bin die Einzige und die Erste, die einen Ausländer in die Familie gebracht hat, aber dadurch, dass er Deutsch spricht, ist es was anderes. Und er sprach sehr schnell sehr gut Deutsch. Meine Familie und Freunde in Deutschland denken nie daran, dass er Finne ist – er ist einfach er. Aber wenn er immer nur Englisch oder Finnisch gesprochen hätte, und ich müsste übersetzen, dann wär das anders gewesen. Die Familie meines Mannes, die sehen mich auch weder als Deutsche noch als sonst irgendwas, ich bin einfach seine Frau. Da gab's nie Probleme, von Anfang an nicht. Und ich fühl mich bei ihnen auch gut aufgehoben. Wir hatten nie Streitigkeiten: Du bist so, ich bin so – nie! Vielleicht reden wir jetzt ab und zu drüber, was anders geworden ist, aber das ist mehr, was anders geworden ist in Deutschland, im Vergleich zu vor zwanzig Jahren. Aber den Vergleich Finnland-Deutschland, den gibt's bei uns eigentlich nicht.

Ich weiß nicht, ob mich Finnland geformt hat. Ich weiß ja nicht, wie es gewesen wär, wenn ich woanders gelebt hätte – dann wär ich jetzt bestimmt auch so, wie ich bin. Wenn ich die Doktorarbeit in Deutschland geschrieben hätte, dann wär ich bestimmt ein ebenso selbstständiger Mensch geworden. Das Einzige, was viele mir sagen: Ich bin ruhiger geworden, und ich lass mich auch nicht mehr so stressen. Das ist vielleicht schon finnischer Einfluss, hier geht alles doch etwas ruhiger zu – selbst wenn der Job schon stressig ist. Aber vielleicht kann das mit dreiundvierzig auch das Alter sein. Ich habe nie verglichen. Ich hab hier einfach gelebt, und wenn Freunde oder meine Eltern kamen und gesagt haben: »Also, bei uns ist das und das aber anders« – So hab ich nie gedacht! Ich fand das doof, denn ich lebe ja hier und dann ist es mir egal, wenn die Gurke in Deutschland fünf Pfennig kostet und hier drei Euro. Ich zahle hier die drei Euro, weil ich hier lebe, da muss ich mir nicht die Gurke aus Deutschland mitbringen. Da könnt ich ja auch wieder zurückgehen! Solche Sachen hab ich immer nicht verstanden: Wenn deutsche Freunde kamen und der Kofferraum war voller Bier und Salami! Das stört mich, weil die mir damit praktisch sagen: Du müsstest doch in Deutschland leben. Nee, ich könnt ja wieder zurückgehen. Aber ich leb nun mal hier. Früher hab ich immer versucht, Leuten in Deutschland gegenüber dieses Tolle hier darzustellen. Ich dachte, ich muss mich rechtfertigen. Aber warum muss denn jeder in Deutschland leben? Das ist so eine Arroganz, dass in Deutschland immer alles besser ist, egal was. Die nehmen den Witz ernst, wenn ich sage: »Strom haben wir hier nur sonntags von zwei bis vier.«

Ich hatte nie wirklich Heimweh, ich wollte ja immer ins Ausland. Aber jetzt ist Deutschland für mich Ausland. Die Mauer ist nun mehr als zwanzig Jahre weg, und das Deutschland, das jetzt da zusammengewachsen ist, ohne mich, das ist nicht mein Land, so vom Gefühl her. Ich hatte mich mal in Deutschland beworben, nicht weil ich zurück wollte, aber es war eine gute Gelegenheit, da war eine Professur in meinem Fachbereich ausgeschrieben. Das wurde dann aber nichts, vielleicht gut so. Ich sag nicht ständig, ich bin Berliner, aber ich hab mir immer überlegt, wenn ich aus irgendeinem Grund mal zurück müsste, würd ich nach Berlin ziehen. Das schon, weil die Leute mir da doch am vertrautesten sind. Aber in Finnland hab ich am ehesten das Gefühl zu Hause zu sein, dieses Selbstverständliche, zu wissen, wie hier alles ist. In Deutschland ist ja so vieles fremd für mich. Da hab ich immer das Gefühl, ich müsst mich verstellen, gewissen Normen entsprechen – und hier kann ich so sein wie ich bin. Das Einzige, was ich mir aus Deutschland mitbringe, ist der Kaffee. Nicht wegen des Preises, aber ich mag den finnischen Kaffee nicht so. Und ich trinke immer das Gleiche, so etwas von Tchibo; Tortenguss und Sahnesteif gibt's hier auch nicht.

Die deutsche Sprache hab ich manchmal vermisst. Mein Mann und ich sprechen zwar zu Hause Deutsch, aber trotzdem fehlt mir deutsches Fernsehen und deutsches Theater, also einfach die Sprache an sich. Aber ich hatte auch nie deutsche Freunde hier, bis voriges Jahr kannte ich hier keine Deutschen näher. Ich wollte das auch nie, denn ich dachte, wir sind hier in Finnland – sonst kann ich ja auch wieder zurückgehen! Ich spreche ja nicht mehr so gut Deutsch, zum Beispiel bei dem Vorstellungsgespräch in Deutschland hab ich's gemerkt. Meine Arbeitssprache hier ist Finnisch und auch Englisch, und deswegen kenn ich die Wörter auf Deutsch nicht immer – aber das wurde dort nicht akzeptiert. Ich dachte, dass es eine Bereicherung ist, wenn ich von hier dahinkomme, und dass es nicht so schlimm ist, wenn ich nicht so korrekt spreche. Ich hab ja das fachliche Wissen – aber das war nicht gefragt. Hier in Finnland geht das anders, zumindest in der Arbeit, wo ich jetzt bin: Die sehen mich als das, was ich bin und was ich kann. Ganz selten spricht mich mal jemand auf Deutschland an, ich bin auf der Arbeit nicht mehr so der Ausländer. In Finnland kann ich so sein wie ich bin, in Deutschland fühl ich mich nicht akzeptiert, so wie ich bin. Ich hab mich noch nie mit einem Vaterland identifiziert. Natürlich, ich vermisse hier, dass ich mich richtig gut ausdrücken kann – auf Finnisch oder Englisch geht es eben nicht so wie auf Deutsch. Aber auch auf Deutsch hab ich früher ganz anders gesprochen, blumiger, nicht so einfach. Das ist wirklich so, in allen drei Sprachen bin ich nicht wirklich ich selbst. Vielleicht ist das aber einfach der Preis, den man zahlt.

Ich glaube nicht, dass es so anders ist mit einem finnischen Partner. Er ist so, wie er ist. Mein Mann spricht ja, ist nicht so schweigsam – nach zwanzig Jahren mit einem Berliner, da muss man ja sprechen! Aber wir mussten es lernen, wie wir miteinander kommunizieren, es war harte Arbeit. Aber einem Deutschen hätt ich's auch beigebracht. Die meisten Unterschiede haben, glaub ich, eher was mit Ost und West zu tun, also, nicht mit Ost- und Westdeutschland, sondern mit Ost- und Westgesellschaft. Viele Unterschiede, die ich hier sehe, die sehn meine ostdeutschen Freunde auch in Westdeutschland. Wir haben das Gefühl, im Westen zählt immer noch mehr das Individuum, ich ich ich: »Und ich hab das Recht«, »und ich mach ...«. So was ist mir einfach fremd. Generell sind wir wohl noch in diesem Kollektivdenken verhaftet – was die Finnen eigentlich auch sind, hier soll sich das Individuum ja auch nicht so rausstellen. Aber es ist doch Westen hier. Und ich seh in vielen Beziehungen, sowohl hier als auch dort, dass die Partner im Wettbewerb miteinander stehen.

So was haben wir mit meinem Mann überhaupt nicht. Wir sind völlig gleichberechtigt, jedenfalls fühlen wir das so. Wir haben beide unsere Aufgaben: Ich schreib den Einkaufszettel, er geht einkaufen, ich mach die Wäsche, er macht sauber ... Das hat sich so ergeben. Ich hab nie mit einem deutschen Mann zusammengelebt, ich weiß nicht, ob das mit einem deutschen Mann genauso gekommen wär. Wir haben es schon seit ewigen Zeiten so, dass wir jeden Freitagabend irgendwas zusammen machen. Meistens koch ich irgendwas Schönes und dann lassen wir den Tag so ausklingen. Früher haben wir freitagabends immer Federball gespielt, und jetzt kochen wir eben und sitzen zusammen und erzählen uns, wie die Woche war. Denn so oft sehen wir uns ja nun auch nicht, weil ich die Woche über eben woanders arbeite. Und wenn was mit der Beziehung ist, reden wir sofort drüber, wir schlucken nichts runter. Das hat sich bewährt. Das haben wir gelernt, dass wir gleich aussprechen, wenn irgendwas nicht stimmt. Und nicht erst sitzen und denken: Naja, kann ich morgen sagen, oder guck ich mal, wenn er eine ruhige Minute hat.

Ich merk einfach nicht mehr, dass er Finne ist. Aber wir sind ja nun auch schon zwanzig Jahre zusammen. Wenn ich ihn jetzt neu treffen würde, dann wär es vielleicht anders. Bei andern Leuten merk ich schon »Finnisches«: Wenn die mit einem nicht sofort reden, oder wenn sie einen nicht anrufen, wenn man krank ist – Finnen denken immer, man darf den andern nicht stören in seiner Privatsphäre. Ich glaube, das ist hier ganz ausgeprägt. Man darf auch keinen Kollegen am Wochenende anrufen, oder wenn er im Urlaub ist oder am Abend. Mir ist das egal – wenn ein Notfall ist, dann ruf ich den auch im Urlaub an. Aber die Finnen würden das nicht machen. Das ist diese Grenze, die sie haben, diese Distanz. Auch wenn hier im Bus jemand auf dem Fensterplatz sitzt und dann aussteigen will, würd er nie fragen, um da rauszukommen. Oder wenn jemand an einer engen Stelle an einem vorbeigehen muss, dann sagt er nichts, sondern drückt sich eher an der Wand entlang. In Berlin würde man einfach den Ellbogen nehmen oder sagen: »Geh da mal weg!«

Finnland hat sich verändert. Bis vor einiger Zeit fand ich noch, dass es sehr ausländertolerant geworden ist und natürlich gibt's jetzt mehr Cafés und mehr Kinos. Als ich kam, 1995, war überhaupt nichts, nun wird's langsam. Die Leute sehen auch anders aus, offener. Aber seit einem Jahr merk ich, dass die Ausländerfreundlichkeit doch nicht so dolle ist. Ich fühl mich nicht schlecht hier, aber ich hör ja von vielen, dass sie lieber den Finnen einstellen – vielleicht auch, weil sie Angst haben, dass sie mehr Paperwork haben mit einem Ausländer. Das ist für mich ziemlich irritierend, weil ich immer dachte, der mit der höheren Qualifikation wird auch genommen. Mir ist jetzt erst aufgefallen, wie schwer das mit den Jobs ist. Ich hatte ja immer Stipendien gekriegt, und damals war das ja noch toll als Ausländer, da war das noch was Besonderes.

Wenn ich Zeit habe, dann male ich ein bisschen, aber das hab ich nun auch seit Jahren nicht mehr gemacht. Das Gute ist, dass ich jetzt so viel Finnisch kann, dass ich auch mal ins Theater gehen kann. Aber ansonsten gibt's eigentlich nur die Arbeit. Ich spiele nicht mehr Klavier, im Kino war ich grad mal wieder, aber davor ewig nicht. Kochen ist ja kein Hobby, man muss ja essen, und Garten ist auch kein Hobby, der ist einfach da. Das wär vielleicht anders, vielleicht hätt ich mehr Zeit, wenn ich hier in Helsinki den Job hätte. Gereist bin ich hier in Finnland auch nie viel. Ich war einmal vor langer Zeit in Lappland, in Turku war ich schon, in Tampere – das war's. Da ich ständig wegen der Arbeit in der Bahn sitze, möchte ich dann im Urlaub nicht mehr reisen. Das ist der Nachteil. Früher hab ich gedacht, dass ich dann so mit dem Zug oder mit dem Zelt durch Finnland fahr und mir alles ansehe – aber nee, ich möchte jetzt nur zu Hause sein und ausruhen. Und so ein *mökki* haben, das fänd ich ja ganz doof. So was wollen wir nicht, noch ein Haus, um das man sich kümmern muss, und dann immer nur am See sitzen, nee. Das könnt ich mir auch in Deutschland nicht vorstellen, da ein Sommerhaus zu haben. Meine Eltern haben ja eins. Das wär mir aber langweilig. Ich bin ein Stadtmensch, da sitz ich lieber hier im Café und guck mir die Leute an.

Es ist interessant, wie unterschiedlich die Finnen im Sommer und im Winter sind. Jetzt, in der dunklen Jahreszeit, sitzt man im Bus mit lauter Leuten, die nicht reden, nur vor sich hinstarren und Süßigkeiten essen – solche »irtokarkit«, die man im Laden lose kaufen und sich selbst in die Tüten schaufeln kann. Im Sommer dann ist es schön zu sehen, wie die Leute draußen auf ihren Terrassen sitzen und Erdbeeren essen, bei uns in der Nachbarschaft zum Beispiel. Und in der Stadt auch, die Stufen vor dem Dom sind oft richtig dicht bevölkert. Ich mag den Sommer in Helsinki sowieso sehr gern. Irgendwie ist die Luft hier so anders, viel klarer, und das Licht zeichnet die Umrisse schärfer und deutlicher – ganz anders als in Berlin. Und wenn die Sonne scheint, dann aber richtig! Das ist schon ein besonderes Licht. Hier muss ich oft eine Sonnenbrille tragen, in Deutschland oder Südeuropa aber nicht unbedingt.

In Deutschland bin ich nicht viel gereist, was kenn ich denn von Deutschland! Von Westdeutschland kenn ich Hamburg, in Köln war ich zwei Tage, und mal einen Tag in München. Aber ich leb ja auch nicht dort, und es ist mir eben nicht so wichtig, was da passiert. Ich weiß auch nicht, wie viel da Benzin kostet im Vergleich zu hier, was mich immer alle Leute als Erstes fragen. Ich lese zwar Zeitungen, aber vor allem der Sprache wegen, ich lese auch deutsche Bücher, das ist so die einzige Verbindung. Ich kann ja Englisch und Finnisch nicht so gut lesen, nur die Fachtexte.

Ich find es sehr schön, wie die Finnen sich identifizieren mit ihrem Land. Aber die werden natürlich immer Finnen bleiben, die sind ja was Besonderes. Die wundern sich, warum die anderen skandinavischen Länder denken: »Die Finnen sind so anders«, aber die sind ja nun mal anders und geben sich auch große Mühe, diesem Bild zu entsprechen. Ist ja nicht schlimm, ganz im Gegenteil! Ich würde auch gern ein Land haben, auf das ich stolz bin. Es wär schön, das Gefühl zu haben, ich gehör' dazu, aus ganzem Herzen. Ich würde gern sagen können: »Ich bin aus Deutschland und wir haben das und das.« Aber so etwas kann ich nicht sagen. Ich identifiziere mich mit niemandem, so vom Land her, das war immer schon so. Das hat auch nichts mit unserer Vergangenheit zu tun, das ist einfach so. Ich find das immer toll, wenn im Stadion alle aufstehen und die Nationalhymne gespielt wird. Mir ist das völlig wurscht, ob die deutsche oder welche Nationalhymne da gespielt wird. Aber ich hätte auch gern so ein Gefühl.

Auf Reisen in Mittel- und Ostfinnland

Ulrike: In der Hauptstadt ist es ja sehr international. Ausländer gehören hier zum täglichen Bild, Helsinki unterscheidet sich nicht mehr von Stockholm, Kopenhagen oder Hamburg – anders als noch vor zwanzig Jahren, als ich mich manchmal im Bus umschaute und das Gefühl hatte, allein an meinen dunklen Haaren inmitten all der Blondheit als Ausländerin erkannt zu werden.

Aber wie sieht es anderswo in Finnland aus? Wie lebt es sich als deutsche Frau in einer kleineren Stadt oder auf dem Lande? An einem regnerischen Tag Ende Mai fahren wir mit dem Zug von Helsinki in Richtung Norden. Da fällt mir eine Bahnreise vor ein paar Jahren ein. Bei der Ankunft in einer mittelfinnischen Kleinstadt fragte meine deutsche Freundin mich erstaunt: »Aber wo ist denn hier die Stadt?!« Außer dem Bahnhofsgebäude konnte man beim Aussteigen nur eine große Kreuzung, einen Tankstellen-Einkaufszentrum-Komplex und einen See erblicken – keine Stadt, im mitteleuropäischen Sinne, weit und breit.

Petra: Aber dann kommen Ulrike und ich doch in einer richtigen Stadt an. In der Innenstadt sehe ich fast nur graue und weiße Hochhäuser aus den siebziger Jahren, die scheinen den Ton anzugeben. Dazwischen aber gepflegte Grünflächen und viel Platz. Bei Nieselregen schlendern wir die Hauptstraße entlang. Warum gibt's hier so viele Frisöre – und wo kommt wohl all die Kundschaft für die her? Am Schaufenster eines Ladens steht groß in roter Schreibschrift »Sexualgesundheitsgeschäft«. Was soll denn das sein?! In der Auslage eines Fotogeschäfts sind Schwarzweißbilder zu sehen, Menschen, die sich an wichtigen Tagen ihres Lebens fotografieren ließen: ein Brautpaar, eine Tänzerin, ein Mädchen mit *Abiturientenmütze*. Nur schwarzer Stoff und weiße Kerzen in schwarzen Kerzenhaltern bilden den Rahmen für diese Bildergalerie. Die Bilder berühren mich, aber sind mir auch fremd.

Wir spazieren zum See. Die neuen Wohngebiete dort bieten Platz, einen Blick aufs Wasser, viel Grün mit Kinderspielplätzen und Kunstobjekten dazwischen. Hier kann man auch sein eigenes Boot im nahen Hafen liegen haben, und im Winter gehen die Loipen direkt vom Hof in die Landschaft. Könnte ich mir vorstellen, hier zu wohnen?

Ulrike: Am Bahnhof steht auf den Gleisen ein langer Zug offener Güterwagen in Hellblau und Grün, alle beladen mit Baumstämmen. Die modernen Bürohochhäuser gleich neben den Schienen heben sich davon ab, sie tragen die Schriftzüge und Logos finnischer und ausländischer Technologie-Firmen. Typisch Finnland:

Waldreichstes und forstwirtschaftlich wichtigstes Land Europas, aber geprägt von Hightech.
Mit dem Regionalzug fahren wir weiter, gen Osten. Das Wetter ist aufgeklart. Die Wolken über den vorbeiziehenden Seen und Wäldern und Wäldern und Seen sehen aus wie aneinanderhängende weißgraue Pfannkuchen. Wo man Häuser sieht, vor allem alte Bahnhöfe, sind sie aus Holz gebaut und haben verzierte Fenster, die sich für ein Reisefotoalbum mit dem Titel »Idyllisches Finnland« eignen würden. Bei Ankunft in der nächsten größeren Stadt orientieren wir uns an einem Stadtplan, der in der Eingangshalle unseres Hotels hinter Glas hängt. Er zeigt die Standorte von etwa dreizehn Sehenswürdigkeiten, den Fahrradweg am Fluss und den Platz des *Alko*, des staatlichen Spirituosengeschäfts. Die Sehenswürdigkeiten interessieren uns nicht so sehr, das Leben in der Stadt aber schon. An den Hauptstraßen wehen überall große rote Fahnen mit Kranichen darauf, das sieht festlich aus. Der Stadtspaziergang führt uns an einem Blumenladen namens »Lawine« vorbei und direkt auf den großen Marktplatz. Es ist ein normaler Wochentag und nur wenige Marktbesucher sind heute hier. Eine Radiostation hat eine riesige Bühne aufgebaut, auf der einsam zwei lässige Tontechniker sitzen und für die Übertragung von Rockmusik sorgen. An den Marktständen kann man neben Blumen und Obst auch geblümte Kleider kaufen oder schwarze T-Shirts, die *den finnischen Löwen* mit Schwert oder *Kalevala*-Figuren beim Motorradfahren zeigen. Im nahen kleinen Park gibt es zwei Schaukelbänke, die zum Verweilen einladen. Aber wir müssen weiter.

Petra: Wir müssen uns beeilen, ab in den nächsten Zug. Der hat nur einen Triebwagen, und er bringt uns in Richtung russische Grenze. Das gibt's doch nicht! Im Abteil treffe ich einen flüchtigen Bekannten, mit dem ich mich mal in einem Bus in Helsinki unterhalten habe – Finnland ist ein Dorf! Er freut sich, mich zu sehen und erzählt, er stammt von hier, aus Ostfinnland, arbeitet aber als Handyverkäufer in Helsinki. Der Mann ist gut gelaunt und trägt immer noch seine Urlaubsbräune. Er hatte sich gerade ein Jahr Auszeit genommen, um die Welt zu bereisen. Er erzählt uns munter und offen auf Englisch Geschichten aus seinem Leben. Ab und zu schaue ich aus dem Fenster. Die Natur erwacht jetzt im Mai gerade aus dem Winterschlaf. Ich finde, der Weltenbummler passt nicht wirklich in diese finnisch ländliche Umgebung.
Endlich kommen wir an dem winzigen Bahnhof an, wo wir von unserer Landsmännin mit dem Auto abgeholt werden. Die Fahrt dauert eine Weile, ich genieße es chauffiert zu werden. Die Straße windet sich durch die karelische Landschaft. Die Sonne glitzert auf den Seen und das frische Maigrün über den weißen Birken-

stämmen blendet einen fast. Endlich kommen wir an den Weg, der zu ihrem Hof führt. Neben dem Postkasten, direkt an der Straße, sitzt ein Mann im Gras. Er bewegt sich nicht. Er ist hager und trägt sein Haar zum Pferdeschwanz zusammengebunden. Fast kommt er mir vor wie ein Indianer, der sich zum Nachdenken in die Wüste zurückgezogen hat. Was macht der bloß da? Die Frau sagt: »Er wartet auf die Post, wie jeden Tag.«

Wir fahren in den Hof ein. Das Wohnhaus der Familie und alles andere ist aus dicken grauen Holzstämmen gebaut, denen man ihre Geschichte ansieht. Die Gebäude wirken, als wären sie hier gewachsen. Rund ums Haus blühen Osterglocken und andere Frühlingsblumen, im Gemüsegarten ist die Erde schon umgegraben, für den Sommer vorbereitet. Auf der angrenzenden Weide gibt es Hühner und Schafe. Ein Schaf trägt eine Art Kondom – praktische Geburtenkontrolle. So was hab ich ja noch nie gesehen!

Die Sonne wärmt, es ist still und grün. Ich fühle mich wohl hier. Ich bin weit weg von der Hauptstadt. Wir werden ins Haus gebeten. Dort esse ich dann die beste Rindfleischsuppe meines Lebens.

Die besten Sachen im Leben passieren, wenn man sich einfach drauf einlässt

Katja, 51, aus dem Ruhrgebiet, zwei Kinder, seit 23 Jahren in Ostfinnland

Irgendwann einmal nach Skandinavien zu reisen – davon habe ich als Schülerin und Studentin die ganze Zeit geträumt. Das lag auch daran, dass die Frau unserer Nachbarsfamilie aus Savonlinna stammte. Bei denen habe ich Babysitter gespielt und da auch Bilder von Finnland gesehen. Also reizte es mich, mal nach Norden zu fahren, und 1983 habe ich das dann verwirklicht. Der Plan war über Norwegen nach Norden und dann über Finnland zurück. Und auf dieser Reise habe ich meinen Finnen getroffen, und zwar schon in Norwegen. Er lebte und arbeitete damals dort. Er war erst Seemann auf großer Fahrt und dann Fischer in Norwegen. Da sind wir, Heikki und ich, uns das erste Mal übern Weg gelaufen. Ich kam in diesem kleinen Ort, Ålesund, an, nachmittags, per Anhalter, und ging dann in das Pensionat, wo er immer wohnte, wenn er an Land war. Alle Geschäfte hatten zu – es war wohl irgendein Feiertag in Norwegen –, also hab ich mir in der Küche nur einen Tee gekocht und habe gedacht, das muss jetzt reichen. Und dann kam er rein, mit einer Riesenmakrele, und lud mich zum Essen ein. Damit fing das an. Wie man so sagt: Die Liebe geht durch den Magen.

Wenn man im Ausland unterwegs ist, ist es natürlich sowieso schön, Leute, die dort leben, kennenzulernen, und über die dann auch das Land und die Umgebung. Also blieb ich erstmal da. Und irgendwie habe ich mich dann wohl verliebt, hab aber gedacht, naja, du spinnst doch! Er wohnt so weit weg, und dann ist er auch noch zwölf Jahre älter als du, das hat doch sowieso alles keine Zukunft. Und eigentlich wolltest du doch Skandinavien kennenlernen, und jetzt sitzt du hier schon seit einer Woche in diesem verregneten Nest! Da habe ich meinen Rucksack genommen und bin zum Nordkap gefahren. Aber Heikki hatte mir erzählt, er hat so ein Häuschen in Finnland, in Nordkarelien, und er hat gesagt, ich soll doch vorbeikommen, wenn er dort im Urlaub ist. Ich wollte ja sowieso nach Finnland, ich wollte ja unbedingt Savonlinna und die Burg dort sehen. Habe ich aber bis heute nicht.

Als ich von Lappland kam, habe ich mir dann überlegt, warum eigentlich nicht? Besuche ich ihn dort und schau mir mal an, wie die Finnen so leben. Und so bin ich mit dem Zug hier auf unserem kleinen Bahnhof angekommen – und habe gedacht, wo bin ich hier denn gelandet!

Es war August, abends schon ziemlich dunkel, es war kein Dorf zu sehen und ich hatte nur eine Landkarte von ganz Finnland, da hatte er mir an dieser Stelle ein Kreuz drauf gemacht. Und ich hatte die Telefonnummer von einem Nachbarn, der Deutsch sprechen sollte. Ich stand also am Bahnhof und sah den Beamten gerade mit dem Fahrrad wegfahren. Da bin ich hinter ihm hergerannt und habe gesagt: »Ich muss mal telefonieren.« Er hat mir den Bahnhof nochmal aufgeschlossen und ich habe den Nachbarn angerufen. Aber ich war mir gar nicht sicher, ob der mich auf Deutsch verstanden hat. Er hatte wohl im letzten Krieg deutsche Soldaten kennengelernt und von denen ein paar Worte Deutsch aufgeschnappt, das war alles. Aber er hat mir gesagt, ich solle da warten. Und ich habe mich hingesetzt und gewartet, bestimmt eine halbe Stunde. Er wohnte einige Kilometer entfernt, aber ich wusste ja damals noch nicht, was das hier für Entfernungen sind. Und dann ist er gekommen, mit der ganzen Familie hinten im Auto, die kamen alle »die Deutsche« angucken. Sie packten mich in ihr Auto und dann ging's los, über die Schotterstraße, die ganze Zeit durch den Wald und irgendwann bog er in unseren Weg hier ein. Der Weg war damals nicht sehr gut, und bei dem Nachbarhaus blieb das Auto stecken und ich ging den Rest zu Fuß.

Damals gab es hier weder Wasser noch Strom, es war nur eine Öllampe an, die Wände alle schwarz und verrußt. Da Heikki auch gerade erst angekommen war, waren hier ein paar Nachbarn zu Besuch, das waren so die Originale des Dorfes. Der eine hörte schwer, schrie immer nur und jedes zweite Wort war ein Schimpfwort. Da dachte ich wieder: Wo bin ich denn hier gelandet! Heikki sagte: »Nach der Reise ist's doch schön zu saunen, wir haben die Sauna angemacht, geh nur.« Ich war in meinem Leben noch nie in der Sauna gewesen. Das war eine schöne alte *Rauchsauna*, draußen hing nur eine kleine Lampe vorm Fenster, sehr dunkel. Ich habe um mich getastet und versucht dort Wasser zu finden, und ich wusste eigentlich gar nicht, was man in einer Sauna so macht. Also habe ich mir nur eine Schüssel mit Wasser genommen und bin nach draußen gegangen und hab mich bisschen gewaschen – das war also mein erster Saunabesuch. Später habe ich dann zum Glück gemerkt, dass Rauchsauna etwas ganz Wunderbares ist.

So habe ich dann den Rest des Sommers bei Heikki verbracht, habe nichts weiter von Finnland gesehen, denn dann musste ich auch schon nach Hause, das Semester fing an. Und ich dachte: Eine nette Urlaubsbekanntschaft, aber das war's dann wohl.

Aber Heikki war ja damals Fischer auf einem Fabrikschiff, und das fuhr auf allen Meeren herum und kam dann auch mal nach Deutschland. Und irgendwann in dem Winter bekam ich ein Telegramm: Wir sind in Bremerhaven. Das ist ja nicht so weit vom Ruhrgebiet aus, also bin ich hin gefahren und habe dort ein paar Tage auf seinem norwegischen Fischereidampfer verbracht. Es war schön ihn wieder zu sehen, aber ich habe nicht gedacht, dass dieser Weg mich je nach Finnland führen könnte. Für mich war es viel Abenteuerlust, ich fand das alles spannend und auch nett, dass er mich einlud. Und das war auch viel interessanter als das Wochenendseminar an der Uni, das ich dafür ausfallen ließ. Dann hat er mich gefragt, ob ich nicht Lust hätte, im nächsten Sommer wieder in Finnland Urlaub zu machen. Die Semesterferien sind lang, ich fand Finnland schön, die Natur gefiel mir … Außerdem war das ja für mich ein Leben wie im Museum, auf seinem Hof, in der Hütte – dass Leute noch so lebten, das fand ich faszinierend. Muss man sich mal drauf einlassen. Ich mochte ihn, er mochte mich, und was daraus werden würde, wusste man nicht, aber man kann ja nichts dabei verlieren, hab ich gedacht.

Also war ich im nächsten Sommer die ganzen Semesterferien wieder in Finnland. Und da stellte ich zu meinem Entsetzen fest: Diese Sprache kann man nicht einfach durch Zuhören lernen. Und hier auf dem Lande kann man sich ohne Finnisch nicht verständigen, hier sind viele einfache Bauern, kein Mensch spricht Englisch. Der Einzige, mit dem ich sprechen konnte, war Heikki, wir haben mit einem Gemisch aus Deutsch, Englisch, Norwegisch geradebrecht. Die drei Monate waren ziemlich hart, das muss ich gestehen. Für jemanden, der aus der Stadt kommt, daran gewöhnt ist, viel mit Leuten zusammen zu sein und sich mit Freunden zu unterhalten. An dem Punkt habe ich dann beschlossen, jetzt muss ich Finnisch lernen. Ich war bereits viel im Ausland gewesen, habe einfach durch den Aufenthalt immer ein paar Brocken von jeder Sprache gelernt, aber in Finnland war das nicht so. Mit dem Finnischlernen war es dann auch gar nicht so einfach. In meinen ersten Sommern hier, nachdem ich dann endlich mal einen Volkshochschulkurs Finnisch ergattert hatte, bin ich trotzdem nie zu Wort gekommen. Denn während ich noch Partitiv, Genitiv, Nominativ sortierte, war das Gespräch dann schon von den Kartoffeln zur Heuernte übergegangen.

Aber schön war es hier trotzdem, und von da an war ich jeden Sommer hier und er kam meistens über Weihnachten nach Deutschland. Dort ist er eigentlich gut klar gekommen, er war ja Seemann auf großer Fahrt gewesen, ist viel in der Welt herumgekommen, noch mehr als ich. Er kann Englisch und ein bisschen Deutsch, und er ist es gewöhnt sich zu verständigen. Er ist auch eigentlich gut aufgenommen worden. Meine Familie war von mir an Merkwürdigkeiten gewöhnt, und meine Mutter nimmt jeden nett auf, der mein Freund oder Bekannter ist. Meine Großmutter allerdings hat mich sofort enterbt. Sie fand das ganz unmöglich: einen, der nicht studiert hat und der auch noch so viel älter ist und auch noch ein Ausländer. Aber das ist einfach so, das war ihre Generation.

Dann nach dem Studium bin ich nach Finnland gezogen, das war irgendwie klar. Er ist nicht der Typ, der in Deutschland wohnen würde, er wäre in einer deutschen Großstadt nicht glücklich. Und ich hatte schon lange gespürt, dass ich nicht immer im Ruhrgebiet bleiben möchte. Ich hatte den Traum, dass ich an die Nordseeküste oder irgendwo aufs Land ziehen würde, mehr so in die Natur. In Finnland habe ich von Anfang an die Natur geliebt. Und diese Freiheit, sich ungestört in der Natur bewegen zu können, das hat mich fasziniert, das war für mich ein riesengroßes Geschenk. Seine Pläne und Träume, irgendwann ganz hierher aufs Land nach Karelien zu ziehen, ein paar Schafe, ein paar Hühner, das war etwas, was mich auch reizte. Der Gedanke, dass wir zusammen bleiben, dass wir irgendwo zusammen leben, der war ganz langsam gewachsen in diesen Jahren. Und als ich mein Studium fertig hatte, war also klar, wir versuchen es zusammen – und selbstverständlich, wenn, dann hier.

Ich ging davon aus, dass ich hier nicht so leicht einen Job finden würde, und hatte mir gesagt: Das ist eigentlich nicht schlimm. Denn ich wollte das ja ausprobieren hier Schafe zu halten und dann aus der Wolle etwas zu machen. Aber noch bevor ich hergezogen war, hat die Leiterin vom Sozialamt mich schon gefragt, ob ich für sie arbeiten wollte. Da habe ich gesagt, ich bin aber noch nicht fertig und ich kann kein Finnisch. Wir haben hin und her überlegt, und dann haben sie mit mir einen Praktikantenvertrag gemacht. Damals war noch kein Mangel an Geld im Sozialwesen. Ich war Praktikantin, und gleichzeitig sollte ich die Sprache lernen. Das war alles ziemlich viel Papierkrieg, weil es damals die EU noch nicht gab: Arbeitserlaubnis, Aufenthaltserlaubnis, alle Papiere aus Deutschland übersetzen lassen. Aber ich war aus Prinzip auch nicht bereit, nur deswegen hier zu heiraten. Zum Glück arbeitete auf dem Sozialamt eine Finnin, die mehrere Jahre in Deutschland gewohnt hatte, und die hat dann versucht mir zu helfen. Ich war also erst Praktikantin im Altersheim, das war äußerst lustig so ohne Sprachkenntnisse, aber darauf muss man sich eben einlassen. Die besten Sachen im Leben passieren, wenn man sich einfach mal darauf einlässt. Sonst wäre das Leben ziemlich langweilig.

Nur auf dem Sozialamt wollte ich nicht arbeiten, denn was ich in Deutschland studiert hatte, passte hier einfach nicht, und hier nochmal Sozialarbeit studieren, ging nicht wegen der Sprache. Also habe ich nochmal ein Jahr in der ambulanten Altenpflege gearbeitet, dann zwei Jahre im Kinderheim. Danach war ich ein bisschen arbeitslos, dann wieder in der Altenbetreuung … Jahrelang ging das so, bis unser Sohn zur Welt kam und später unsere Tochter. Da war ich lange mit den Kindern zu Hause, weil ich das wollte. Danach wollte ich nicht mehr in der Altenpflege arbeiten, das geht ja auch aufs Kreuz, also habe ich angefangen, mir selbst etwas an Arbeit zusammenzusuchen: eine Musikgruppe dort, ein Deutschkurs hier, eine Singgruppe da. Ich habe angefangen Kräutertees zusammenzustellen und die über eine Dorfinitiative in unserem Touristenlädchen zu verkaufen. Davon leben kann man nie, aber es ist einfach mein Ding, und ich bekam auch ein bisschen Arbeitslosengeld. Dann hab ich in einem kleinen privaten Altenheim auf dem Dorf einen Teilzeitjob bekommen, auch Nachtdienste. Das ist ein fester Arbeitsplatz, daneben habe ich meine Kräuter und meine Singgruppe und alles Mögliche.

Die Dorfaktivitäten sind mein großes Hobby. So wie damals das mit der Schule. Wir wohnen hier an der Grenze von drei verschiedenen Dorfschulen und zuerst war nicht wirklich klar, wo unsere Kinder hingehen sollten. Die nächste Schule ist hier im Dorf, zehn Kilometer entfernt, und dort haben sie dann angefangen. Und ich war sehr zufrieden damit, denn es war eine kleine Schule, äußerst schöne Atmosphäre, zwei Klassen: eine von der Vorschule bis zur dritten Klasse, eine von der vierten bis zur sechsten. Die Lehrerin war gut, alles in allem wunderbar. Aber die ganze Zeit war da die Gefahr, die Schule wird geschlossen, denn es sollte gespart werden. Die Schülerzahl war immer knapp an oder unter der Grenze und irgendwann hat das Schulamt gesagt: »Jetzt ist Schluss!« Da haben wir Eltern uns zusammengetan und haben protestiert. Unser Dorf ist sowieso sehr aktiv, wir sind zwar auf dem platten Land, aber es ist immer etwas los. Hier gibt es viele Leute, die sich aktiv einsetzen, und warum sollte man also gerade hier die Schule schließen? Da haben wir alles Mögliche versucht, wir haben zum Beispiel gesagt, wir beteiligen uns an den Kosten – aber die Schule wurde geschlossen. Da haben wir beschlossen: In Finnland gibt es ja keine Schulpflicht, also haben wir Eltern gleichzeitig zwölf Schüler aus dem staatlichen System herausgenommen und die Schule selbst weitergeführt. Dabei haben wir versucht, mit der Stadt zusammenzuarbeiten, aber die wollten nicht, wir waren ja ungehorsam gewesen. Zwei Jahre lang hat das mit Unterstützung des Dorfvereins gut geklappt: Wir hatten Sponsoren, wir hatten einen Lehrer, der für 'n Appel und 'n Ei unsere Kinder unterrichtet hat, und wir hatten eine schon pensionierte Lehrerin, die ganz umsonst für uns gearbeitet hat. Aber das Problem war: Die Eltern machten schlapp. Die Kinder wurden weniger, und da die Zukunft zu unsicher war, mussten wir dann nachgeben.

Ich fand das unheimlich traurig, denn für mich war diese Dorfschule wirklich ein Erlebnis. Ich bin ja in der Großstadt aufgewachsen zu einer Zeit, als es noch bis zu fünfzig Schüler in der Klasse gab. Mein erster Kontakt zu dieser Dorfschule war schon Jahre bevor ich dann selbst Kinder hatte. Da hatte die Lehrerin mich gebeten, dort etwas über Flöten zu erzählen. Und ich habe mir überlegt, was mache ich mit denen allen gleichzeitig – Fünfjährige und dann bis hin zur sechsten Klasse, wie kann das funktionieren? Dann war ich dort und habe denen meine Flöten gezeigt, und die saßen mucksmäuschenstill und dann haben alle was gefragt, waren interessiert. Diese Kinder sind daran gewöhnt: Die Großen helfen den Kleinen, sie schnüren ihnen die Schlittschuhe zu und so – die haben ein soziales Verhalten, wie es in den großen Schulen einfach gar nicht da ist oder da sein kann. Deswegen war es mir so wichtig, dass meine Kinder in so eine Schule gehen. Das hat nur leider nicht bis zum Schluss geklappt.

Ich weiß nicht genau, wie viel Deutsches und wie viel Finnisches meine Kinder in sich haben. Ich bin sicher nicht die typische Deutsche, ich bin ich. Natürlich bin ich in Deutschland aufgewachsen, aber irgendwie muss es ja in mir gesteckt haben, dieser Drang zur Natur und Tiere zu halten. Das ist nichts Finnisches, ich bin ja keine finnische Landbäuerin. Mit meinen Kindern habe ich Deutsch gesprochen und wir haben deutsche Bücher gelesen, als sie klein waren. Aber so richtig hat das mit der Zweisprachigkeit nicht geklappt. Bei meinem Sohn schon, aber bei meiner Tochter dann nicht mehr. Das lag daran: Ich bin zwar berufstätig, aber wir sind sehr oft zu Hause, alle vier hier zusammen. Und wenn ich dann mit den Kindern Deutsch gesprochen habe, hat mein Mann das oft nur halb verstanden und es genau umgekehrt gesagt – und dann ging alles ganz durcheinander. Das war ein ständiges Hin und Her und Dolmetschen. Das war total stressig, also habe ich es irgendwann aufgegeben, unser Alltag lief so nicht. Und das andere Problem ist, dass ich es selber oft nicht merke, ob ich gerade Deutsch oder Finnisch spreche. Wenn meine Mutter hier war, hab ich manchmal mit ihr eine halbe Stunde lang Finnisch gesprochen, bis sie dann gesagt hat: »Ich verstehe nichts!«

Nach über zwanzig Jahren hier in Finnland weiß ich auch gar nicht mehr, ob ich etwas vermisse aus Deutschland. Damals habe ich mir schon darüber Gedanken gemacht, was ich vermissen würde, aber im Endeffekt war es wohl nichts wirklich Wichtiges. Der einzige Punkt ist vielleicht die Musik. Ich war damals in einer Folkgruppe, die gerade so im Aufschwung war, als ich wegging. Aber da habe ich mich damit getröstet, dass ich mir gesagt habe, Musik ist international, das findest du hier auch. Das hat sich aber nicht verwirklicht, die ersten zehn Jahre hatte ich hier nichts mit Musik zu tun. Das habe ich wirklich vermisst, dem habe ich hinterher getrauert. Mittlerweile mache ich wieder mehr Musik, aber das Problem hier sind die Entfernungen. Wenn man im Ruhrgebiet wohnt, dann gibt es da mehr Angebot, als man eigentlich nutzen kann. Da hat man also wer weiß wie viel Auswahl, aber hier sind die zwei oder drei Leute, mit denen man musikalisch etwas machen könnte, dann weit entfernt, zum Beispiel in Joensuu, das sind hundert Kilometer hin, hundert Kilometer zurück. Das klappt dann nur sporadisch.

Wenn ich jetzt nach Deutschland reise, fühle ich mich dort mehr als Ausländerin als hier, auch wenn ich gern dort bin und auch wenn es schön ist, die Leute wiederzusehen. Aber da sagen mir auch Freunde, dass ich wirklich Finnin bin und dass ich so Deutsch rede, wie man vor zwanzig Jahren geredet hat. So etwas merkt man natürlich selber nicht. Im Alltag ist nicht viel Kontakt nach Deutschland, ab und an mal eine E-Mail, zu Weihnachten ein paar Briefe. Mittlerweile lese ich nicht mal mehr viele Bücher auf Deutsch, sondern mehr auf Finnisch. Mir ist egal, in welcher Sprache ich lese, und da ich in meinem Alltag nicht den Kontakt mit anderen Deutschen habe, merke ich oft den Unterschied auch nicht. Ich fahre einmal im Jahr oder alle paar Jahre kurz nach Deutschland, und ansonsten lebe und wohne ich hier. Und hier lebe ich, wie man hier eben lebt. Ich denke darüber nicht nach. Natürlich ist das ein großer Schritt, wenn man aus einer deutschen Großstadt hierher zieht, aber ich glaube, der Unterschied wäre fast genauso groß, wenn ich aus dem Ruhrgebiet irgendwo nach Bayern aufs Land ziehen würde.

Kulturelle Unterschiede gibt es natürlich schon. Aus finnischer Sicht labern wir Deutschen zum Beispiel viel herum. Wir müssen alles von der einen Seite beleuchten und dann von der anderen – das ist den Leuten hier oft zu viel. Und wir haben so komische Sachen wie Höflichkeitsformeln, völlig überflüssig aus finnischer Sicht. Hier sagt und tut und handelt man sehr direkt. Wenn ich nach Deutschland fahre, muss ich vorsichtig sein, dass ich das dort nicht so mache, das käme schon schlecht an. Aber hier habe ich mir nach ein paar Jahren darüber keine Gedanken mehr gemacht. Da habe ich das Motto: Leben und leben lassen.

In der Familie und in der Beziehung ist dieses Motto auch wichtig. Da muss man sich Freiraum lassen. Hier zum Beispiel sind wir zwar viel alle gleichzeitig zu Hause, aber auch hier kann man sich ein bisschen zurückziehen und sich Freiraum suchen und sich gegenseitig Freiraum geben. Auch wenn sich alles oft in einem Zimmer abspielt, ist es wichtig, dass jeder die Sachen so machen kann, wie er will.

Zumindest hier in Ostfinnland ist es schon so, dass die Leute auf einen zukommen, mit einem reden, besonders wenn man so ein bunter Hund wie eine Ausländerin ist. Da ist natürlich auch eine gewisse Neugier, wenn man eine eigenartige Lebensgeschichte hat oder auch so Geschichten erzählen und die Leute zum Lachen bringen kann. Dadurch hatte ich bei manchen, zum Beispiel Arbeitskollegen, schnell das Gefühl, wir haben so einen Draht zueinander – aber wenn die Arbeit aufgehört hat, dann haben wir uns nie mehr gesehen und keinen Kontakt mehr gehabt. Das hat mich schon irritiert. Ich habe mich gefragt, woran das liegt. Ich bin ein bisschen vorsichtiger geworden mit den Jahren, ein bis zwei Freundinnen habe ich hier und dann einen Haufen netter Kontakte im Dorf.

Dass hier diese Singgruppe gegründet wurde, das war für mich ein wichtiges Ding. Da bin ich hingegangen, es waren viele nette Leute, ältere vor allem, und die brauchten jemanden, der das Ganze organisierte, einen Chorleiter. Naja, Chorleiter bin ich nicht, aber es gab auch niemand anders, da ich hab dann gesagt, wenn euch das reicht, was ich zu bieten habe, kann ich das schon machen. Und ich hatte auch schon Ideen, eher so lustige Sachen. Das Ganze läuft als Volkshochschulkurs, das mache ich nun schon seit Jahren und es macht einen Riesenspaß. Immer wenn ein Dorffest ist, dann machen wir eine Aufführung, mit Verkleiden und viel Spaß, nichts kulturell Hochgeschraubtes. Durch die Singgruppe hab ich auch mehr Kontakte im Dorf. Oder eigentlich fing das schon an, als mein Sohn in die Schule kam, da waren wir mehr eingebunden. Über die Schule kamen die Deutsch-AG und dann Musik-AGs an zwei verschiedenen Schulen, das hat viel gebracht. Und dann zogen hier sehr nette Leute in die Nachbarschaft, die Frau ist jetzt wirklich meine Freundin, mit der kann man Pferde stehlen und auch sonst alles Mögliche regeln, ohne dass alles einen offiziellen Weg gehen muss; das ist praktisch und funktioniert gut.

Da wohnen wir nun mitten in der Wildnis, der nächste Nachbar ist einen halben Kilometer entfernt – und trotzdem weiß das Dorf manchmal besser über unser Leben Bescheid als wir selber. Das ist ganz klar hier auf dem Lande, wo es so wenige Leute gibt. Unser Nachbar zum Beispiel, der war extrem neugierig. Man muss ihm einiges nachsehen, er ist wirklich krank. Am Anfang, als ich ihn kennenlernte, dachte ich: Es ist schon ein Wunder, dass so jemand hier wohnt, verheiratet ist und sich als Bauer ernähren kann – in Deutschland wäre der in einer geschützten Werkstatt untergebracht. Aber da war es wirklich so, da wurde genau beobachtet, wer wann von wo nach wo fährt. Die hatten ein Fernglas auf der Fensterbank und sahen alles. Die wussten genau, wann ich gekommen bin, wann ich gegangen bin. Da haben wir sie manchmal geärgert und sind hinten herum weggefahren, wo sie uns nicht sehen konnten, und dann stand garantiert am nächsten Tag der Mann hier und fragte: »Wann seid ihr eigentlich wiedergekommen, wir haben euch gar nicht gesehen.« Oder als die Kinder klein waren, da hatte ich ja gar keinen Grund irgendwohin zu gehen, auch kein Interesse. Mein Mann hat die Einkäufe gemacht und ich war wochenlang glücklich und zufrieden hier in meinem kleinen Paradies mit den Kindern. Da passierte es, dass mein Mann in der Bank war und hörte, wie der Nachbar ein paar Meter weiter den Leuten erzählte: »Ja, die hat die Kinder eingepackt und ist nach Deutschland gegangen, die ist nicht mehr da. Die hat ihn verlassen.« – Als mein Mann nach Hause gekommen ist, hat er zu mir gesagt: »Du musst morgen unbedingt mal am Nachbarhaus vorbei zur Straße gehen und die Post holen, damit er sieht, dass du noch hier bist.«

Als ich deutsche Städterin damals hierher zog, war es für mich merkwürdig, dass Leute einfach so zu Besuch kamen. Mittlerweile ist es auch hier so, dass man sich schon fast einen Termin geben lassen muss, wenn man jemanden besuchen möchte. Das hat natürlich viel damit zu tun, dass die Leute heutzutage nicht unbedingt mehr in der Landwirtschaft arbeiten, sondern berufstätig sind, aushäusig sind. Da überlegt man sich, dass man lieber vorher anruft, ehe man zehn Kilometer fährt und dann vor verschlossenen Türen steht. In meinen ersten Jahren hier kam aber andauernd irgendwer vorbei, und ich hatte Stress damit, bis ich es dann verstanden und auch lieben gelernt hatte. Denn bei meinen Eltern, in Deutschland, wurde der Besuch lange vorher angekündigt, es wurde die ganze Wohnung geputzt, Kuchen gebacken … In Studentenkreisen war das natürlich ein bisschen anders, aber auch irgendwie geregelter. Aber wenn hier meine Nachbarin zu Besuch kam und ich war vielleicht gerade am Backen, dann ist mir der Teig zerlaufen und im Ofen alles angebrannt, denn dann habe ich mit der Arbeit aufgehört und Kaffee gekocht – und war innerlich aber etwas nervös, weil ich mir dachte: Merkt die nicht, dass ich gerade keine Zeit habe? Wieso sitzt die da, wieso kann sie nicht einfach später kommen?! Bis ich dann kapiert habe, das ist eigentlich eine wunderschöne Sache: Die kommt und setzt sich hin und ich mache das weiter, was ich gerade mache, und wenn ich dann Zeit habe, koche ich Kaffee. Alles ganz ohne Stress.

Aber es gehört ja mehr zum Reden als die Sprache

Anja, 33, aus Thüringen, seit sechs Jahren in Ostfinnland

Das erste Jahr in Finnland hatte ich's immer total eilig, nichts ging mir hier schnell genug. Und dann das nächste Jahr fand ich, Helsinki wär vom Tempo genau richtig für mich, da ging alles gerade schnell genug. Und danach fing es an, dass ich auch Helsinki schon stressig fand, aber hier in Ostfinnland war es dann genau richtig. Ich hab das Gefühl, hier geht wirklich alles ein bisschen langsamer. Und Sachen brauchen ihre Zeit, so eine deutsche Eiligkeit, die passt hier einfach nicht wirklich hin. Da rennt man sich den Kopf ein – und das hab ich auch mehrfach gemacht. Der ganze Lebensrhythmus ist hier irgendwie gemütlicher.

Eigentlich hat's angefangen 1998, da sind mein Bruder, mein Onkel und ich mit dem Fahrrad durch Finnland gefahren. Ich fand's damals schon toll. Ich mag die Natur, ich mag's, wenn man einfach viel Leere hat und wenig Menschen. Und ich mag Heidelbeeren über alles! In Deutschland findet man die nicht so viel. Ich hab auf der Radtour alle drei Meter angehalten und bin im Wald verschwunden: »Muss mal!« – und kam dann eine Viertelstunde später wieder, mit blauem Mund. Wir sind durch die Seenplatte geradelt, und das ist halt wunderschön – die Sonnenuntergänge und das Wasser ... Nur die Mücken, die waren nicht so toll.

Eigentlich hatten wir wenig Kontakt zu Finnen, aber was wir hatten, das war durchaus positiv. Ich fand's immer sehr knuffig, wenn auf unsere Frage: »Sprecht ihr Englisch?« die Antwort kam: »Ein ganz kleines bisschen.« Dann fingen die an, in einem irren Tempo Englisch zu reden. So ein »bisschen« hätte ich's auch gern gekonnt! Auf der Reise hab ich in Helsinki dann eine Finnin kennengelernt, mit der ich danach auch noch Kontakt hatte.

Aber erstmal hab ich studiert wie eine Verrückte und gearbeitet. Finnland war jetzt nicht so in meinen Plänen; ich mein, ich bin sowieso viel gereist, viele Länder sind schön! Ich hab nicht bewusst überlegt: Ich zieh mal nach Finnland. Klar, wenn ich dann mit meiner finnischen Freundin Kontakt hatte – die ist dann immer mal bei mir in Deutschland gewesen – hab ich mir schon überlegt, dass ich mal wieder nach Finnland fahren könnte. Aber jetzt nicht so, dass ich total überwältigt gewesen wär und an nix anderes als Finnland hätte denken können.

Einmal hatte sie außer ihrem Freund noch den besten Freund von ihm dabei. Und der wurde dann mein Freund. Wie das halt immer so ist. Irgendwie war er schon anders als deutsche Männer. Hatte eine andere Art sich auszudrücken, eine andere Art sich zu geben. Aber ich hab eigentlich nicht aktiv einen Ausländer gesucht. Es hat sich so ergeben, wir haben halt Zeit miteinander verbracht und ich fand ihn interessant. Er ist nach Deutschland gezogen, und wir haben eine ganze Weile zusammen gewohnt, bis ich mein Studium fertig hatte. Und dann sind wir zusammen nach Finnland gezogen.

Wir haben das Auto gepackt und sind nach Finnland gefahren. So'n bisschen ins Blaue, mein Freund war halt von hier. Arbeit hatte er in dem Moment nicht, aber er hat ein eigenes Haus hier und die Verwandtschaft und alles. Von daher war das eigentlich logisch, dass wir nach Finnland ziehen und nicht in Deutschland bleiben. Deutschland war uns beiden zu stressig. Es war im Prinzip von Anfang an klar, dass er nach Finnland zurückgeht – und für mich war das keine dumme Idee.

Was ich am Anfang hier am allerschlimmsten fand, war die Bürokratie. Ich dachte, in Deutschland wär viel Bürokratie und die hätte ich hinter mir gelassen – und dann komm ich nach Finnland! Aber am Anfang war ich auch ganz schön in Kämpferstimmung. Ich hatte grad sieben Jahre studiert, ich wollte Arbeit! Aber als Psychologe auf einmal auf Finnisch, das ist ja nicht so leicht ... Also meinten die auf'm Arbeitsamt: »Erstmal Sprachkurs«. Schule, schon wieder, hält doch keiner aus! Aber dann hat sich's doch ganz gut ergeben: Anfang Juli sind wir angekommen und ab August hab ich dann drei Sprachkurse hintereinander gemacht, jeden Tag sechs Stunden. Dadurch kam die Sprache wirklich recht schnell. In den Kursen sind viele andere Ausländer und mit vielen hat man keine gemeinsame Sprache außer Finnisch – da muss man es gebrauchen!

Ansonsten hab ich viel in dem Haus von meinem damaligen Lebensgefährten gemacht. Das war ein altes Haus, in nicht mehr so gutem Zustand. Und da ich diejenige von uns war, die nicht zwei linke Hände hatte, und er sowieso nicht so begeistert war von solchen Sachen, blieb halt viel an mir hängen. Oder ich hab viel auf mich genommen, sagen wir's so. Das war ein bisschen doof, denn die ganze Freizeit ging dafür drauf und ich hab in der Zeit nicht so sehr mein eigenes Leben hier aufgebaut. Ich hab viel am Haus gemacht und hab dabei versucht ihn mitzuschleifen – aber ich wollt ja kein Kind, ich wollte einen Mann! Das war dann auch so ein Punkt, warum das nicht geklappt hat mit uns. Irgendwann war ich nur noch müde und wollte nicht mehr.

Da war ich ein Jahr in Finnland und konnte grad allmählich was verstehen und mich ausdrücken und dachte: Nee, jetzt gehst du nicht weg! Da fing dann alles erst richtig an, denn ich hab mir halt selber eine Wohnung suchen müssen und auch noch einen Job. Wir hatten uns auch zusammen einen Hund zugelegt, das war vielleicht nicht so clever. Mit Hund eine Mietwohnung zu suchen ist in Finnland nicht so ganz einfach. Aber es hat alles ganz gut geklappt: in der Woche Sprachkurs und am Wochenende, damit noch so'n bisschen Geld dazukommt, Putzen in einem Altersheim. Und dort muss man mit den Leuten reden, da kommt man einfach nicht dran vorbei – das war also auch eine Sprachdusche für mich. Danach hab ich noch einen Praktikumskurs gemacht, bei dem hab ich mit Kindern gearbeitet, da musste ich auch wieder Finnisch reden. Also, meine Sprache hat sich sehr schnell weiterentwickelt, vor allem, weil ich dann auch alles selber einkaufen musste, es war ja kein Mann mehr da, der das so nebenbei erledigt. Alle Anrufe und allen Papierkram hab ich selbst gemacht, und das ging dann auch.

Über die Sprachkurse hab ich Leute kennengelernt, auch eine Deutsche, mit der ich seitdem befreundet bin. Als ich mich dann von meinem Freund getrennt hatte, war mehr Zeit und wir haben alles Mögliche zusammen gemacht. Am ersten Tag in der neuen Wohnung, als ich grad sauber gemacht hatte und dann mit dem Hund draußen war, kam so ein kleines Mädchen mit einem Regenschirm vorbei. Mein Hund war erst sechs Monate alt und war total erschrocken, er kannte noch keine Regenschirme! Das Mädchen fragt: »Was hat denn der Hund?« Und dann haben wir halt so erzählt und sind auch in die gleiche Richtung gelaufen – und dann hat sich rausgestellt, dass sie meine Nachbarin war! Sie war dann recht viel bei mir und meinem Hund, hat beim Putzen zugeguckt und beim Einräumen und hat auch immer ganz viele Fragen gehabt, und irgendwann klopft dann ihre Mutter an die Tür: Sie möchte doch jetzt mal sehen, wo ihre Tochter immer rumhängt! Und inzwischen ist die Mutter meine beste finnische Freundin hier. Alleinerziehende Mutter da und alleinerziehende Hundemutter nebenan, da haben wir uns oft gegenseitig geholfen, wenn wer auf Kind oder Hund aufpassen musste oder wenn was zu erledigen war. Und wir sind auch viel zusammen draußen gewesen. Das hat ganz gut geklappt.

Meinen Mann, Mikko, hab ich an der Uni, in Verbindung mit den Kursen, kennengelernt; er arbeitet dort. Er ist wirklich anders als die meisten finnischen Männer: Er findet Autos furchtbar, hatte auch keins, als wir uns kennengelernt haben. Er hat richtige Meinungen zu Sachen, und er säuft wenig, ist aktiv und sehr sozial – und er spricht!

Ich hab eigentlich wenig Kontakt mit seiner Familie, aber seine Geschwister kenn ich, und mit denen kommen wir gut klar. Ich versuch etwa einmal im Jahr nach Deutschland zu fahren, und mein Mann kommt meistens mit. Bei meiner Familie ist es kein Problem: Er spricht gut Finnisch und Englisch, und meine Eltern sprechen gut Deutsch und wenig Englisch – aber es klappt ganz gut, es gehört ja mehr zum Reden als die Sprache! Kleine Barrieren gibt's schon immer mal. Meine Eltern waren das aber schon gewöhnt, durch meinen ersten finnischen Lebensgefährten war schon eine gute Dosis Finnland in unsere kleine Stadt gekommen.

Die größten Unterschiede am Anfang, als mein damaliger Lebensgefährte nach Deutschland kam, waren so praktische Dinge: Der wäscht unter fließendem Wasser ab, in Deutschland! Das macht man doch nicht – Wasserrechnung! Das sind kleine Sachen, die hier in Finnland keiner bemerkt, die dort aber einfach nicht möglich sind. Wenn er stundenlang unter der Dusche stand, kam meine Mutter: »Könntest du ihn bitte fragen, ob das auch kürzer geht?« Es gibt schon diese kleinen Kulturunterschiede zwischen Deutschland und Finnland, die man grad im Zusammenleben auch merkt. Ein lustiges Beispiel ist immer: stehend oder sitzend pinkeln. Was zu unserer Erziehung gehört, man setzt sich hin, auch der Mann – aber in Finnland scheint das keinem in den Kopf zu gehen! Da hab ich selber gemerkt, da muss man ganz schön an sich arbeiten, damit man von solchen Sachen wegkommt. Ich hab einfach für mich beschlossen: Ich muss gucken, was für mich wirklich wichtig ist. Und ehrlich mal: Wenn man sich wegen einer hochgeklappten Klobrille streiten muss, dann ist das vielleicht nichts für die Ewigkeit.

In der Beziehung mit meinem Mann jetzt bin ich sehr zufrieden. Wir haben gemeinsame Zeit, wo wir Sachen zusammen machen, und wir haben halt auch jeder eigene Zeit. Ich denk, wie zufrieden man ist, hängt auch immer von einem selber und davon ab, wie man sich die Beziehung vorstellt, wie man sie verwirklicht.

Wir sprechen zu Hause nur Finnisch. Mikko hatte in der Schule Deutsch, aber sehr wenig. Bei mir ist jetzt Finnisch die starke Sprache, denn ich spreche ja in meinem Beruf die ganze Zeit Finnisch, und das auch über Gefühle und alles. Aber wenn ich deutsche Liedermacher hör, tut es mir immer mal ein bisschen leid, dass ich das nicht mit ihm teilen kann ist. Denn das ist doch deutsche Kultur, die auch ein Stück von mir ist, und da find ich's schade. Aber er hat in seinem Leben gerade relativ viele andere Projekte, ich versteh's, dass man da nicht noch mehr draufhäufen kann, Deutschkurs oder so. Ich hab echt das Gefühl, Finnisch ist meine stärkste Sprache, zumindest im Moment. Ich war auch ein Jahr in Amerika und sprech auch sehr gut Englisch, und natürlich Deutsch, aber die sind irgendwo im Hintergrund. Ich denk auf Finnisch, ich leb auf Finnisch. Und ich kann jetzt nicht mal behaupten, dass sich das irgendwie anders anfühlen würde. Meinen Beruf hab ich ja auch immer nur auf Finnisch ausgeübt, und als ich an diesem Arbeitsplatz anfing, hatte ich die Sprache schon ziemlich gut im Griff. Auf Deutsch hatte ich damals nur ein Praktikum gemacht, ich erinnere mich nicht mal mehr an die Begriffe auf Deutsch. Klar, wenn jetzt hier irgendwelche Deutschen als Patienten kämen, würd ich die wahrscheinlich schon nehmen, denn es ist ja irgendwie das Ziel, dass jeder in seiner Muttersprache behandelt wird. Ich hab auf Englisch schon mehrfach gearbeitet, aber auf Deutsch bis jetzt noch nicht.

Ich bin mehr finnisch als deutsch von meinem Charakter her, ich fühl mich hier wirklich, als wär ich nach Hause gekommen. Ich mag die Natur hier total gern: Ich kann in den Wald gehen, Pilze und Beeren sammeln ... Ich komm auch mit den Leuten super gut klar. Eine Bekannte, die mit einem Spanier verheiratet ist, die findet's total komisch, dass die Leute sich hier gar nicht begrüßen oder anlächeln. Ich find das nicht merkwürdig, sondern ganz gut so – man hat einfach seine Ruhe. Ich find's einfach schön hier, ich war auch in Deutschland, glaub ich, nie wirklich genau wie die andern. Und hier erwartet man von mir, dass ich anders bin, denn ich bin ja Deutsche, ich bin keine Finnin, hier darf ich anders sein.

Und ich bin auch anders in manchen Dingen. Eine Sache: Ich schminke mich nicht! Also hier, find ich, ist das total wichtig. Wenn ich meine Arbeitskolleginnen anguck, die sind wirklich bis zum Rentenalter perfekt geschminkt. Und ich hab auch schon zu hören gekriegt: »Warum schminkst du dich nicht?!« Aber ich seh nicht ein, dass ich mir jetzt Erklärungen einfallen lasse: dass ich mich wegen einer Allergie nicht schminke oder so – oder, naja, das hab ich schon irgendwann mal gesagt. Aber ich mag's einfach nicht und mach's auch nicht!

Ich hab das Gefühl, dass es hier im Arbeitsleben immer sehr gern gesehen wird, wenn man interessiert ist, wenn man bereit ist, sich weiterzubilden und teilzunehmen. In Finnland ist das Arbeitsleben in einer ständigen Veränderung. Immer wieder wird überlegt, was man in der Organisation anders machen könnte, und dann macht man irgendwelche riesengroßen Veränderungen und stellt nach zwei Jahren fest: Das geht ja doch nicht – und dann ändern sie wieder alles. Das find ich relativ stressig. Aber in der Hinsicht ist's sehr wichtig, dass man flexibel ist. Und andererseits – was ich auch selber erst lernen musste –, dass man wirklich seine eigenen Grenzen setzt und daran festhält. Hier im öffentlichen Dienst füllt sich alle Zeit mit der Arbeit. Wenn man da nicht selber Grenzen zieht, kann man sie mit nach Hause nehmen, in den Urlaub, bis sonst wohin. Man muss sich schon dessen bewusst sein, wer man ist und was einem selber wichtig ist, sonst kann man sich darin ganz leicht verlieren. Aber in Deutschland ist es wohl auch nicht so viel anders.

Dass hier in meinem Bereich so viel Arbeit ist, liegt natürlich auch daran: Wir haben keine Psychiater. Wir sollten eigentlich vier oder fünf hier haben, haben aber nur einen halben. Für die gesamte Stadt! Es gibt einfach keine, die Leute wollen nicht Psychiater werden, das ist viel zu stressig und lohnt sich nicht. Das ist nicht nur in der Psychiatrie so, sondern halt auch woanders. Wer etwas nicht so Dringendes hat, aber einen Arzttermin im *terveyskeskus* will, der muss an zehn Tagen früh um acht Uhr anrufen und an zehn Tagen kriegt er zu hören: »Oh, tut mir leid, aber wir haben immer noch keinen Termin für Sie.« Ich denk, das ist ein echtes Problem. In Deutschland kann man sich aussuchen, zu welchem Arzt man geht – aber hier muss man nehmen, was man kriegt! Das ist ein großes Thema, wie man in Behandlung kommt. Da gibt's schon viel Unwissen und viele viele Brücken, die man überqueren muss.

Wenn man selber so in dem Bereich arbeitet, dann hat man es doch ein bisschen leichter, glaub ich. Wenn da auf der Patientenkarte »Psychologe« steht, dann hören die Ärzte ein bisschen besser zu, als wenn »Putze« draufsteht. Manchmal ist dieser ganze Prozess ein arges Rumgezerre. Ich hab grad Asthma diagnostiziert gekriegt und das hat auch ewig gedauert – das hätte einfach viel besser behandelt werden können, schon viel früher. Aber was bei uns sehr gut ist, gerade in der Arbeitsmedizin: Wir haben ganz viele russische Ärzte hier und die überweisen viel schneller – also, wenn ich die Wahl hab, geh ich zum Russen. Ich hab das Gefühl, die sind auch breiter orientiert als die Finnen. Insgesamt muss man sich als Patient hier selber schlau machen, man ist halt grad für die eigene Gesundheit viel mehr in der Verantwortung als in Deutschland – naja, da muss man es eben auch selber bezahlen. Aber das wär, find ich, auch der falsche Punkt zum Sparen. Bei mir in der Familie gibt es sehr viel Brustkrebs. In Deutschland hab ich einmal im Jahr die Vorsorge frei gehabt. Als ich dann hier zum ersten Mal zum Arzt bin, haben die mich groß angeguckt: Ja, …? Jetzt darf ich also auch die Mammographie selber bezahlen, alle anderthalb Jahre. Das find ich blöd, das ist kurzsichtig! Grad weil das Geld knapp ist im Gesundheitswesen, wird vieles relativ kurzsichtig gemacht, auch wo es um junge Leute geht. Zu sehr verallgemeinern darf man es aber nicht, auch wenn's echt nahe liegt. Im Beruf merke ich das ja selber: Wenn's, wie hier bei uns, keine Ärzte gibt, die auch noch mal ein paar Extrakontrollen machen könnten, klar, dann haut man den Patienten eben erstmal die Pillen in den Mund. Irgendwas muss man ja machen! Es ist also auch ein Stück weit Hilflosigkeit von Seiten derer, die die Arbeit machen. Es gibt einfach viel zu wenig Ressourcen.

Depression ist eine große Sache, denn es ist der häufigste Grund für Arbeitsunfähigkeit in Finnland. Das liegt natürlich auch daran, dass es nicht gut genug behandelt werden kann, so ohne Ärzte, also ohne ausreichende Mittel. Ich bin da sehr aktiv, wir sind hier grad dabei mit allen möglichen Instanzen zusammen so ein »Depressionsmodell« aufzubauen, mit dem man das einfach besser in den Griff kriegen könnte. Hier gibt es ja in der Gesellschaft, wie in Deutschland auch, dieses Idealbild, dass man immer ganz fleißig sein muss und viel machen muss, damit man anerkannt wird. Und man muss alles schaffen, schaffen, schaffen. Und das ist vielen Leuten doch sehr eingebaut und das sind oft gerade die, die es dann irgendwann einfach nicht mehr schaffen.

Was ich hier sehr komisch finde, ist, dass man alles kaufen muss. Bei meiner Arbeit sehe ich das auch oft ganz krass: Grade die jungen Leute kommen hier in die Beratung, Achtzehnjährige haben eine komplette Lebenskrise, weil sie noch nicht verheiratet sind und noch nicht drei Kinder haben, weil sie noch kein Haus gekauft haben, nicht schon einen dritten Beruf und zehn Jahre Lebenserfahrung vorweisen können – deswegen sind sie ein Häufchen Elend! Wir haben's als Ausländer hier leichter, denn von uns wird nicht erwartet, dass wir genauso sind. Grad junge Leute spüren hier schon enormen Druck. Es wird so verkauft, dass es so sein muss. Aber wenn man dann älter wird und sich der eigene Wille wirklich herausbildet, dann kann man sich die Freiheiten doch schon nehmen.

Als Ausländerin hatte ich hier noch nie Probleme. Da ist man wohl besonders als Psychologe gut dran; ich bin echt mit offenen Armen aufgenommen worden. Ich glaub, als Deutsche ist es eh einfach. Als ich putzen war, hat mich einer der Opis für eine Russin gehalten, das war nun nicht so witzig, da musste ich ihm auch mal auf'n Fuß treten. Der fing an zu stänkern, hat mir mit den Krücken ein Bein gestellt, also wirklich handgreiflich; das war ein Finne, Kriegsveteran noch dazu. Da ist mir der Kragen geplatzt und ich hab ihm meine Meinung gesagt. Dann hat er mich was auf Russisch gefragt und ich hab auf Englisch geantwortet, dann hat er mich auf Englisch gefragt und dann hab ich auf Spanisch geantwortet, die drei Worte, die ich dann noch rausgeangelt hab – und danach haben wir uns dann sehr gut verstanden! Das war das einzige Mal. Da gibt es natürlich die ältere Generation, die mit den Deutschen weniger gute Erfahrungen gemacht hat, und die sind dann ein bisschen vorsichtiger, aber auch da habe ich nie was Schlechtes erlebt.

Ich komme ja aus der DDR, das hat sich aufs Familienleben ausgewirkt, das vergisst man auch nicht. Ich weiß aber nicht, ob ich vielleicht auch deswegen aus Deutschland weggegangen bin – oder ob es einfach Finnland war, was mich angezogen hat. Ich war zehn Jahre alt, als die Vereinigung kam und es war halt wirklich ein krasser Unterschied. Grad bei unserer Familie hat's richtig reingehauen: Ich hab einen kleineren Bruder, der war grad zwei Jahre alt, meine Mutter ist sofort arbeitslos geworden, mein Vater wusste, er wird arbeitslos, aber er wusste nicht wann. Ein Haus, Auto, drei Kinder – und dann aus einer totalen Sicherheit in eine echt krasse Unsicherheit auf der ganzen Linie. Wenn die Eltern das so erfahren, dann überträgt sich das auch auf die Kinder.

Ich seh mich aber nicht in erster Linie als Ossi. Als ich hier mal in einen Sprachkurs kam, war da auch ein anderer Deutscher, und ich sag: »Hallo, ich bin die Anja, ich bin auch aus Deutschland.« Da sagt der: »Ich bin der und der und ich bin aus'm Osten.« – Ok, klare Ansage! Es gibt also immer noch die Unterschiede, ja. In der DDR: Klar war's eine unterdrückte Gesellschaft, aber innerhalb von der unterdrückten Gesellschaft war es doch sehr gleich. So Riesenunterschiede in Geld und Ansehen gab es nicht wirklich, und es war ziemlich sicher: Du hattest deine Arbeit, du konntest deine Kredite abbezahlen. Ich denke, das ist wirklich das, was die Ostdeutschen im Westen nicht raffen. Das fühlt sich alles so unsicher an. Auch in Finnland: Das *Schulsystem* ist zwar aus'm Osten geklaut, trotzdem ist es hier eine andere Kultur, nicht wirklich der Osten.

Ich find's schade, dass so lange nach der Wende die Trennung in den Köpfen noch immer so stark ist. Ich hab schon oft überlegt, ob die Politik das auch ein bisschen künstlich aufrechterhält. Irgendeinen Grund muss es ja haben. Es sind viele Ungerechtigkeiten passiert, es ist immer noch so ein Gefälle in den Löhnen. Dass es in Deutschland für die gleiche Arbeit immer noch unterschiedlich viel Lohn geben kann, wie ist das möglich? Das sind halt Sachen, die einen schon manchmal aufregen! Und das prägt. Als Ossi bin ich in Deutschland als Ausländer behandelt worden – als Deutsche in Finnland aber nicht.

Hier nehmen dich die Leute, wie du bist

Hilke, 39, aus Hamburg, seit 16 Jahren in Mittelfinnland

Mich haben in Finnland diese Seen und diese Einsamkeit sofort angesprochen, ich bin eben ein Naturkind. Das ist schwer in Worte zu fassen – diese gewaltige Natur, und dass man da so viel machen kann! Zurückhaltende Leute sind das in Finnland, trotzdem sehr herzlich. Es wird nicht viel gelabert, aber da wird aufgetischt, man ist sehr gastfreundlich.

Der Cousin meiner Mutter war in den fünfziger Jahren durch den Sport in Imatra gewesen, und er hat immer zu meinen Eltern gesagt: »Ihr müsst auch mal nach Finnland fahren!« 1983 kamen wir dann her und waren sofort Feuer und Flamme vom Land – auch wenn es mit der Verständigung noch schwierig war, ich konnte ja noch kein Englisch. Aber wir kamen wieder, und über die Besitzer der Hütte haben wir auch Deutsch sprechende Finnen getroffen, die uns in die Kultur eingeführt haben: Wir haben in der Kirche Musik gemacht und bei den Sommerfesten mitgesungen. Quasi jeden Sommer sind wir dann im Urlaub in Finnland gewesen. Die Leute, die wir da kennengelernt haben, waren alle älter, wenige nur in meiner Altersklasse. Aber wir sind gleich gut aufgenommen worden, und sie haben gefragt: »Wann kommt ihr wieder? Und bringt eure Instrumente mit!« Die Musik war bei uns der zentrale Faktor. Wir haben auf Finnisch und Deutsch gesungen, mit dem Akkordeon Musik gemacht, sind mit *Kirchenbooten* gefahren ... Das war der erste Abschnitt, die ersten Eindrücke waren sehr positiv.

Ich habe Finnisch also eigentlich durch Musik gelernt, konnte das gleich singen. In meiner Zeit als Tourist habe ich mich hier zwar noch nicht zuhause gefühlt, aber doch sehr sehr wohl. Auch die Sprache: Ich hatte Interesse daran und konnte mich schnell schon ein bisschen verständlich machen. In meiner Schule hielten die mich damals für sehr abgedreht – »Wie kannst du nur immer nach Finnland fahren, und dann mit deinen Eltern!«

Später habe ich in Freiburg eine Ausbildung zur Touristikassistentin gemacht, und die schloss ein Praktikum im Ausland ein. Für mich war klar: Das wollte ich in Finnland machen. Wir hatten über die Vermieter von der Hütte ein paar finnische Familien kennengelernt, darunter ein Schuldirektor aus Savonlinna. Der hat mir geholfen, einen Praktikumsplatz zu finden, zuerst in einem Ferienzentrum, anschließend in einem Museum. So war ich also ein halbes Jahr in Finnland und hab dann überlegt: Was nun? Da hatte ich noch gar keinen Sprachkurs besucht, das ging überall so auf Englisch, Deutsch und Finnisch gemischt. Die Freunde, bei denen ich gewohnt habe, hatten eine Nachbarin, Raili, die konnte nur Finnisch. Von der habe ich einiges gelernt: Sie hat auf die Dinge gezeigt und die Wörter dazu gesagt: »tuoli« (Stuhl), »pöytä« (Tisch). Beim Wort »polkupyörä« hab ich zuerst gedacht, dass es »Schlange« bedeutet – bis ich verstanden hab, dass das »Fahrrad« heißt! Das war wirklich »learning by doing«.

Schnell war mir klar: Ich bleibe hier. Ich hatte keinen Freund in Deutschland, und meine Eltern wussten ja, Hilke, die macht ihren Weg. Alles, was ich mir bis dahin in Finnland angeeignet hatte, wäre durch die Rückkehr nach Deutschland verloren gegangen. Aber ich wollte richtig Finnisch lernen, um hier Fuß fassen zu können. Also bin ich drei Monate in einen Sprachkurs gegangen, bis man mir gesagt hat: Du kannst so gut Finnisch, du brauchst nicht mehr bleiben. Für eine Weile hab ich im *Kloster Valamo* gewohnt und dort Führungen angeboten und Übersetzungen gemacht, wieder nach dem Motto »learning by doing« – ich war ja keine Nonne. Also hab ich alles von der Pike auf studiert, um es den Leuten zu erklären und zu zeigen. Und viele haben mich gefragt: »Was machst du hier eigentlich, wie kommst du hierher, du als Deutsche?!« Damals hab ich ganz schön lange Tage geschoben, von morgens um sechs bis abends spät. Aber ich wusste, ich wollte in Finnland bleiben, auch wenn das manchmal schwierig war. Später habe ich im Altersheim gearbeitet, aber das ging mir zu sehr an die Nieren. Jetzt mache ich als Einmannfirma im Bereich Tourismus weiter. Ich übersetze Broschüren, biete Führungen an, vermittle Urlaube. Aber der Bereich ist doch sehr den Schwankungen ausgesetzt. Ich hab immer versucht voranzukommen, indem ich mich weiterbilde. Wir kommen finanziell ganz gut zurecht, aber es ist doch immer etwas unsicher.

Mit den finnischen Männern … Beim Mittsommertanzen hatte ich mal einen kennengelernt, aber dann sagte der, wir passen nicht zusammen. Das hatte ich auch selbst gemerkt und wusste nun: Also, auf dem Tanzparkett, da findest du wohl keinen. Ich habe ja nicht auf Krampf jemanden gesucht, aber immer allein war auch nichts, irgendwann wird man sonst ja wunderlich! Eine Weile hab ich auch den Stammtisch von den Deutschen besucht, aber ehrlich gesagt: Das waren alles so komische hochnäsige Typen, das hat mir gar nicht gefallen, da hab ich mich irgendwie außen vor gefühlt. Also hab ich es im Internet versucht, hab mir ein Profil erstellt und mir einen Finnen gesucht.

Das erste Treffen mit meinem Mann, Jussi, das werde ich nie vergessen. Elf Jahre ist es jetzt her. Das war in Enonkoski, ein kleines Kaff, ohne Bar oder Restaurant. Also habe ich einen Korb gepackt, Hähnchenbrust vorgebraten und dann haben wir Picknick auf einer Decke am See gemacht. Er hatte eine Rose für mich mitgebracht, er war aufgeregt wie sonst was, die Rose zitterte in seiner Hand. Aber er hat mir gleich gefallen. Er hatte damals zwar noch einen Schnurrbart, und heute sage ich zu ihm: »Ich weiß gar nicht, was ich an dir gefunden hab – Schnurrbart, und Haare bis hier!« Meine Eltern sahen ein Bild von ihm und sagten: »Was hat sie sich für einen schottischen Lämmerbesitzer angeeignet!« Aber dann bin ich ziemlich schnell zu ihm gezogen, weil es uns es auf die Nerven ging, immer zwei Stunden hin und her fahren zu müssen. Irgendwie hat es gleich gepasst. Ich hab ja auch internationale Erfahrungen, habe zum Beispiel mit Franzosen und Russen zusammengearbeitet, das war nicht so toll. Da sind die Finnen ja ganz anders, die sind keine Windeier. Sie haben dieses Freundliche, Zurückhaltende, trotzdem Direkte … Auch wenn man mit Umarmen immer erst mal abwarten muss. Ich weiß noch, wie einmal die Erdbeertorte zu Boden fiel, als mein Vater unsere finnische Vermieterin herzlich umarmen wollte, weil er ihre Gastgeberei so nett fand – und sie ging erst mal rückwärts.

Jussi war Forstingenieur bis Ende der neunziger Jahre, als ja viele entlassen wurden. Dann hat er Computerkurse gegeben, danach noch eine Lehrerausbildung gemacht, genau wie ich auch neben dem Tourismus. Nun ist er aber wieder arbeitssuchend. Wir machen viele schöne Dinge zusammen, ein Tag reicht gar nicht aus. Wir gehen raus in die Natur, fischen, paddeln, machen Holzarbeiten auf der Hütte. Er hat mir zu Weihnachten eine Motorsäge geschenkt, so eine, die man schnell starten kann. Wir haben zwar vieles gemeinsam, aber wir sind auch verschieden. Wenn etwas in die Hose gegangen ist, dann sagt mein Mann: »Was weg ist, ist weg.« Da wird nicht reflektiert. Ich brauch das aber, und sag zu ihm: »Du, lass mich doch nochmal labern.« Aber damit bin ich allein, ich muss es selbst wegstecken. Wir zoffen uns nicht, ich muss dann aber zu meiner Flöte greifen und spielen. Man muss den Partner eben so nehmen, wie er ist. Ich bin ja auch nicht einfach, ich bin sehr lebendig und rede unheimlich viel. Aber hier in Finnland bin ich viel ruhiger geworden und auch erwachsen. Zwischendurch gibt es schon mal Tiefs, und wenn ich alles nur schwarz-weiß sehen würde, dann hätte ich schon längst die Kurve gekratzt. Aber wir kommen sehr gut klar, wenn man mal ein bisschen zurücksteckt. Dann setz ich mit meinen Heften bei uns an den See und schreibe da meine eigenen Gedanken runter. Ich schreibe Gedichte auf Finnisch und auf Deutsch.

Die Hausarbeit teilen wir uns, das ist eigentlich kein Problem. Manchmal muss ich ihn nur etwas anschubsen, so wie heute. Wir haben nämlich vom Nachbarn frisch gefangenen Zander bekommen und ich hab zu ihm gesagt: »Mach den doch mal, dann essen wir schön, wenn ich nachher wiederkomme.« Er meint immer, in seiner Verwandtschaft gehört so eine gute Portion Phlegma dazu: »Wir sind so harte Brocken.« Aber ich finde, er muss sich auch mal zusammenreißen und in die Pötte kommen. Jussi ist der Abendstern, wie man sagt, also der Jüngste von acht Geschwistern. Das ist ein sehr, sehr großer Klan, sie wohnen überall verstreut. Seine Geschwister haben auch viele Kinder, bis zu sieben. Wir sind immer eingeladen zu Abifeiern oder wenn ein Kind geboren ist. Wenn wir uns treffen, ist gute Stimmung.

Meine Verwandtschaft sagt nur: »Na, wenn du mit ihm glücklich bist!« Wenn wir nach Deutschland fahren, geht das ganz gut. Er ist wirklich kein Sprachkopf, aber er hat Deutsch gelernt, wie ich Finnisch gelernt habe. Es braucht eine Weile, bis er sich in Deutschland wohlfühlt, aber wenn sie langsam und gut artikuliert sprechen, dann sammelt er so die Wörter. Ich habe zu meiner Familie gesagt: »Hört zu, der Finne hat nie gelacht, wenn ich Fehler gemacht habe, und ich möchte nicht, dass jemand über ihn lacht, selbst wenn sich das manchmal komisch anhört.« Ich bin ja froh, wenn er sich selber dort verständlich macht, bisschen Deutsch, bisschen Englisch, wie es gerade kommt.

An Deutschland vermisse ich vor allem die richtig knusprigen Brötchen – auf den finnischen Brötchen kann man ja drei Tage herumkauen, bevor man die runterkriegt. Aber wenn ich in Deutschland bin und an Finnland denke, dann vermisse ich auch finnische *Piroggen.* Irgendwie bin ich wohl wirklich hier zu Hause. Finnland ist für mich Freiheit. Es gibt Platz, man kann ausweichen, hier sind die Menschen gerade und ehrlich. Und überall findest du die Natur. Wie Beethoven einmal gesagt hat: Die Natur ist wie ein Tempel für mich, wo ich meine Seele reinige. Das ist vielleicht so ein bisschen auch mein Lebensmotto.

Ich hatte keine einfache Schulzeit, hab mir immer gedacht, das ist die Schule fürs Leben – und es war eine harte Lebensschulung. Aber hier muss ich keine Markenkleidung tragen, hier muss ich mich nicht verhalten, wie andere möchten. Hier nehmen dich die Leute, wie du bist: Die machen mit dir Musik, die gehen mit dir in den Wald. Du kannst so sein, wie du bist – das ist vielleicht das Wichtigste. Manche haben mich gefragt: Bist du aus Deutschland abgehauen? Nein, das bin ich nicht. Aber entscheidend war wahrscheinlich, dass es für mich dort schwierige Jahre waren, besonders die Schulzeit. Weil ich einfach anders war, weil ich nicht mit dreizehn schon einen Freund haben oder schon mit jemandem ins Bett gehen wollte. Ich habe mit den Jungens lieber Fußball gespielt und Blödsinn gemacht. Und ich habe keine Hosen von Esprit getragen. Ein paar Mal musste ich sogar notlügen, denn ich habe mich nicht getraut zu sagen, dass ich die abgelegte Kleidung meiner Cousine trug. So stark war der Druck. Das war wohl ein Grund dafür, dass ich nach Finnland wollte.

Wir wohnen in einem Etagenhaus, da gibt es keine bestimmten Zeiten, wann mal Ruhe sein muss. Hier sind die Leute einfach so, das ist nicht Faulheit oder Gleichgültigkeit, es gibt weniger Regeln. Und was für mich immer noch anders ist: Wenn man jemanden zum Kaffee einlädt – und man weiß ja, das sind hier immer längere Anfahrten –, dann möchte ich doch alles fertig haben. Ich mache ja schon einen Kompromiss: Die Deutschen laden frühestens zu drei Uhr ein, aber hier in Finnland gibt es Kaffee um zwei Uhr. Da habe ich mich angepasst. Aber dann möchte ich doch wissen, kommen sie auch wirklich, und was bereiten wir vor? Mein Mann sagt immer: »Och, das entwickelt sich von selber.« Da muss der Kaffee noch nicht fertig sein, Kuchen muss auch nicht unbedingt da sein … Aber ich denke, ich bin doch eine schlechte Gastgeberin, wenn der Tisch nicht gedeckt ist und wenn da noch eine Unterbüx auf dem Sofa liegt! Aber das sieht er nicht so. Dann muss ich mir selbst immer sagen: Fahr runter, Hilke, wir sind hier in Finnland.

Eigentlich bin ich finnischer als jeder Finne

Carola, 45, aus Schwaben, seit sieben Jahren in Ostfinnland

Wir sind nicht verheiratet, aber ich sag trotzdem »mein Mann«. Wir sind jetzt vierzehn Jahre zusammen, das ist so gut wie verheiratet. Also, mein Mann wollt studiern. Er hatte in Deutschland als Landschaftsgärtner gearbeitet, aber dann war es ihm halt zu nervig, dieses ständige Kämpfen – der Job ist ja so schlecht bezahlt, dass man wirklich nur das Mindeste macht. Er war eigentlich derjenige, der die Baustelle geleitet hat, wenn der Boss nicht da war. Aber halt nicht offiziell. Und da hat's ihm gereicht, und dann hat er so bissle versucht Autos aus Deutschland nach Finnland zu exportieren, aber das war auch nicht so der Bringer. Also wollt er noch mal studiern. Er hatte schon vor vielen Jahren in Finnland eine Waldarbeiterausbildung gemacht, da hat er beschlossen, er studiert jetzt Forstwirtschaft, aber für den Marketingbereich. Es gab drei Plätze in Finnland, wo das angeboten wird, Tampere, Evo bei Hämeenlinna, wirklich klein, und Joensuu. Er hat also den Zugangstest gemacht, und seine Punkte haben dann zum Glück für Joensuu gereicht – ich denk, Evo wär ein arger Kulturschock gewesen! Da sind wir halt hierher gezogen. Es war für mich auch grad passend, denn ich hatte einen Job, der zwischen fünfzig und sechzig Stunden in der Woche gebraucht hat. Da hatte ich schon Hautprobleme, psychosomatische Probleme und mit dem Kreislauf und was weiß ich was alles, und ich hab dann gesagt: »Jetzt mach ich irgendwas anderes!« Also hat das alles grad zusammengepasst.

Wir haben vorher sieben Jahre in Deutschland zusammen gewohnt und im August sind wir jetzt sieben Jahre hier. In Deutschland hatte ich damals eine finnische Kollegin bei der Firma, wo ich früher gearbeitet hab, die hat mir drei Jahre hintereinander erzählt: Aus ihrer Studienzeit in Turku kennt sie da einen Finnen, und der war schon viele Male mit dem Zug und Fahrrad auf Reisen durch Europa und war auch ein paar Tage bei ihr. »Der ist furchtbar nett und der würd toll zu dir passen.« Und ich sag: »Schön, dass du mir das immer erst erzählst, wenn der wieder weg ist!« Das darauffolgende Jahr hat sie gemeint, jetzt am Wochenende wär er dann wieder da, ob ich ihn treffen will. Ein Bild von ihm bekam ich erst nach dem Kennenlernen – ich wusste vorher nicht, wie er aussieht. Das Treffen war sehr nett. Er ist dann noch weitergefahren nach Portugal, kam danach aber zurück und blieb. Das ging alles schnell mit uns.

Ich war vorher mal mit dieser Kollegin und ihrem Bruder im Urlaub gewesen, das war alles, was ich an finnischen Kontakten hatte. Als ich Eero dann getroffen hab, hab ich ihn gar nicht so als Finnen gesehen – er war einfach ein netter Typ, man konnte sich mit ihm gut unterhalten, so auf Englisch. Es hat halt einfach nur gepasst, genau wie meine Freundin gesagt hatte. Dann ist er dageblieben. Da gibt's dieses Institut für Auslandsbeziehungen in Stuttgart, die bieten Halbtagssprachkurse an und da ging er hin. Und dann hat er als Landschaftsgärtner zu arbeiten angefangen. Er hätte da in dem Job schon weitermachen können, aber es ändert sich nix, das ist so eine Sackgasse, immer das Gleiche – und furchtbar einfache Arbeit ist es ja auch nicht. Also haben wir gesagt, er studiert nochmal, und dann sind wir hierhergekommen.

Ich denk mal, für ihn ist's schwerer gewesen in Deutschland als für mich hier in Finnland. In Deutschland gibt's ja nix Finnisches, also kein finnisches Fernsehen und relativ wenige finnische Leute. Klar gibt's finnisch-deutsche Vereine, aber das sind halt Vereine. Und wenn man jetzt kein Vereinsmensch ist, dann ist das nicht so wirklich was für einen. Das Gleiche gilt für mich, hier gibt's auch einen deutsch-finnischen Verein. Ich hab die einmal aus der Ferne betrachtet bei einem Stadtfest gleich im ersten August hier. Da hab ich gedacht: Naja, die machen hier nun einen deutschen Würstchenstand, aber was soll das? Die waren vielleicht nicht so furchtbar viel älter als ich es jetzt bin, aber die machten so diesen siebzigjährigen Eindruck, sag ich jetzt mal, wenn's vielleicht auch nicht stimmt – aber das ist nix für mich. Das ist wahrscheinlich auch jetzt wieder so eine Gruppe, wo sich alle ganz furchtbar gut kennen, irgendwie bin ich nicht so.

So ging's halt in Deutschland auch: Wir hatten da meine Freundin, mit der mein Mann mal Finnisch reden konnte, und deren Bruder, der wohnte allerdings in München, also auch nicht so nah. Ansonsten hat Eero mit seiner Mutter telefoniert, mit seinem Bruder, mit seinem Cousin – das war's, was er so mit Finnisch zu tun hatte. Für mich ist es jetzt hier anders: Ich hab eine deutsche Freundin hier, auch deutsches Fernsehen; aber ich guck sowieso alles auf Englisch, lese alles auf Englisch, das hab ich vorher auch schon gemacht, ich vermiss das Deutsche nicht.

Als wir hergezogen sind, hat sich mein Alltag insofern geändert, dass ich die ersten Monate erst mal gar nix gemacht hab. Vorher zehn Stunden am Tag gearbeitet – und hier mehr oder weniger gar nix! Und dann hab ich mich zum Sprachkurs angemeldet, ich hatte Glück, dass ich tatsächlich gleich einen Platz gekriegt hab. Ich hatte in Deutschland mal so einen Volkshochschulkurs gemacht, aber das war ein Anfängerkurs, ich konnte grad mal sagen: »Nimeni on« (»Mein Name ist«) und »asun« (»ich wohne in«). Aber ich hab relativ viel verstanden, vergleichsweise.

Der Sprachkurs fing Anfang Dezember an, ging vier Monate, dann der nächste Sprachkurs … Insgesamt gab's vier, und die hab ich alle durchgezogen, zwei Jahre lang. Es waren immer gute Gruppen, wobei hier ziemlich viel Russen drin sind. Danach war ich ja theoretisch bereit fürs Arbeitsleben, hatte auch den *YKI-Test* relativ gut gemacht – aber ich hab wirklich nicht das Gefühl gehabt, dass ich gut genug Finnisch konnte, um irgendwo in einem Büro etwas tun zu können. Da gab's hier noch einen weiterführenden Kurs, der ist grad für Einwanderer, die noch eine Ausbildung machen wollen, so eine Vorbereitung für die Berufsschule. Und weil ich nix Besseres zu tun hatte, hab ich erst mal ein Schuljahr dort verbracht. Ab 2008 im August hab ich hier eine Ausbildung gemacht. Ich hab den Standpunkt gehabt: Der beste Weg Finnisch zu lernen ist, was Finnisches zu tun. Ich wollt wirklich auch mal was ganz anderes machen als vorher, und ich hab zwar schon immer mal Handarbeiten gemacht, aber nie in dem Ausmaß. Der Beruf heißt in etwa »Bekleidungs- und Textilkunsthandwerker« – also Weben, Nähen, Filzen, Papierarbeiten, Lederarbeiten, Stricken von Hand oder mit der Strickmaschine, all solche Sachen gehören dazu. Ich hab gedacht: Das kann man später immer auch nebenher noch machen und gucken, ob man's im Internet verkaufen kann. Letztes Jahr im Mai hab ich's abgeschlossen. Arbeit gesucht, keine gefunden, aber dann hat mir die Schule angeboten, ob ich nicht als Hilfslehrer bei denen ein halbes Jahr arbeiten will. Das geht da über so ein Praktikantenprogramm, gut, warum nicht? Ich hab dann von August bis Februar in meiner alten Schule, die Klasse, die ich kannte, unterrichten geholfen. Das war ganz lustig. Leider darf man das nicht länger wie ein halbes Jahr. Die machen das halt lieber so, dass sie alle halbe Jahre neue Lehrer nehmen, um anderen Leuten auch noch mal eine Chance zu geben.

Ich hab in der Zeit mehrere Bewerbungen geschrieben, auch mehrere Vorstellungsgespräche gehabt. Eins war sehr lustig. Das war ein Import für deutsche Luxusautos, und ausgeschrieben war ein bissle Büroarbeit, Buchhaltungsvorbereitung und so'n Zeug. Hat sich gut angehört – und dann auch noch deutsche Kontakte. Da bin ich hin. Das war ein Roma, der hatte einen großen Dobermann, und das Büro war in einer Seitenstraße, im Wald, in eine alte Industriehalle reingebaut. Ich hab seinen Namen gar nicht verstanden, dreimal nachgefragt, er hat irgendwas genuschelt. Eine Sekretärin war auch dabei, nur ihr Name stand in der Anzeige vom Arbeitsamt. Und dann hat sich rausgestellt: Er sucht nicht nur jemand für die Büroarbeit, sondern auch jemand, der sein Motel im Nachbardorf verwaltet und nach Deutschland vermarktet. Und jemand, der Ideen hat, was man mit diesen Lastwagen, die ja leer nach Deutschland fahren, nach Deutschland bringen kann, und dann auch jemand, der seine Fahrer betreut in Deutschland, rund um die Uhr. Ich frag, wie denn die Grundarbeitszeit wäre? »Ja, bei uns kann man nicht um 16 Uhr den Stift fallen lassen.« – »Das mein ich ja nicht, aber es muss doch eine 40- oder 38-Stunden-Woche geben! Dass man im Notfall erreichbar ist, klar, aber …« »Ne, so was gibt's bei uns nicht.« »Ja, was verdient man dann?« »Na, das kommt darauf an, was du für Marketingideen hast und wie viel du uns bringst.« – Ich hätt die Stelle haben können, aber ich hab dann gesagt: »Eher lieber nicht!« Das klang ja fast so gut wie die 60-Stunden-Woche in Deutschland! Ich hab mir jetzt angewöhnt, nur noch das zu machen, was ich möchte. Grad dieses komische Stellenangebot – in Deutschland hätt ich wahrscheinlich mehr verhandelt und überlegt, und hier sag ich mir jetzt: »Nö, muss nicht sein.«

Im Prinzip haben mein Mann und ich jetzt mehr Zeit füreinander als früher. In Deutschland hat er ja auch gearbeitet, und ich war oft nicht da – und daraufhin ging's ihm dann irgendwann nimmer so gut, weil er keine Perspektive gesehen hat. Er hatte schlechte Laune, ich hatte schlechte Laune, am Wochenende waren wir beide müd. Und man hat auch nix gemacht, saß rum, hat Fernsehen geguckt. Hier haben wir deutlich mehr Zeit, um gemeinsam was zu unternehmen, Ausflüge meistens. Hobbys, da hat jeder sein eigenes: Er ist mehr der Leser, und ich tu ein bisschen Handarbeiten und blogge. Wir gehen eigentlich auch viel raus. Wir fahren meist mit dem Auto irgendwohin, bissle rumlaufen und dann wieder zurück. In letzter Zeit gehe ich, wenn ich mich dazu aufraffen kann, mit meiner deutschen Freundin los, die hat zwei Hunde. Da waren wir vor zwei Wochen zusammen in Ilomantsi. Mein Mann hat gegrillt, und wir sind um den See gelaufen.

Ich weiß vielleicht jetzt schon eher, was ich möchte, aber das ist nicht im Konflikt mit seinen Sachen. Ich mach keine langfristigen Pläne, plan auch die Woche nicht durch. Das hab ich früher so gemacht, aber schon ziemlich lange nicht mehr. Wenn man mich fragt, ob ich in Finnland bleiben will: Ja, hab ich schon vor – aber weiß ich, was in fünf Jahren ist? Jetzt sag ich, ich würd gern noch lange lange in Finnland bleiben, aber ich weiß nicht, was passiert, deswegen leg ich mich da auch nicht fest. Ich fühl mich hier aber deutlich mehr zu Hause als in Deutschland.

Ich bin pro Jahr maximal eine Woche in Deutschland, inklusive Reisezeit, die zwei Reisetage sind dann immer schon weg von der Woche. Mir ist es dort zu schnell, zu laut, zu viele Leute, zu schmutzig, zu hektisch, zu viel anfassen. Nach einer Woche Deutschland dann: »Gott sei Dank, ich darf wieder heim!« Naja, es ist wahrscheinlich auch ein bissle Overkill, wenn man so selten in Deutschland ist, weil ich bei meiner Mutter wohne und die natürlich dann versucht, so viel wie nur möglich in diese Zeit reinzupressen. Aber es ist auch so, dass wir uns maximal eine Woche vertragen. Länger geht's nicht.

Mein Mann fährt da nicht mit. Das ist ein bissle schwierig, wir haben zwei Katzen, und er bleibt auch gern daheim. Meistens geh ich im Sommer, da muss er arbeiten. Er hat sein Studium jetzt abgeschlossen, aber keinen Job im Forstwirtschaftsbereich gefunden. Zu dem Zeitpunkt, als man zu ihm gesagt hat: »Mach das, das ist ganz toll«, war's natürlich schon wieder so überlaufen, dass es da jetzt keine Arbeit gibt. Also hat er eine eigene kleine Firma gegründet vor drei Jahren und seine Arbeitssaison ist im Sommer, und wenn ich nach Deutschland gehe, hat er zu tun.

Wir sind beide nicht so die Familienmenschen. Der Kontakt mit seiner Familie ist deshalb auch nicht so furchtbar eng, wir sind uns eigentlich schon selbst genug. Uns reicht's, wenn wir die Familie so ein-, zweimal im Jahr sehn. Wir gehen normalerweise an Ostern zu seiner Mutter, an Weihnachten und vielleicht nochmal im Sommer, so für ein Wochenende. – Meine Mutter war natürlich auch nicht so begeistert von dem Umzug nach Finnland. Das hängt aber auch ein bissle mit dieser schwäbischen Mentalität zusammen: Man muss natürlich Karriere machen, »schaffe schaffe Häusle baue« und so. Das tu ich nicht, hab's schon in Deutschland nicht gemacht. Hab zwar viel gearbeitet, aber wollt nie Karriere machen. Ich wollte eigentlich immer nur einen Job haben, der mir mein Leben ermöglicht – dann geh ich heim und leb da mein Leben. Obwohl ich finanziell deutlich weniger hab als in Deutschland, hab ich hier trotzdem mehr Lebensqualität. Allein schon von der Umgebung her. Wenn ich in Deutschland so leben würde wie hier, dann würde wahrscheinlich meine komplette Umgebung gucken und sagen: »Die ist arm, was ist denn das für eine, wie lebt denn die?« Und hier in Finnland guckt da eigentlich keiner. Man lässt sich in Ruhe.

Ich hab einige gute finnische Bekannte hier, aber wenig Freunde. Das hat jetzt nix mit Finnland zu tun, sondern das ist bei uns generell so, wir haben beide nicht so arg viele Freunde. Die Finnen sind ein bissle zurückhaltender, man muss schon mehr auf die zugehn. Aber für mich ist's auch kein Problem, wenn mal ein paar Monate Schweigen war. Wenn ich hier bin, vermisse ich eigentlich nix. Das ein oder andere Lebensmittel vielleicht. Wenn's bei Lidl Maultaschen gibt, kauf ich die natürlich. Und die Spätzle von Lidl sind ja für Kässpätzle ganz wunderbar, aber wenn man einen Braten macht und dazu Spätzle haben will, dann müssen die schon selbst gemacht sein!

Man braucht hier Gelassenheit, Organisationstalent und vor allen Dingen: Man muss sich vorher informieren. Vor allem wenn du auf ein Amt gehst, musst du vorher wissen, was du brauchst und willst und direkt danach fragen, dann kriegst's problemlos. Du kannst nicht hingehen und sagen: »Ich bin jetzt da, und was muss ich denn machen?« So geht's halt nicht. Bevor wir hierhergekommen sind, hab ich bestimmt einen Monat lang recherchiert: Was brauch ich alles an Papieren, was brauch ich jetzt schon in Deutschland an Formularen, wo muss ich dann hin und was muss ich mitbringen? Das steht alles im Internet. Hier in Finnland sind Ehe und Lebensgemeinschaft ja gleichgestellt. Da muss man nur nachweisen, dass man seit mindestens zwei Jahren eine Beziehung führt, zum Beispiel, indem man einen Mietvertrag mit beiden Namen vorlegt oder eine Korrespondenz oder irgendwas in der Richtung. Wir waren so gut vorbereitet, dass diese Aufenthaltsregistrierung nur eine Viertelstunde gedauert hat; am selben Tag noch die Sozialversicherungsnummer und die Karte dazu.

So bissle ein Tief hab ich hier ab und zu mal im Januar, aber das ist einfach lichtbedingt. Die Entscheidung herzuziehen hab ich eigentlich nicht bereut. Ich bin eher so der Wintermensch. Und hier bei uns geht der Schnee erst im Mai weg, dadurch haben wir diese graue Zeit gar nicht, in der nix eigentlich grün ist. Sechs Monate lang Schnee stört mich wenig. Die letzten drei Jahre in Deutschland hatten wir in Stuttgart jeden Sommer mindestens vier Wochen zwischen 30 und 38 Grad, bei Kessellage. Und wenn man im fünften Stock wohnt und am Hang, einfach furchtbar! Ich hab praktisch den ganzen Sommer mit Kopfschmerzen verbracht. Mein Büro ging nach Süden und wir hatten keine Klimaanlage, nur Jalousien. Ich vermiss also den Sommer gar nicht.

Mein Mann spricht relativ gut Deutsch und will das behalten, also sprechen wir Deutsch miteinander. Außerdem kommt er aus Turku und spricht so diesen südfinnischen Nuscheldialekt – da versteh ich nur ein Drittel, wenn er redet. Das ist so erkennbar wie Schwäbisch: Egal, wo die in Finnland aufschlagen, man weiß genau, wo sie herkommen. Ich kenn den nordkarelischen Dialekt hier und hab den teilweise wohl selber auch übernommen. Die machen sich immer lustig über mich, wenn ich mit seiner Mutter rede oder seinem Bruder und dann diese ostfinnischen Wörter verwende, »mie« statt »minä« für »ich« und so weiter – bin halt voll integriert hier! Mein Mann hat mir am Anfang immer übersetzt und geholfen, aber sobald dann klar war, dass ich wenigstens weiß, um was es in einem Brief geht, hat er mich selbst machen lassen. Auch das Anrufen für Arzttermine hat er ziemlich schnell abgelegt; außer es geht um Laborergebnisse oder ich muss etwas Kompliziertes fragen, dann sag ich immer noch: »Komm, mach du mal!« Das geht doch noch schneller. Aber ansonsten versuch ich mein Finnisch überall anzuwenden. Ich bin auch grad dabei alle Unterlagen für den Staatsbürgerschaftsantrag zusammenzusuchen und die ganzen Auflistungen zu machen, die man da machen muss: Wie oft man wann im Ausland war und so. Es ist ein ziemlich teures Verfahren, aber der finnische Pass macht's dann einfacher mit der Arbeitssuche.

Dieses Jahr haben wir mal ganz kurz diskutiert, ob wir nach Deutschland zurückgehen sollten. Es ging drum, wie's weitergeht mit seiner Firma und meinen beruflichen Aussichten. Und meine Mutter sagt ja ständig: »Komm nach Deutschland, hier gibt's ganz viel Arbeit!« Aber ich hab zu Eero gesagt: »Kannst du dir das ernsthaft vorstellen, wieder dort zu wohnen? Erinnerst du dich, wie das war vor sieben Jahren, als wir weggegangen sind? Willst du das tatsächlich wieder haben?« Ich glaub, er hat größere Probleme in Deutschland gehabt als ich jetzt hier in Finnland. Klar, mir wird von der deutschen Seite oft eingeredet, dass ich ein Problem hab, weil ich halt keine Arbeit hab – aber recht betrachtet hab ich die ganzen Jahre hier immer was getan. Ich bin nie da rumgesessen und hab nix gemacht. Ich hab erst die Sprache gelernt und das auch gleich sechs Stunden am Tag, im Sprachkurs und Hausaufgaben machen. Dann Schule, auch von acht bis vier; gut, mit langen Sommerferien. Seit letztem Mai bin ich zwar arbeitslos, aber ich war auch nicht daheim, sondern immer im Praktikum. Ich hab also überhaupt keine Lücken – aber ich bin »arbeitslos«, ganz schlecht! Ich bin der Meinung: Die Leut, die mir das von Deutschland aus sagen, die müssen erst mal hier sein und in der gleichen Situation, und dann reden wir nochmal drüber! Diese Einstellung hab ich mir hart erkämpft. Das ging durch Abstand nehmen und bissle mit meinem Mann drüber reden und im Internet Blog schreiben. Da hab ich auch Feedback gekriegt von anderen Leuten: »Triff deine eigene Entscheidung!«

Gut ist hier auch diese soziale Sicherheit. In Deutschland hat man doch viel mehr Druck, sich eine neue Stelle zu suchen, sonst gibt's Hartz IV. Furchtbares Arbeitsamt, psychischer Druck und alle gucken sie, sobald man dann drei Jahre arbeitslos ist. Hier in Finnland sind so viele arbeitslos, das ist völlig normal. Und ich geh hier aufs Arbeitsamt und hab einen netten Sachbearbeiter. Ich hab noch nicht einen erlebt, der irgendwie muffelig war, der mir gesagt hätte: »Musst mehr machen, hast zu wenig gemacht. Bewirb dich mehr und überhaupt, was willst denn hier?« Eigentlich auf allen Ämtern sind sie hier freundlich. Ich denk, dass das in so mittelgroßen Städten wie hier gemütlicher abläuft als vielleicht in Helsinki. Und dann sind wir ja in Karelien, die Leut sind hier eh offener und gesprächiger. Für die Zukunft hoffe ich, dass ich einen Job finde. Ich bin da relativ flexibel, es kann Büro sein oder auch Verkauf von Handarbeitszubehör. Und dass wir nächstes Jahr eine schöne Wohnung finden. Wir wohnen zurzeit in einer Studentenwohnung, das sind an die sechzig Quadratmeter, drei Zimmer, Erdgeschoss mit Terrasse. Aber nächstes Jahr im August ist das vorbei.

Im letzten Jahr hab ich mich als Bloggerin schwer zurückgehalten. Das hängt auch ein bissle damit zusammen, dass immer mehr Leute hier meinen Blog kennen – vor allen Dingen junge Leute, die Deutsch können. Da gibt's halt manches, was ich nicht schreiben kann und will. Ich hab schon bissle einen festen Leserkreis. Wenn ich einen Beitrag schreib, krieg ich so fünfzig bis sechzig Leser, das geht dann wieder runter, wenn nix ist. Aber etwa zwanzig kommen jeden Tag vorbei und gucken. Dann bin ich auch in Facebook, da schreib ich mir mehr mit meiner Freundin in Deutschland. Eine Zeit lang war der Blog das Kommunikationsmittel: »Wenn du wissen willst, was ich grad mach, dann lies es doch da« – ich schreib ja nicht fünf E-Mails!

Bevor ich hergezogen bin, sind wir mindestens ein-, zweimal im Jahr im Urlaub hier gewesen, mindestens zwei oder drei Wochen, ich hatte also schon ein Bild von Finnland. Ich bin nicht ins absolut fremde Land gekommen und ich kannte ja auch seine komplette Verwandtschaft, die relativ groß ist. Die Mutter hat sieben Geschwister, also reichlich, und die waren auch ganz freundlich, immer sehr entspannend – Urlaub, wo ich nicht viel reden musste. Inzwischen haben's alle mitgekriegt, dass ich Finnisch sprechen kann und jetzt reden sie auch mit mir. Ich bin in seiner Familie wohl mehr akzeptiert als er bei meiner, auch weil die Finnen weniger drauf gucken, was für berufliche Leistungen oder welchen sozialen Status man hat; eher gucken die: Was ist denn das für ein Typ? Während man in Deutschland fragt: Wen schleppt die Tochter denn da an, und ist das einer mit Zukunftsperspektive, passt der in unser Bild, zu unserem sozialen Level? Als ich noch zu Hause gewohnt hab, hat meine Mutter zu mir gesagt: »Putz endlich das Fenster in deinem Kinderzimmer!« Da hab ich gesagt: »Wieso denn, ich seh doch noch raus.« »Ja, aber wenn die Nachbarn durch's Treppenhaus gehen und sehen, dass es schmutzig ist?« »Ja, dann sollen die das doch putzen!« Dann hat sie's geputzt, weil sie's nicht ausgehalten hat. Aber hier ist's tatsächlich so: Es interessiert eigentlich keinen. Ich putz meine Fenster maximal zweimal im Jahr und das ist sauber genug. Maximal!

Ab und zu lachen wir drüber, dass ich eigentlich finnischer bin als jeder Finne. Mich stört das Dunkle nicht, aber er jammert im Dezember: »Könnt's vielleicht mal endlich schneien, dann wär's etwas heller!« Mich stört's nicht kalt, es darf ruhig fünfundzwanzig Grad minus haben, wunderbar! Halt noch einen Pullover drunter, reicht. Ihm ist das zu kalt. Irgendwie passe ich hierher, es passt mir auch von dem

Verhalten der Menschen. Auf Finnisch red ich nicht so schnell. Das hängt wahrscheinlich damit zusammen, dass ich Wörter suche. Die meisten fragen: »Ausländerin, kommst aus Estland?« »Nö, aus Deutschland.« Die denken schon, dass ich Ausländerin bin – aber irgendwie doch verwandt. Hier in Nordkarelien reden die Leute auch viel. Ich musste mich wahrscheinlich nicht so furchtbar verbiegen, ich hab irgendwie das Gefühl, ich hab schon so reingepasst, wie ich bin. Ich glaub auch nicht, dass ich mich groß verändert hab. Vielleicht nur, dass ich jetzt schon eher zu meiner Vorstellung davon, wie mein Leben sein soll, stehe.

Ich bin hier mutiger geworden, das muss man, wenn man in einem fremden Land ist und Sachen zu organisieren hat. Und man muss offen sein fürs Land und die Leute, man darf keine Vorurteile haben. Ich hab das ganz oft gelesen in Blogs und in Foren, zum Beispiel von Deutschen in Finnland oder im englischsprachigen Finnlandforum: Wie furchtbar das hier doch ist, und alles funktioniert nicht, und dann waren sie auf'm Amt und haben überhaupt keine Auskunft gekriegt ... Ich denk: Wie man in den Wald rein ruft, so schallt's raus, und wenn man halt forsch und fordernd auftritt – »ich bin jetzt hier und ich will das jetzt aber haben« – funktioniert's wirklich nicht. Vor allen Dingen nicht, wenn man den Leuten auf'm Amt erzählt, wie schlecht organisiert sie sind und dass es so nicht geht – aber ganz viele machen das so. Man muss schon sagen, was man möchte, aber nicht mit der Holzhammermethode. Ich hab bis jetzt noch immer gekriegt, was ich möchte und was mir zusteht. Auch beim Arzt: Wenn ich einen Notfall hatte, bin ich immer drangekommen. Und wenn der Arzt nur sagt: »Nimm halt eine Schmerztablette«, sagt man eben: »Hab ich schon genommen, hat aber nicht geholfen. Gib mir was anderes!« Ganz viele lassen sich abspeisen und gehen dann frustriert heim. Also, Mund aufmachen und reden, aber immer freundlich und höflich dabei! Hier macht ganz viel der Ton die Musik. Bist du zu forsch, funktioniert das nicht.

Den blonden Typen mit dem weißen Rentier gibt's hier nicht

Linda, 37, aus Sachsen-Anhalt, ein Kind, seit 13 Jahren in Mittelfinnland

Ich glaube, es ist wichtig, dass ich nicht nur wegen meinem Mann hier bin, sondern weil ich es selbst will. Ich habe Finnland am Anfang so geliebt und mir so sehr gewünscht, hier zu wohnen, dass ich es nicht so schnell für Deutschland aufgeben würde. Da müsste ich schon einen richtigen Grund haben, warum ich meine Wahlheimat auf einmal nicht mehr mag. Ich könnte in Deutschland wohnen, ja, aber nur, wenn ich dann immer schnell nach Finnland zurück könnte, das wäre perfekt. Aber bitte ohne diesen Kulturschock. Es ist schon schwer, so hin und her zu fahren, jedes Mal wieder. Ich überlege immer zehnmal, ob wir wirklich fahren sollen.

Ich bin durch verschiedene Zufälle nach Finnland gekommen. Ich habe Mitte der Neunziger an einer kleinen Uni in Sachsen-Anhalt Betriebswirtschaft studiert. Damals fing es gerade an, dass mehr und mehr Studenten ein Auslandssemester absolvierten. Nach Berichten von Freunden bin ich kurzentschlossen ins akademische Auslandsamt gegangen und hab mich erkundigt. Ich hab zuerst gefragt, ob sie eine Partner-Uni in Ungarn haben, weil ich als Kind dort oft im Urlaub gewesen war – aber das gab's nicht. Aber Finnland und Norwegen standen auf der Liste. Ich hatte zu dem Zeitpunkt schon seit mehreren Jahren eine Brieffreundin in Rauma und wusste deshalb ein bisschen was über Finnland. Die haben auch so eine coole Sprache, dachte ich. Und Skandinavien: Da komm ich sonst nie so hin, dass ich den Alltag da erlebe, irgendwo im Studentenwohnheim wohne und allein herumstreife. Das Internet kam damals ja erst richtig auf, Selbstbucherreisen, billige Flüge und so weiter gab es nicht. Sonst hätte ich vielleicht nur mit einem Rentnerbus zum Nordkap fahren können, nein danke. Also dachte ich: Das machst du, das wird schon nicht so teuer werden, wenn du da auf eigene Faust bist.

Von September bis Dezember war ich dann also hier in Jyväskylä. Mein erster Eindruck war: Oh, ziemlich klein, eine Einkaufsstraße und das war's schon. Aber trotzdem cool, fand ich – diese weißen Häuser, die Seen, die großen Brücken. Und Finnland war damals ja wirklich »in«, mit Mika Häkkinen, Nokia und so. Die ganzen Partys hier, das Barleben, coole Freunde und all so etwas, das kannte ich von zu Hause auch nicht. Die Uni hier war weitaus besser ausgestattet als unsere zu Hause. Und das Studium war ganz toll, interessant und weltoffen, ein kleiner Studiengang, auf Englisch, mit vielen Finnen und jeder Menge Ausländer – wir waren eine Art internationaler Kindergarten. Es war klein, alle Räume auf einem Gang, jeder kannte jeden. Und die Verbindung zu den Unternehmen war viel besser als zu Hause, weil es auch weniger wissenschaftlich und mehr praktisch ausgerichtet war. Es gab Projekte, wir haben Messen veranstaltet, viel Teamarbeit gemacht – das kannte ich von Deutschland gar nicht. Das hat mir ganz toll gefallen.

Und vor Weihnachten, gerade als ich abreisen sollte und eigentlich nicht wollte, bekam ich eine Mail von einer Freundin, die auf Austausch in Holland war: Wenn es dir da so gefällt, warum verlängerst du dann nicht? Darüber hatte ich noch gar nicht nachgedacht, habe eher ganz deutsch gedacht: Du musst doch wieder nach Hause und ordentlich zu Ende studieren. Und dann kam ich zu Hause auf dem Bahnhof an, kleines Städtchen in Ostdeutschland, mein Freund holte mich ab – das ging alles gar nicht! Alles kam mir dermaßen spießig und komisch vor. Das war furchtbar. Das ging dann so weiter über Weihnachten, ich hatte wirklich einen ganz schlimmen »reverse culture shock«, darauf war ich gar nicht vorbereitet. Und am Heiligabend habe ich zu meinen Eltern gesagt: »Ich geh wieder zurück.«

Dann habe ich mit meiner deutschen Uni telefoniert und der Austauschplatz war frei, und am 15. Januar stand ich wieder in Jyväskylä auf dem Bahnhof. Yesss! Noch einmal fünf Monate. Danach habe ich ein Jahr in Düsseldorf gewohnt und bei Nokia gearbeitet, auch mit Finnen und Schweden zusammen. Ich war so begeistert von Finnland in dieser Zeit, hatte sogar finnische Fahnen in meinem Zimmer hängen und habe tagein tagaus nur Suomipop-CDs gehört. Zwischendurch bin ich immer mal wieder hier in Jyväskylä gewesen, habe weiter nette Leute kennengelernt … Das war das volle Leben für mich hier, im Gegensatz zu unserem kleinen Provinznest zu Hause und dem einsamen Leben in Düsseldorf. Also habe ich mir überlegt: Du willst hier arbeiten, du suchst dir hier Arbeit – zumindest versuchen musst du es, sonst bereust du es dein Leben lang. Ich hab angefangen, Bewerbungen zu schreiben. Und im August, zur *Jyväskylä-Rallye*, war ich dann wieder hier zu Besuch, das ist ja das ganz große Event. Da habe ich dann meinen jetzigen Freundeskreis kennengelernt, darunter auch meinen späteren Freund. Es ist sehr schwer, als Ausländer Arbeit zu finden, auch wegen der Sprache, und zu der Zeit, 2001, war ja auch gerade die Wirtschaftskrise. Da gab es keine Arbeit, in Deutschland auch nicht, und vor allem nicht, wenn man sich bei Nokia und Sony bewarb. Aber dann habe ich Ende des Jahres meine jetzige Arbeit hier bekommen, das war wie ein Lottogewinn. Trotzdem habe ich erst überlegt: Willst du das wirklich? Vor allem, weil mein damaliger finnischer Schwarm am gleichen Tag Torschlusspanik bekam und mit mir Schluss machte … Aber ich wollte ja unbedingt nach Finnland! Da dachte ich: Wenn es ganz schlimm kommt, mach ich es eben erstmal als eine Art Praktikum, für einige Monate. Und jetzt bin ich immer noch hier.

Wegen meinem Mann bin ich also nicht nach Finnland gekommen, eher wegen meinen Freunden und dem Land im Allgemeinen. Und es gab hier viele Kerle, die ich toll fand. Meinen Mann, Jani, habe ich bei der Rallye über eine Freundin kennengelernt und fand ihn gleich nett, richtig super nett. Er ist nur leider klein und dunkelhaarig und hat eine Brille und ich habe gedacht: Wenn nur ein großer blonder Typ mal so nett wäre wie der! Er hat sich sofort für mich interessiert, das habe ich auch gemerkt, er hat mich angerufen und mit mir Sachen unternommen, hat auch für mich übersetzt. Und als ich dann meinen estnischen Tierheimhund in Helsinki am Hafen abholen musste, da ist er mit mir hingefahren – und von da an war das unser gemeinsamer Hund, und er hatte dadurch immer einen Grund bei mir vorbeizukommen. Er war jahrelang einfach mein bester Freund. Irgendwann war ich dann schon vier Jahre Single, und wenn man so auf die Dreißig zugeht und vielleicht mal eine Familie haben will – naja, man findet hier nicht den Typen, der ein weißes Rentier hat und Millionen verdient und blond ist … Das gibt's gar nicht. Die Männer hier haben dann vor allem auch bessere Auswahl, die Finninnen sehen so gut aus, dass so einer sich bestimmt nicht mit einer langnasigen Deutschen abgeben würde.

Jetzt sind wir schon neun Jahre zusammen und haben eine Tochter, die ist fünf. Was mir an ihm gefällt, ist, dass er sehr zuverlässig ist – und er ist super witzig. Jani hat so einen ganz trockenen, verschrobenen Humor. Und er ist super sympathisch und nett, verlässlich. Seit wir unsere Tochter haben, haben wir aber schon manchmal Stress, da ist die Beziehung ein bisschen ins Hintertreffen geraten. Da gibt es Missverständnisse aufgrund von Sachen, die man vielleicht nicht weiß oder die man ganz falsch einordnet. Und die sind dann manchmal doch ein Schlag in die Magengrube. Im letzten Jahr habe ich einige Probleme gehabt, Schlafmangel, Schilddrüse und Symptome von Burn-Out. Das ist eigentlich alles nicht so schlimm, aber wenn dazu dann noch diese kulturellen Unterschiede kommen, die einen irgendwie zermürben, dann ist es manchmal schon schwer. Jedes Mal, wenn einer nicht antwortet oder nicht grüßt oder wenn man reinkommt bei den Großeltern und die nicht Hallo sagen, dann fühlt es sich doch schlecht an. Obwohl ich eigentlich ja weiß, wie die Dinge hier funktionieren und sie mir auch einleuchten.

Trotzdem ist es so: Ich habe vierundzwanzig Jahre in Deutschland gelebt und habe diese deutsche Kultur – dann auch noch DDR, dieses Soziale und viel Zusammenhalt. Wenn Jani und ich zusammensitzen und ich erzähle etwas, sag ich die ganze Zeit »kuulit sä?« (»hörst du?«), »eikö niin?« (»nicht wahr?«), »mitä?« (»was?«). Es muss sich für Außenstehende furchtbar anhören, wenn ich in jedem Satz diese Rückbestätigung suche – eben weil die nicht natürlicherweise kommt. Aber ich weiß und verstehe schon, dass das auf Finnisch so ist. Auch meine finnischen Freunde meinen ja, dass man nichts sagen muss, wenn man nichts zu sagen hat. Und inzwischen genieße ich das auch manchmal. Mit meinen Eltern zum Beispiel, wenn die die ganze Zeit reden und reden und reden, dann denke ich schon manchmal: Nun seid doch einfach mal eine Minute leise!

Und mein Mann amüsiert sich immer köstlich, wenn meine deutschen Verwandten vom Einkaufen kommen und genau erzählen, was sie gekauft haben und wo und wie: »Da gab es den Käse und dort das und das …« Und er sagt dann: »Das interessiert doch keinen!« Da habe ich mich vielleicht auch schon ein bisschen geändert. Zum Beispiel, wenn ich Karten schreibe, schreibe ich nur noch »Liebe Grüße, Linda« und nicht mehr. Und ich habe auch kein Problem mehr damit, Termine kurzfristig per Handy zu canceln.

Bei der Kindererziehung haben wir auch manchmal unterschiedliche Vorstellungen, aber ich glaube, das hängt mehr mit unseren unterschiedlichen Temperamenten zusammen und mit der Art, wie wir selber aufgewachsen sind. Ein paar Sachen sind natürlich schon kulturell bestimmt, zum Beispiel Höflichkeitsregeln und wie man sich beim Essen verhält, was man am Esstisch machen darf: Rülpsen? In der Nase bohren? Mit dem Handy spielen? Oder: Wer deckt den Tisch, wer setzt sich einfach hin, wann fängt man an zu essen, benutzt man Teller oder Brettchen oder legt man den Käse so auf den Tisch? Bevor wir unsere Tochter hatten, haben wir ja auch ziemlich lange zusammengewohnt, aber da haben wir die Unterschiede nie bemerkt, da haben wir uns nie über so etwas gestritten. Erst wenn man Kinder hat, fängt man mit solchen Prinzipien an.

Ich frage mich manchmal, warum mich das eigentlich stört, aber es ist einfach so. Wahrscheinlich war ich vorher einfach finnischer, weil ich nie mit jemandem Deutsch gesprochen habe. Aber weil ich jetzt mit meiner Tochter Deutsch spreche, kommt automatisch die ganze Kultur mit rein. Schwierig ist für mich auch, dass meine Tochter kein Deutsch mit mir spricht, sondern immer nur Finnisch. Dadurch fühlt es sich so an: Sie und ihr Papa sind die Finnen – und dann bin da noch ich. Sie ist viel mit ihrem Papa zusammen, ich verdiene das Geld für die Familie, dann komme ich nach Hause und räume auf – und die beiden machen die schönen Sachen. Und wenn die Kleine dann kein Deutsch spricht, ist das hart für mich. Wenn ich in Deutschland bin und Kinder Deutsch sprechen höre, hört sich das so niedlich an! Ich glaube fast, ich wäre weniger streng mit meiner Tochter, wenn sie diese weiche deutsche Kindersprache hätte.

Meine Eltern kommen jetzt im Sommer wieder für ein paar Wochen her und mit denen spricht meine Tochter dann Deutsch, aber auch nur ganz wenig: »Omi, guck mal …« Das Wichtigste eben. Mein Mann kann sich mit meinen Eltern ganz gut verständigen, er hat in der Schule ein paar Jahre Deutsch gelernt und versteht dann, um welche Themen es geht, aber die Inhalte nicht wirklich und Nuancen sicher nicht. Ich glaube, er denkt dann oft, wir streiten die ganze Zeit, weil er die Lautstärke nicht gewöhnt ist. Diskutieren, das kennt er gar nicht. Wenn wir irgendwo hingehen und er sagt: »Gehen wir doch da lang«, und ich frage, warum, dann sagt er nur: »Okay, dann gehen wir eben da lang, wo du willst.« Und ich sage: »Aber ich will nur wissen, warum?« Und er dann: »Nein nein, du streitest schon wieder, nun hör auf, hier auf offener Straße zu diskutieren!« – Uff.

Gewöhnungsbedürftig ist es auch, wie Frauen und Männer hier »getrennt« werden. Ich denke, das hängt mit der Saunakultur zusammen, weil Männer und Frauen natürlich getrennt in die Sauna gehen, höchstens als Familie geht man gemeinsam. Bei Festen hängen eben nicht die Pärchen zusammen, sondern die Jungs in einer und die Mädels plus Kinder in der anderen Ecke – und man unterhält sich über völlig verschiedene Themen. Bei Besuchen und Geschäftsreisen ist es oft auch so. Ich finde das persönlich sehr schade, weil ich die Männer hier sehr nett finde und auch als Kind früher viele Jungen als Freunde hatte. Die Finninnen sind schon sehr selbstbewusst und emanzipiert, aber man bleibt halt unter sich. Kein Wunder, dass es später Konflikte gibt, wenn Mann und Frau sich auf einmal als Paar ertragen müssen.

Echt unterhalten können sich meine deutschen Angehörigen und Jani auch nicht, weil beide nicht so gut Englisch sprechen. Er zieht sich sehr zurück, wenn sie da sind, macht am Computer seinen Kram oder trifft sich mit Freunden. Dann denken meine Eltern natürlich, dass er immer so ist – und ich steh dann dazwischen. Ich sage dann zu ihnen: »Er zieht sich nur zurück, weil er für euch Platz machen möchte, das ist nicht unhöflich, sondern im Gegenteil, das ist extrem höflich gemeint.« Aber meine Eltern sehen es natürlich so: Der ist nicht da, der macht nichts im Haushalt – und bilden sich ihre eigene Meinung.

Aber sie haben eben auch nicht diesen weiteren Horizont, sie haben nie im Ausland gelebt und verstehen nicht, warum jemand so handelt. Das ist bei seinen Eltern ähnlich, die verstehen auch nicht, warum ich dies oder das mache, oder warum ich jeden Tag »Hallo« rufe, wenn ich bei ihnen reinkomme – wo wir uns doch schon kennen. Seine Familie ist sehr relaxt, die mischen sich in gar nichts ein, na gut, man könnte auch sagen, denen ist es egal, aber die sind einfach sehr sehr ruhig, sehr pflegeleicht. Beide Großelternpaare sind tolerant und wir haben eigentlich keine Probleme mit ihnen, bis auf die Probleme, die wir uns selber machen.

Hier Leute kennenzulernen war nicht so schwer. Mein Mann hat eine Riesenfamilie, viele Onkel, Tanten und Cousins, bei denen wir aus und ein gehen. Und ich habe noch einige Freunde vom Studium und der Rallye. Ich bin da jetzt nicht mehr so schüchtern, überhaupt nicht. Ich spreche Finnisch, wie ich es eben spreche. Wenn ich Fehler mache, ist mir das egal. Ich benutze es einfach, lerne Leute kennen, habe Kontakte – denn wenn ich hier keine Freunde hätte, bräuchte ich ja auch gar nicht hier zu sein. Über Facebook bleibt man auf dem Laufenden. Ich mache überall einfach mit, ich sage, wer ich bin und dass ich aus Deutschland komme. Ich mag das, ich finde es schön, wenn Finnland sich so internationalisiert. Inzwischen gehört der finnisch-deutsche Verein zu meinen Lieblingshobbys. Die ersten fünf Jahre habe ich mit Deutschen hier fast gar nichts zu tun gehabt. Das ist schon komisch: Wenn die Spanier andere Spanier auf der Straße sehen, gehen sie hin und sprechen mit denen – aber mit den Deutschen ist es genau umgekehrt: Die meiden andere Deutsche lieber.

Wenn wir nach Deutschland fahren, mindestens einmal im Jahr, dann kommt mein Mann auch mit, und ich glaube, es gefällt ihm auch. Nur wenn wir bei Freunden sind und da viel geredet wird, findet er das anstrengend, aber er ist so nett und ist dann trotzdem dabei. In Deutschland möchte Jani immer gerne Rallyes sehen, Formel eins und so, und wir gehen dann auch mit ihm hin. Ich finde es selber immer sehr interessant, mir mit ihm zusammen wie aus finnischer Sicht zum Beispiel die Burgen im Harz anzugucken oder die Magdeburger Börde – alles so kahl dort, keine Bäume. Das kommt mir inzwischen auch schon komisch vor, irgendwie bin ich da mittlerweile sehr finnisch.

Ich weiß deshalb nicht, ob ich nach Deutschland zurückgehen würde. Ich hätte vielleicht Angst, dass ich Finnland dann wieder so vermisse wie damals, nach meinem ersten Austausch hier. Denn selbst wenn wir jetzt ein-, zweimal im Jahr in Deutschland sind und man so viel Positives sieht: Es ist so schön warm dort und im März beginnen schon die Blumen zu blühen und die Leute sind alle super nett und die Häuser sind auch viel billiger und meine Tochter würde richtig Deutsch lernen ... Aber das ist eben was anderes: Wir sind nur im Urlaub dort, wir können machen, was wir wollen, wir haben auch ein bisschen Narrenfreiheit als Ausländer. Aber in meiner Heimatstadt fällt mir auf, da sind erschreckend wenige Akademiker und junge Leute. Und dann laufen gerade im Harz überall diese Nazis herum – das geht gar nicht!

Ich spiel das manchmal so für mich durch, wie es wäre, wenn ich wieder dort wohnen würde. Aber wenn wir dann zurückkommen nach Finnland und ich sehe den Wald und die Holzhäuser … Ich würde früher oder später eingehen in Deutschland. Ich bin eben hier zuhause. Ich hätte auch gerne die finnische Staatsbürgerschaft, aber nur, wenn ich meine deutsche behalte. Denn ich bin hier nicht geboren, ich bin eh kein richtiger Finne. Vor allem werde ich nie perfekt Finnisch können, was mich ziemlich wurmt.

Für mich persönlich hat sich Finnland schon sehr verändert in der Zeit, die ich hier bin. Aber das liegt daran, dass ich Finnland zuerst auf Englisch kennengelernt habe. Das war dieses coole Finnland, sehr technologieorientiert und so. Aber wenn man dann länger hier wohnt, und auf Finnisch, dann sieht man auch ein anderes Finnland, dieses normale, alltägliche »*Juntti*-Suomi« der Leute vom Land, die so ganz einfach denken. Dass die selber Finnland als ein Agrarland sehen, das war mir nie vorher klar. Dieses einfache bäuerische Leben, das es auch gibt, das entdeckt man erst später. Dann versteht man auch, wo die *perussuomalaiset*, die »wahren Finnen«, herkommen, wenn man die Boulevardpresse liest und begreift, wie die Leute so stolz auf ihr Land sind – und es doch irgendwie auch immer verreißen. Wenn man kein Finnisch kann, dann kriegt man das gar nicht mit. Die deutsche Presse, die lobt immer das finnische *Schulsystem* – aber hier werden reihenweise Schulen abgerissen, weil sie voll Schimmel sind, die Städte sparen, wo sie können, man braucht immer weniger Lehrer und vor allem der Deutschunterricht ist am Zusammenbrechen. Vom maroden Gesundheitssystem ganz zu schweigen. Also, Finnland selber hat sich nicht geändert, aber ich habe vieles dazugelernt, auch manches, was ich gar nicht wissen möchte.

Immer wenn mir Leute in Deutschland sagen: »Du bist so tapfer, dass du da ins Ausland gegangen bist«, dann sage ich: »Ich bin eigentlich so feige, denn ich hatte ja schon meine Freunde dort in Finnland. Mein zweites Zuhause.« In Deutschland könnte ich jetzt gar nicht mehr wohnen, ich kenne mich da ja gar nicht mehr aus – in dem Alltag, in der Politik, oder auch nur, wie das mit Kindergarten oder Ähnlichem funktioniert. Und mein richtiges Heimatland, das gibt es eh nicht mehr, denn ich bin ja in der DDR aufgewachsen. Finnland ist da ähnlich: kleines Land, ein bisschen Nationalstolz, Sport und Gemeinschaftssinn, im Norden und im Süden wird das Gleiche gemacht, ziemlich homogen. Da ist es für mich einfacher in Finnland zu wohnen als irgendwo in München oder Stuttgart. Ich habe vierzehn

Jahre in der DDR gewohnt, zehn Jahre in der BRD, davon ein Jahr im »richtigen Westen«, und dann zwölf Jahre hier.

Dadurch, dass ich hier auch studiert habe, bin ich stärker in Finnland eingebunden als andere, die erst später hergekommen sind. Und natürlich muss man die Sprache sprechen und sich auch aktiv einbringen. Außerdem muss man auch ein dickes Fell haben, denn dieses Kontakthalten, das gibt es hier in Finnland so gar nicht. Ich denke immer, ich bin komisch und mich kann wohl keiner leiden, weil mich keiner anruft oder grüßt. Dann ist es gut, wenn ich mit meinen deutschen Freunden hier darüber spreche und merke, dass das etwas ist, was in die Kategorie »finnisch« gehört. Dann kann ich denken: Alles klar, Kulturunterschied, nicht so schlimm! Dafür kann man bei finnischen Freunden einfach so hereinschneien und eine Tasse aus ihrem Schrank nehmen oder mit fremden Frauen nackt in der Sauna sitzen. Dieses wortlose Verständnis ist auch praktisch, wenn man es sich erstmal angeeignet hat. Und es ist auch angenehm, wenn sich niemand in fremde Angelegenheiten einmischt, wenn man seine Sache allein machen kann. Oder machen muss. Eben anders.

Das ist doch der große Vorteil, wenn man mal im Ausland war: Man versteht, dass man die Dinge auf verschiedene Arten machen kann, es gibt nicht nur die eine, richtige. Eine finnische Freundin hat mir mal erklärt, was es bedeutet, wenn Finnen einen bei sich zu Hause nicht mehr zur Tür begleiten: »Olet suomalainen.« Man gehört dazu.

Die Reise nach Lappland

Ulrike: Inzwischen ist es Ende September, es ist recht kühl. Es geht nun in den Norden des Landes, bis an den Polarkreis. Mit dem Zug würde die Reise ohne Umsteigen mindestens zehn Stunden dauern, wir nehmen das Flugzeug. Am Flughafen in Rovaniemi ist es leicht das Gepäck zu finden, denn es gibt nur ein Gepäckband. Und ein Bild im Flughafenfenster macht gleich deutlich, wer hier zu Hause ist: »Official Airport of Santa Claus«. Petras Herz schlägt höher. Hier begegnet einem der Weihnachtsmann auf Schritt und Tritt. Auch auf großen Werbetafeln am Rande der Straße lädt er zum Besuch ins Weihnachtsmanndorf ein.
Zuerst aber ins Hotel, das an dem breit und mächtig dahinfließenden Kemijoki liegt, und sogar ein Schwimmbad hat. Am nächsten Morgen springe ich da einfach mal rein – brrr! Die Wassertemperatur des Pools überschreitet kaum die des herbstlichen Flusses vor der Tür! Ein Bad hier wäre nur nach einer sehr heißen Sauna zu ertragen. Die aber ist leider gerade nicht angeheizt.
Unser Hotel ist exotisch »rustikal« ausgestattet: Über den Betten hängt eine samische Schamanentrommel mit einem Rentiergeweih drauf, die drei ordentlich aufgereihten Deckenlampen haben Schirme aus *kelo*-Holz und um die Stehlampe ist ein gewebtes Band in den samischen Nationalfarben geschlungen. Zu dieser Jahreszeit sind im Hotel nur wenige Gäste. Das Restaurant bietet auf seiner Speisekarte vor allem Rentier an – geschnetzelt, gebraten, geräuchert. Später am Abend wird die Tanzfläche freigegeben. Die Band spielt finnische Schlager, wir trinken Lapinkulta-Bier (»das Gold von Lappland«) und schauen einem älteren Paar zu, das unaufgeregt seine Runden dreht.

Petra: Ulrike erfüllt mir einen Herzenswunsch – einmal zum Weihnachtsmann! Der wohnt ja praktischerweise direkt hier bei Rovaniemi. Wir fahren auf den leeren großen Parkplatz ein. Mein erster Eindruck: kein Hauch von Romantik. Das Weihnachtsmanndorf ist eine Ansammlung von Blockhütten und Holzhäusern, darin Geschenk- und Souvenirläden aller Art. Direkt daneben das »Santa Claus Holiday Village«, eine Kolonie von ordentlich in Reih und Glied stehenden roten Häuschen. Auf jeder einzelnen der winzigen Terrassen leuchtet ein Plastikweihnachtsbaum mit elektrischen Kerzen.
Die Außentemperatur liegt bei null Grad, ab in die Coffee Bar. Dort trinken einige Touristen aus Asien an rot-grün gedeckten Tischen vergnügt ihren Kaffee. Die sind ja gut gelaunt, vielleicht waren sie in der nahen Goldwaschanlage und haben ihr Getränk mit einem Goldklumpen von dort finanziert?

Ich muss unbedingt noch zum Postamt des Weihnachtsmanns, will von dort einige Karten verschicken, auch an meine Kinder. Obwohl die sowieso nicht glauben werden, dass die Post vom Weihnachtsmann ist. Im Postamt ist alles schön weihnachtlich hergerichtet, im Kaminzimmer steht der extrabreite Schaukelstuhl des Weihnachtsmanns und Postsäcke liegen unter einem mit roten Schleifen geschmückten Weihnachtsbaum. Wenigstens hier werden meine Erwartungen erfüllt. Die Wichtel arbeiten allerdings an Computern, wie in jedem anderen finnischen Postamt auch. Die Atmosphäre ist international, die Wichtelin, mit der ich mich zum Andenken noch fotografieren lasse, kommt aus Südamerika. Am Schluss ist meine Weihnachtsmanndorfbesuchseuphorie doch ein wenig gedämpft.

Ulrike: Am nächsten Morgen brechen wir schon ganz früh auf, mit dem Mietwagen nochmal vierhundert Kilometer gen Nordwesten. Auf dem Weg aus der Stadt liegt das Arktikum, das große Museum und Wissenschaftszentrum Lapplands. Da möchte ich unbedingt noch hingehen! Aber erst mal fahren wir vorbei an dem langen Bau. Er sieht aus wie ein gläserner Finger, der ausgestreckt mitten in die flache Fjälllandschaft zeigt.

Die Straße liegt nun wie eine graue Schlange mit gelbem Mittelstreifen vor uns, hier und da stehen Rentiere am Straßenrand. Als wir vorbeifahren, setzen sie sich gemächlich in Bewegung und verschwinden im Wald. In der Nähe von Rovaniemi prägen die bunten Herbstfarben noch die Landschaft, besonders das Gelb der Birken und Pappeln lodert vor dem grauen Himmel. Ein paar hundert Kilometer nördlich ist der nur noch aus Birken bestehende Wald schon kahl. Auf den langgezogenen Fjälls am Horizont und an ein paar Stellen neben der Straße glitzert der erste Schnee. Die Birken sehen zu dieser Jahreszeit aus wie ältere Damen, die gerade mit ihren zart lila gefärbten Haaren vom Frisör kommen. Sie stehen so würdevoll am Straßenrand, jede für sich eine Persönlichkeit. Man möchte sie am liebsten näher kennenlernen.

Petra: Ich muss immer wieder am Straßenrand anhalten, denn Ulrike springt recht spontan aus dem Auto, um zu fotografieren. Eigentlich fahre ich nicht gern, aber hier kann ich mich beim Autofahren sogar noch entspannen. Zeitweilig habe ich das Gefühl, dass wir die einzigen Verkehrsteilnehmer sind. Rushhour in Lappland? Pustekuchen. Je weiter wir nach Norden kommen, desto leerer wird die Landschaft. Die Berge werden größer und flacher und die Birken immer kleiner und krüppeliger. Ab und zu geben Verkehrsschilder Hinweise auf den nächsten »Ort«: Schweden, links über den Fluss nur zwei Kilometer entfernt. Tornio liegt aber nun schon 262 Kilometer hinter uns. Nach vorne weist kaum ein Schild, die nächste

Stadt in der Richtung ist wohl Tromsö in Norwegen, aber so weit wollen wir ja gar nicht. Die Fahrt zieht sich hin. Wir hören eine CD mit Loriot-Sketchen. Herr Müller-Lüdenscheidt und Herr Dr. Klöbner unterhalten sich: »Mit Ihnen teilt meine Ente das Wasser nicht!« Die beiden Herren haben eine verstärkte Wirkung hier, weit hinter dem Polarkreis.

Wir sind froh, diese Orte und Landschaften selbst besuchen zu können. Die Frauen in ihrer täglichen Umgebung zu erleben vervollständigt das Bild. Ich habe das Gefühl, in Lappland haben die Dinge eine andere Bedeutung als in der Hauptstadt: Hier oben freut man sich, wenn Anfang Juni kein Schnee mehr liegt, und es ist Sommer, solange der Fluss noch nicht zugefroren ist.

Die deutschen Frauen, die wir hier treffen, haben alle ihren Platz gefunden, beruflich wie auch privat, und das hängt oft direkt zusammen. Wie bei Christina, die aus Norddeutschland nach Lappland zog. Dort lebt sie mit ihrem Mann und ihren Rentieren.

Plötzlich stand ich mitten in der Rentierherde

Christina Isabel, 37, aus Schleswig-Holstein, seit sieben Jahren in Lappland

Als ich das erste Mal hier bei Manne Ilmari war, sind wir an einem Tag zu seinem Bekannnten, Timo, gefahren, der Berufsrentierzüchter ist. Ich war so fasziniert: Timo stand in seinem Rentiergehege und rief ganz laut: »Poooorot!« (Rentiere!). Wir warteten, und erstmal passierte gar nichts. Aber auf einmal kam hinter dem Hügel die große Herde auf uns zu – und ich stand plötzlich mitten zwischen den Rentieren! Das war ein so unglaublich schönes Gefühl! Manne Ilmari hat geguckt, wie ich reagiere, das war ihm wichtig. Es war ein »Test« für mich, wie er mir später erst verraten hat. Vielen bedeuten Rentiere, und auch andere Tiere, ja nichts. Aber ich habe die Rentiere sofort geliebt. war glücklich, als ich da stand und ihnen so nahe sein konnte. Das war im Februar. Damals hat Timo schon zu Manne gesagt: »Pass mal auf, ich bin mir sicher, dass Christina noch dieses Jahr hierher zieht.«

In Finnland bin ich das erste Mal mit einer Kollegin und ihrem Mann im Urlaub gewesen. Die beiden waren begeisterte Skandinavienfahrer und haben gesagt: »Das wäre auch was für dich, komm doch einfach mit!« Damals hatte ich gerade als Redaktionsassistentin bei einer Tageszeitung angefangen und habe ab und zu auch als freie Journalistin gearbeitet. Ich mochte gern schreiben und mich mit Leuten unterhalten. Klar, dass es in diesem Job viel Stress gibt, aber das machte mir nichts aus. Zwischendurch brauchte ich aber die Urlaube, wo ich mal abschalten konnte und alles ruhig war. Finnland war sozusagen Kontrastprogramm für mich. Wir sind zusammen in die Nähe von Savonlinna gefahren, hatten dort für drei Wochen ein mökki gemietet. Und ich weiß noch ganz genau: Ich stieg aus dem Auto, bin an den See gegangen und innerhalb von ein oder zwei Minuten hatte ich das Gefühl: Das ist mein Land! Ich weiß auch nicht warum, ich habe mich einfach sofort wohlgefühlt. Meine Kollegin meinte nur, ich hätte vielleicht in einem früheren Leben schon mal in Finnland gelebt, sie glaubt daran.

In dem ersten Urlaub habe ich meine Freunde Oili und Maunu kennengelernt. Die beiden weben und färben mit Naturfarben. Das alles hat mich sehr fasziniert. Nach meinem Urlaub haben sie mich wieder eingeladen. Daraus hat sich dann so eine schöne Freundschaft entwickelt, dass ich gleich im nächsten Frühsommer und im Herbst wieder hingeflogen bin. Zu Hause haben meine Kollegen schon über mich gewitzelt: »Bei deinem Urlaub brauchen wir schon gar nicht mehr zu fragen, wohin du fährst: immer nur Finnland. Irgendwann ziehst du bestimmt dorthin!«

Dann hatte ich die Idee, mal nach Lapua zu fahren, das ist die Partnerstadt meines Heimatortes. Da wollte ich gern einige Artikel schreiben, die dann in der Tageszeitung erscheinen sollten. Also habe ich einfach dem Bürgermeister von Lapua geschrieben, ob er nicht einen Vorschlag hätte, wie man diese Idee verwirklichen könnte. Schon nach ein paar Tagen kam der Anruf: »Ja klar, komm doch gleich nächste Woche!« So schnell konnte ich natürlich nicht weg. Aber dann habe ich Urlaub genommen und bin losgefahren. In einem kleinen Ort in der Nähe von Lapua gab es eine Familie mit vier Kindern. Die Eltern, Tarja und Hannu, sprechen beide Deutsch. Sie haben sich bei mir gemeldet und gesagt: »Du kannst gern bei uns wohnen.« Drei Wochen war ich dort, das war richtig schön. Dank Tarjas Hilfe mit dem Finnischen konnte ich einige spannende und interessante Interviews führen, die ich zu Artikeln verarbeitet habe. In dieser Zeit haben wir uns so angefreundet, dass der Abschied richtig schwer fiel.

Schon kurze Zeit später haben mich Tarja und Hannu angerufen und gefragt, ob ich nicht in meinem Winterurlaub kommen wollte. Die Familie hat ein *mökki* in Lappland, in Suomu. Ihre vier Jungs wollten Abfahrtslauf machen. Da ich das aber noch nie gemacht hatte, habe ich sofort gesagt: »Langlauf reicht erst mal.« Also bin ich mit Tarja auf die Langlaufloipe. Am Nachmittag haben wir eine Pause an einem Unterstand, einem *laavu*, gemacht. Als wir da am Feuer saßen, hat Tarja sich mit einem Skiliftmitarbeiter unterhalten. Sie hat mich als ihre Freundin aus Deutschland vorgestellt. Da fragte mich der, ob ich nicht Lust hätte, mal mit einer Pistenraupe mitzufahren bis nach oben – das wollte ich natürlich gern. Schließlich holte er seinen Kollegen. Ja, und der ist nun mein Mann. Den ganzen Weg nach oben auf den Berg hat er viel erzählt und erklärt. Er hat die ganze Zeit Finnisch gesprochen, und ich immer nur: *»hyvä, hyvä«* und »ymmärrän vain vähän« (»ich verstehe nur ein wenig«). Ich hatte mir in Deutschland schon Einiges in finnischen Lehrbüchern angeschaut, aber mit einem echten Finnen zu sprechen, das war doch etwas Anderes ... Der Berg hieß Suomutunturi. Dort oben war schönes Wetter – und diese Aussicht! Aber gerade da hatte ich meine Kamera nicht dabei. Beim Langlauf wollte ich sie nicht mitschleppen. Ich habe mich so geärgert.

Da habe ich Tarja gebeten: Du, frag ihn mal – den Namen hatte ich schon wieder vergessen –, ob ich nicht noch einmal mitfahren kann. Das klappte dann auch, und zwei Tage später wollte Manne Ilmari an seinem freien Tag mit mir Skilaufen gehen. Tarja kannte ihn schon aus dem Skibetrieb und sagte zu mir: »Wenn das irgendeiner aus Helsinki gewesen wäre, dann hätte ich dem nicht so schnell vertraut. Ich hätte Nein gesagt, als er dich alleine mit in den Wald nehmen wollte.«

Viele Stunden waren wir zusammen draußen: Skilaufen, Schneeschuhlaufen, Motorschlitten fahren – das volle Programm. Die Zeit mit ihm war sehr schön. Aber schließlich war unser Urlaub zu Ende und es gab einen großen Abschied. Als wir zurück Richtung Lapua fuhren, rief Manne Ilmari immer wieder an, obwohl wir ja nun wirklich keine großen Gespräche führen konnten. In Lapua saß ich mit Tarja am selben Abend in der Küche. Hannu hatten wir rausgeschickt – Frauengespräche. Tarja sagte: »In zwei Wochen, zu Ostern, fahren wir wieder nach Suomu, komm doch mit!« Wie? Ich hatte gerade erst ein paar Tage Urlaub und konnte doch nicht in zwei Wochen schon wieder weg! Aber als sie fragte: »Hör doch einfach mal auf dein Herz – was sagt das dazu?«, da wusste ich: »Ja!« Gleich am nächsten Morgen habe ich etwas ganz Verrücktes gemacht: Ich habe meine Kollegin angerufen und für Ostern Urlaub genommen und gleich den nächsten Flug gebucht. Als ich wieder in Deutschland war, haben mich meine Eltern, Kollegen und Freunde gefragt: »Na, und wann fliegst du das nächste Mal nach Finnland?« – »Morgen in zwei Wochen!«

Ostern bin ich tatsächlich mit Tarja und Hannu wieder nach Lappland gefahren. Diesmal habe ich allerdings weniger mit der Familie unternommen und mehr mit Manne Ilmari. Mit dabei: drei Wörterbücher. Ein kleines, ein mittleres und ein dickes, für schwierige Fragen.

Ich kann es gar nicht genau sagen, warum ich mich gerade in ihn verliebt habe. Es ist schwer zu erklären. Wir haben uns in die Augen gesehen und sofort war eine Verbindung zwischen uns da. Ich habe nur gedacht: Das gibt es doch gar nicht! Und dieses Vertrauen. Eigentlich bin ich ein vorsichtiger Mensch. Meine Freunde in Deutschland haben gesagt: »Von allen anderen hätten wir das jetzt erwartet, aber nicht von dir!« Die konnten es gar nicht begreifen, denn normalerweise habe ich alles mehrmals überlegt, bevor ich eine wichtige Entscheidung getroffen habe. Ich habe immer alles genau durchgeplant. Das typische Sicherheitsdenken – das alles war auf einmal wie weggeblasen. Aber es war nicht nach dem Motto: Liebe macht blind. Es war einfach das Gefühl von Vertrauen und Sicherheit. Als würden wir uns schon zig Jahre kennen. Das war bei uns beiden so. Noch heute sprechen wir oft davon. Es war ganz eigenartig, dass wir beide dasselbe Gefühl hatten, trotz Sprachschwierigkeiten.

Als ich wieder zu Hause war, hat mich Manne Ilmari jeden Abend angerufen, wirklich jeden Abend. Ich habe im Voraus kleine Zettel geschrieben, damit ich am Telefon wenigstens ein paar Sätze auf Finnisch sagen konnte. Zum Glück habe ich in Deutschland eine finnische Freundin, Ritva-Liisa, die seit über dreißig Jahren dort verheiratet ist. Sie hat mir oft kleinere und auch größere Sachen übersetzt oder auch mal mit Manne Ilmari telefoniert und für mich gedolmetscht. Für diese Hilfe bin ich Ritva-Liisa noch immer sehr dankbar! Ich weiß nicht, was ich ohne sie gemacht hätte. Und immer wieder kam die Frage von ihm, wann ich nach Finnland komme und ob ich nicht ganz nach Lappland ziehen wollte – aber so einfach konnte ich ja hier nun auch nicht weg! Dann habe ich den Vorschlag gemacht: »Ich komme erst einmal an *Juhannus*.«

Wir haben gemeinsam hier in unserem jetzigen Haus, seinem Elternhaus, den Urlaub genossen und viele schöne Ausflüge unternommen. Anschließend stand es dann schon halbwegs fest, dass ich dort hinziehen würde. Tja, wir kannten uns zwar nicht lange, aber irgendwie hat alles gepasst – unglaublich! Auch die gemeinsame Liebe zur Natur hat uns sofort verbunden. Im August habe ich mich dann entschieden und mein Kündigungsschreiben aufgesetzt – ein eigenartiges Gefühl. Das war schwer, denn ich habe meine Arbeit geliebt. Als ich zum Chef ins Büro gegangen bin, habe ich erstmal die Tür hinter mir zu gemacht, und er sagte: »Sie wollen mir wohl jetzt mitteilen, dass Sie kündigen und nach Finnland ziehen.« – »Ja, das brauche ich dann ja gar nicht mehr zu erklären.« Ich habe alles eingepackt, meine restlichen Urlaubstage genommen und bin hierher gezogen. Manne Ilmari hat mir Geld überwiesen, davon sollte ich einen Mercedes-Lieferwagen kaufen. Ein Umzugswagen wäre eh teurer geworden, und er meinte, wenn das Auto noch ein Jahr fährt, dann hat es sich gelohnt. Mittlerweile fährt der Wagen schon das siebte Jahr.

Meine Eltern, ich bin das einzige Kind, waren natürlich erstmal nicht so begeistert von meinem Umzug. Sie wussten ja auch nicht: Was ist denn das für einer dort oben im Norden? Aber sie haben immer wieder gesagt: »Geh deinen Weg. Du musst selbst entscheiden, was für dich das Beste ist.« Mein Vater und Karl-Bernd, der Mann von Ritva-Liisa, haben mich dann nach Finnland begleitet. Die Verbindung zu Ritva-Liisa war auch im Weiteren sehr wichtig für mich. Sie hat, auch als ich hier schon wohnte, von Deutschland aus oft mit Manne Ilmari telefoniert und für mich wichtige Dinge besprochen – ohne sie wäre ich wohl so manches Mal aufgeschmissen gewesen. Sie war mir eine große Hilfe. Schließlich wurde ja auch über sehr private Dinge gesprochen. Eine fremde Person hätte man damit nicht so einfach beauftragen können.

Wir sind also durch Schweden und mit der Fähre nach Turku gefahren. Von da aus dann durch ganz Finnland bis nach Lappland, das waren allein schon fast zwölf Stunden. Für meinen Vater war das die größte Tour, die er je mit dem Auto gemacht hatte. Meine Mutter und Ritva-Liisa waren zu Hause geblieben und haben mit uns Telefonkontakt gehalten. Mit Manne Ilmari haben wir uns dann im nächsten größeren Ort getroffen, weil ich den Weg zu seinem Haus wohl nicht mehr gefunden hätte. Zusammen sind wir weitergefahren. Es war Oktober, Abend, neblig und immer wieder standen da Rentiere auf der Straße. Dann bogen wir in unseren kleinen Weg ein, und mein Vater dachte: Nun fahren wir in die Wildnis! Müde und geschafft von der Tour gingen wir schlafen. Am nächsten Morgen war alles verschneit und mein Vater fand die Landschaft wunderschön! Drei Tage später haben wir ihn und Karl-Bernd nach Rovaniemi zum Flughafen gebracht, sie flogen ab. Da musste ich erst mal durchatmen. Das war schon ein eigenartiges Gefühl, als sie wegflogen und ich hierblieb. Beide haben noch gesagt: »Wir kommen dich sofort abholen, wenn irgendetwas ist, sag nur Bescheid!«

Ja, nun war ich also hier mit meinem ganzen Hausstand samt Grünpflanzen. Für meine Mutter hatten wir schon ein Flugticket besorgt, denn sie wollte mich gleich Anfang Januar besuchen. Aber knapp zwei Monate war ich hier, da stand auf einmal alles wieder auf der Kippe. Eines Morgens kam um halb sechs ein Anruf meines Vaters: Er versuchte mir zu sagen, dass meine Mutter gestorben war, ganz plötzlich an einem Herzinfarkt. Es war für mich, als hätte sich der Boden aufgetan. Alles schwankte und ich war völlig durcheinander. Manne Ilmari hatte neben der Trauer natürlich auch eine Riesenangst, dass ich nun wieder zurück nach Deutschland ziehen und von ihm weggehen würde. Zwei Tage später bin ich dann nach Deutschland geflogen und fünf Tage später kam er nach, da hatte er für die Beerdigung frei bekommen. Ich bin danach noch zwei Wochen bei meinem Vater gewesen, aber der sagte: »Bitte denke jetzt nicht, dass du bei mir bleiben musst.« Mein Vater hatte ja bemerkt – auch wenn er sich mit Manne nicht direkt unterhalten konnte –, dass ich dort jemanden gefunden hatte, der zu mir passte. In diesem Moment war mein Vater so stark, das habe ich bewundert. Ich bin dann schließlich zurück nach Lappland geflogen. Wir haben jeden Tag telefoniert, weil ich mir große Sorgen um meinen Vater gemacht habe! Man hört immer wieder, dass sich Eltern um ihre Kinder Sorgen machen, aber anders herum ist es ja genauso.

Neun Monate später wollte mein Vater Urlaub bei uns machen, aber nicht allein. Er hatte jemanden kennengelernt und wollte sie uns vorstellen. In Deutschland hatte ein Freund von uns eine Zeitungsanzeige für ihn aufgegeben, denn er konnte auch nicht mit ansehen, wie es meinem Vater ging. Tatsächlich hat sich jemand gemeldet. Und auch hier passte alles gut zueinander: Sie war Skandinavien-Fan, liebte die Natur und hatte auch vor einiger Zeit ihren Lebensgefährten durch Krankheit verloren. Also kamen mein Vater und Angela dann gemeinsam hierher. Der Urlaub war sehr nett! Die beiden haben dann im selben Jahr wie wir, 2007, geheiratet.

Bei unserer Hochzeit hat eine von Manne Ilmaris Schwestern beim Gratulieren gesagt: »Herzlich willkommen in unserer Familie!« Das fand ich wunderbar! Manne ist einige Jahre älter als ich und hat zwei erwachsene Kinder und sieben Enkelkinder. Ich habe mich mit seiner Familie auf Anhieb verstanden. Unsere Hochzeit haben wir bei uns zu Hause gefeiert, hatten extra dafür eine große *kota* gebaut. Tuula-Maija, eine Samin, hat uns samische Trachten genäht. Noch heute tragen wir unsere Trachten bei Festen, aber auch zur Beerdigung meiner Oma habe ich sie angehabt. Oft habe ich Tuula-Maija gefragt, ob ich »ihre« Tracht tragen darf: »Weil du dich so sehr für die Samen interessierst und die Kultur und Geschichte respektierst, kannst du sie ruhig tragen.« Im Tourismus wird diese schöne bunte Tracht ja auch gern einfach zum Vorzeigen getragen. Aber wir wollen das nicht – als würde man im schwarzen Anzug in den Stall gehen! Wir haben uns Alltagskleidung nähen lassen, die nicht so farbenfreudig ist, die tragen wir hier zu Hause.

Finnisch habe ich mir selbst beigebracht, mit Büchern und in Gesprächen. Mit Manne Ilmari musste ich ja Finnisch sprechen, da er keine andere Sprache spricht. Doch am Anfang war es wirklich schwierig und anstrengend. Ab und an war mein Kopf so zu, dass ich das Gefühl hatte, nichts mehr aufnehmen zu können. Nach zwei Jahren kam ich aber schon gut zurecht. In dieser Zeit, auch als meine Mutter dann gestorben war, habe ich jedoch sehr viel Kraft durch Manne bekommen. Er hat mich unterstützt, wo er nur konnte, und war an allem interessiert, was mich betrifft. Noch heute ist das so. Er fährt auch gern mit mir nach Deutschland. Das ist für mich auch sehr wichtig. Es kann nicht nur die eine Seite zählen, sonst wäre ein Zusammenleben unmöglich. Die gemeinsame Basis muss vorhanden sein, besonders, wenn man aus zwei unterschiedlichen Ländern kommt.

Im ersten Winter habe ich mit Manne Ilmari im Ski-Zentrum Suomu gearbeitet: Schneezäune gebaut, Nachtschichten an der Schneekanone eingelegt. Um Menschen kennenzulernen und auch die Sprache in verschiedenen Situationen zu hören, habe ich dann mehrere Praktika gemacht: in einer Kindertagesstätte, dann in einem Hotel und in einer Keramikwerkstatt. Eigentlich hätte ich gern weiter schreiben wollen, denn das hat mir immer Spaß gebracht. Aber schon nach kurzer Zeit habe ich gemerkt, wie schwer es ist, Interviews zu führen: Dafür konnte ich noch nicht genug Finnisch. Ich konnte zwar Fragen stellen, aber dann nicht nachfragen oder Gegenfragen stellen. Also habe ich die Schreiberei auf Eis gelegt. Manne hatte auch schon länger daran gedacht, etwas im Tourismus zu machen. Vor ein paar Jahren haben wir dann den Entschluss gefasst, uns gemeinsam etwas aufzubauen. Seit drei Jahren bauen wir nun an unserem kleinen Rentierdorf. Alle Gebäude haben wir selbst entworfen und gebaut. Ab und zu waren Mannes Bruder und Cousin als Unterstützung dabei. Das Dorf ist im Stil der fünfziger Jahre angelegt. Teilweise haben wir alte Materialien wiederverwertet. In unserem Ort haben wir auch alte Scheunen abgetragen und hier wieder aufgebaut. Neben einer Sauna mit Wohnstube gibt es auch die große kota nach samischem Vorbild. Seit etwa einem halben Jahr bieten wir nun Urlaub mit Rentieren an: Rentierschlittenfahrten und Wanderungen mit Rentieren. Bis das Geschäft richtig gut läuft, braucht man aber noch jede Menge Geduld.

Solange wir uns auf unser gemeinsames Unternehmen noch nicht verlassen können, arbeiten wir beide auch noch woanders. Manne Ilmari arbeitet bei der einzigen staatlichen Fähre Lapplands. Im Winter ruht der Fährbetrieb. Aber auch dann gibt es immer etwas zu tun. Manne muss sich dann mit seinem Kollegen um die Eisstraße kümmern. Das Eis des Sees muss mehrmals gemessen werden, damit die zulässige Tonnenzahl festgelegt werden kann. Außerdem gehören Kontrollgänge dazu, ob sich das Eis eventuell gesenkt hat und sich dabei spitze Kanten nach oben geschoben haben. Diese müssen mit der Motorsäge entfernt werden, damit die Autos beim Überqueren der Eisstraße nicht von unten kaputt gehen.

Ich arbeite hier zu Hause mit unseren Rentieren. Nebenbei betreue ich eine Frau, die rheumakrank und stark sehbehindert ist. Bei ihr bin ich ein paar Stunden im Monat und helfe bei allen möglichen Dingen, die sie alleine nicht bewältigen kann. Das ist für mich nichts Neues, denn schon in Deutschland habe ich älteren Leuten beim Einkauf geholfen oder mich um den Garten gekümmert. Auf diese Art kann ich hier auch mein Finnisch verbessern. Außerdem kann ich es gut mit der anderen Arbeit verbinden: Wenn sich Gäste ankündigen und ich hier sein muss, gehe ich zu ihr schon ein oder zwei Tage früher. Gut, dass ich mir diese Arbeit so einteilen kann.

Bis auf Manne Ilmari hatte keiner in seiner Familie mehr Rentiere. Bei ihm begann das Interesse schon als Kind. 1968 war ein schwarzes Jahr in der Rentierzucht. In Lappland sind in dem Winter sechzig Prozent aller Rentiere gestorben. Manne hatte damals im Wald zwei Rentiere entdeckt, denen er heimlich Heu aus dem elterlichen Kuhstall brachte. Später hat der Besitzer die Rentiere für wenig Geld an ihn verkauft und so kam er dann zur Rentierzucht. Ich hatte von Rentieren natürlich vorher gar keine Ahnung. Zu Hause hatten wir Papageien und australische Sittiche. Bei meinem Umzug nach Lappland musste wenigstens ein Kanarienvogel mit. Der Vogelbauer steht nun bei uns im Wohnzimmer.

Manne Ilmaris Familie kommt hier aus dem Ort. Deshalb steht auf dem Ortsschild auch unser Familienname. Das fand ich am Anfang ziemlich lustig. Teilweise sind die Wurzeln der Familie auch samisch, so dass die Rentiere in gewisser Weise dazugehörten. Mannes Sohn hatte ein offizielles Kennzeichen, eine eigene Ohrmarke, für seine Rentiere, aber er ist in die Stadt, nach Oulu, gezogen. Das Recht zur Rentierzucht, die Ohrmarke, verfällt automatisch nach drei Jahren. Da kam Manne Ilamari auf die Idee, dass ich die doch weiterführen könnte, schließlich hatte diese Ohrmarke auch mal seinem Opa gehört. Die Eintragung geht nicht so ohne weiteres: Zuerst muss man zur Bezirksversammlung des Rentierzuchtverbandes gehen. Als ich dahin kam, waren dort achtundzwanzig Männer – und ich! Aber ich bin so herzlich aufgenommen worden, ganz ohne Vorurteile. Ein älterer Rentierzüchter fing gleich an, mir alles Mögliche zu erzählen – sehr nett, aber ich verstand fast nichts. Da hat mein Mann mir später alles nochmal langsam auf Finnisch erzählt. Am Ende der Versammlung wurde der Antrag abgesegnet. Danach wurde das Papier zur Beratung zum Oberstenrat nach Rovaniemi geschickt. Nach kurzer Zeit kam die Bestätigung zurück und es war nun offiziell: meine Ohrmarke, meine Rentierzucht.

Hier in der Gegend bin ich fast die einzige Frau, die Rentiere züchtet. Und vor allem die einzige Deutsche in Finnland mit einer eigenen Ohrmarke. Offiziell ist es so geregelt: Jeder kann zwar ein Rentier kaufen, das darf dann aber nur im Gehege gehalten werden. Denn nur wer eine eigene Ohrmarke besitzt, darf seine Tiere in den Wald lassen. Wir sind keine hauptamtlichen Rentierzüchter; um zum Beispiel EU-Mittel beantragen zu können, müsste man mindestens achtzig Rentiere haben. Wie viele Tiere wir haben, sag ich jetzt aber nicht, das darf man einen Rentierzüchter niemals fragen! Es ist genauso unhöflich, als würde man fragen: Wie viel Geld hast du auf dem Konto?

Wir machen die Rentierzucht also nur nebenberuflich, sind aber trotzdem bei den Gemeinschaftsarbeiten dabei. Es müssen Zäune auf- oder abgebaut werden und Rentiere zusammengetrieben werden. Weil ich alles mitmache, bin ich hier sehr gut in die Gemeinschaft aufgenommen worden und bin voll akzeptiert. Seit zwei Jahren bin ich auch beim Schlachten mit dabei. Zuerst habe ich draußen gearbeitet, wo dann die Beine der Rentiere von den Fellen abgetrennt werden. Da wir beide aber einen Hygienepass haben, den wir für den Tourismus auch brauchen, konnte ich beim nächsten Mal im Schlachthaus tätig sein. Dort habe ich die Innereien der Rentiere mit kaltem Wasser gesäubert und schließlich das ganze Tier von innen. Mir macht das Arbeiten im Schlachthaus nichts aus. Klar, für viele Leute ist das nichts. Aber es gehört dazu. Sonst hätte ich ja gleich Vegetarierin werden und alles Fleisch ablehnen müssen. Die Rentiere hatten ein gutes Leben draußen im Wald, ohne Zusatzfutter oder Medikamente. Und sie hatten keinen Stress. Bis zum Schlachthaus sind es in der Regel nur kurze Strecken. Das Fleisch ist wirklich lecker und gesund, weil es nur wenig Fett enthält. Das erkläre ich immer wieder, auch Angela, der Frau meines Vaters. Aber sie sagt, sie kann kein Rentierfleisch essen, weil sie immer an die sanften Augen der Tiere denken muss. Klar, unsere Rentiere, die wir das ganze Jahr über zu Hause haben, werden natürlich nie geschlachtet!

Das Leben mit unseren Rentieren ist schon toll! Vielleicht ist es gut, dass wir keine direkten Nachbarn haben. Sie würden sich sicherlich manchmal wundern, wie liebevoll wir mit unseren Tieren umgehen. Über die Jahre haben wir eine sehr enge Beziehung zu ihnen aufgebaut. Wir verbringen jeden Tag viel Zeit mit ihnen, das ist auch wichtig, wenn man zahme Rentiere um sich herum haben möchte. Gerade im Tourismus kann man ja keine wilden Rentiere einsetzen. Selbst Timo, der große Rentierzüchter hier in der Nähe, sagt manchmal: »Gut, dass mich keiner hört; ich spreche immer mit meinen Tieren!« Und das merkt man den Tieren auch an. Gestern erst stand ein Rentier vor unserer offenen Haustür und wäre fast hereinspaziert. Als Manne mich fragte: »Von wem kommt denn das?«, habe ich gesagt: »Das kann doch nur von einem kommen, der so vertraut mit seinen Rentieren umgeht, nämlich Timo« – obwohl er mehrere Hundert hat!

Einen Teil unserer Herde entlassen wir im Frühjahr in den Wald, nachdem sie ihre Jungen bekommen haben. Es ist einfach sicherer, wenn die Tiere im Gehege zur Welt kommen. Nach ein paar Tagen markieren wir auch ihre Ohren. Viele Rentierzüchter machen das erst im Juni, haben dann aber Stress, weil sie ihre Tiere im Wald erstmal finden müssen. Im Herbst werden alle Rentiere zusammengetrieben und sortiert. Bis Ende November möchten wir unsere Tiere im Gehege haben, je nachdem, wie früh der Schnee kommt. Dieses Jahr geschah dies ein paar Wochen eher, weil das Wetter so schlecht war: Erst Schnee, dann getaut und wieder überfroren, so dass alles unter einem Eispanzer lag. Da finden die Rentiere nur schwer Futter und viele verenden. Also holen wir sie lieber nach Hause und füttern sie. Das Zusammentreiben der Rentiere ist natürlich auch eine gemeinsame Aktion der Züchter. Die praktischen Arbeiten erfordern teilweise viel Kraft. Zwanzig Kilometer kann ich noch nicht quer durch die Wälder laufen und über Gräben springen, um Rentiere zu suchen und schließlich einzufangen. Aber es gibt ja auch noch andere Aufgaben. Bei den anderen Rentierzüchtern sind nur selten auch die Frauen dabei, hier ist das sowieso nicht wie in Nordlappland, wo dieses Sortieren der

Rentiere, das *poroerotus*, ja auch gleich ein großes Fest ist, bei dem alle zusammenkommen.

Als wir das erste Mal in Deutschland gewesen sind, war das für Manne Ilmari ein Schock. Damals hatten wir noch nicht so viele, und vor allem zahme, Rentiere. Ein Verwandter aus dem Ort ist für diese Zeit gekommen und hat unsere Tiere versorgt. Jetzt können wir nicht einfach so weg, denn um die Rentiere für den Tourismus müssen wir uns schon intensiv kümmern. Manne war schon vier Mal mit in Deutschland. Wie gesagt, beim ersten Mal war es ein Schock für ihn. Stundenlang hat er wachgelegen und hatte Angst, dass ich doch wieder nach Deutschland zurückziehe – wo er nun gesehen hatte, was es da alles gab, im Vergleich zu hier; insbesondere unmittelbare Nachbarn. Doch ich habe ihn beruhigt: »Keine Angst, das werde ich bestimmt nicht tun!« Natürlich haben wir uns Hamburg angesehen, und Manne war völlig überwältigt – ich glaube, er fand es schön und schrecklich zugleich. Vor allem die alten Kirchen haben es ihm angetan, das gibt's hier einfach nicht. Aber die ganze Zeit sagte er: »Ist das eine schlechte Luft hier!« Wenn ich jetzt nach Deutschland reise, merke ich das auch sehr: Die Luft ist so anders als hier bei uns im Wald. Aber mein Mann findet es in Norddeutschland auch schön; besonders die Insel Föhr. Als Kind bin ich schon auf diese Nordseeinsel gefahren, und jetzt besuchen wir immer gemeinsam unsere Freunde dort. Auch vom guten Essen in Deutschland ist Manne Ilmari begeistert. Da ist es gut, dass ab und an die Pakete von meinem Vater und Angela kommen. Zu Weihnachten zum Beispiel Marzipanstollen, Grünkohl und Kochwürste.

Vier Rentiere habe ich schon mit der Flasche groß gezogen. Das ganze Rentierwissen habe ich mir in den letzten Jahren ja selber angeeignet. Inzwischen rufen mich aber auch schon Tierärzte an und fragen zum Beispiel nach dem Rezept für die Flaschenmischung, die ich verwende. Zwei meiner »Ziehkinder« heißen Pelle und Pekka. Die beiden gab es im Doppelpack: Zwillinge. Sie sind richtig zahm geworden. Im Februar passierte etwas Schlimmes. Als wir ins Gehege kamen, konnte Pelle nicht mehr laufen. Er hatte sich das Vorderbein doppelt gebrochen! Wir haben gleich einen Verband drum gewickelt und mit einer aufblasbaren Stütze verstärkt. Die Tierärztin in Kuusamo sprach von Einschläfern, doch wir haben sofort abgelehnt. Nicht unser Pelle! Also hat sie das Bein eingegipst und mit einem Plastikrohr umklebt. Sieben Wochen musste Pelle in der Scheune bleiben und den Gips tragen. Jeden Tag haben wir mehrere Stunden mit ihm verbracht, um ihn wenigstens aufzumuntern. Das Bein ist verheilt und heute tobt Pelle wieder mit den anderen Rentieren durch das Gehege und den Wald.

Ende August ist wieder etwas Schlimmes passiert: Ich war allein zu Hause und wollte grad die Haustür abschließen, da hörte ich lautes Hundegebell. Ich bin rausgelaufen und sah, dass zwei streunende Hunde bei unseren Rentieren im Gehege waren. Sie haben die Rentiere so gehetzt, dass die in die Zäune gesprungen sind! Ich habe all meinen Mut zusammengenommen und bin ins Gehege gegangen. Ein Rentier, Milla, blutete schon stark. Zum Glück habe ich immer unser Funksprechgerät dabei, weil Handys hier nicht zuverlässig funktionieren. Das Gerät hatte ich die ganze Zeit eingeschaltet, so dass Manne Ilmari auf der Fähre alles mitbekommen konnte. Er rief sofort seinen Verwandten Antero und die Polizei an. Mir kam es wie eine Ewigkeit vor, bis Antero kam und wir die Hunde einfangen konnten. Im Radio wurde dann nur durchgegeben, dass zwei freilaufende Hunde eingefangen worden waren. Als die Besitzer zu uns kamen, um ihre Hunde abzuholen, konnten sie sich gleich anschauen, was die angerichtet hatten. Auch der Tierarzt war gekommen und hat Milla genäht und weitere vier Rentiere geimpft. Milla musste noch sechs Wochen lang Antibiotika gespritzt bekommen. Der Tierarzt hat mir beigebracht, wie ich die Spritze setzen muss. Das war gut, denn das musste jeden zweiten Tag gemacht werden, und der Arzt wohnt ja hundertfünfundzwanzig Kilometer weit weg. Ein Rentier ist dann noch gestorben.

Vor kurzem war ich nach drei Jahren zum ersten Mal wieder in Deutschland, davor hat es einfach nie geklappt. Mehrere Anläufe habe ich ja gemacht: Zum sechzigsten Geburtstag meines Vaters wollte ich hinfliegen, aber damals ist der Vulkan auf Island ausgebrochen. So konnte ich dann nur per Skype gratulieren und meine Verwandten sehen. Danach haben wir uns voll ins Bauprojekt »Rentierdorf« gestürzt, da blieb keine Zeit zum Verreisen. Letztes Jahr bin ich immerhin bis nach Helsinki gekommen, es wurde aber trotzdem nichts mit dem Deutschlandbesuch. Etwa zwei Wochen vorher war ich mit dem Rentierschlitten gefahren und das Rentier ist mir ein bisschen durchgegangen. Anstatt die Leinen loszulassen, bin ich hinterhergerannt und bin in dem Schnee mit dem Fuß umgeknickt. Da sollte ich dann mit Gipsbein fliegen, hatte aber schon auf dem Weg nach Helsinki große Schmerzen. Der Arzt dort sagte: »Du kannst schon wieder nicht nach Deutschland fliegen, das ist eine Thrombose.« Am nächsten Tag bin ich mit dem Zug wieder Richtung Lappland gefahren.

Das letzte Jahr war wirklich heftig, weil immer irgendetwas los war. Da habe ich zu Manne gesagt: »Hoffentlich passiert dieses Jahr nicht noch etwas Schlimmes.« Drei Tage später ruft mein Vater an: Meine Oma war gestorben. Zur Beerdigung bin ich dann hingeflogen. Das war ein trauriger Anlass, aber gleichzeitig schön, wieder dort zu sein. Als ich in Hamburg ankam, hatte ich das Gefühl, ich könnte wie der Papst erstmal den Boden küssen – endlich geschafft, beim dritten Anlauf!

Ich muss sagen, ich fahr gern nach Deutschland, aber jetzt nach dem letzten Mal habe ich mir überlegt: Ich muss es anders organisieren. Denn ich habe das Gefühl, ich brauche immer erst mal zwei Wochen Urlaub, wenn ich aus Deutschland wiederkomme. Für mich ist es eben nicht mehr normal, dieses Gewusel und das Stimmengewirr dort. Auch die vielen Besuche sind anstrengend. Klar, ich freue mich, wenn ich alte Bekannte wiedersehe. Aber manchmal ist es einfach zu viel, hierhin und dorthin. Das nächste Mal machen wir eine Zeit aus und alle werden nach Hause eingeladen: Wer kommt, der kommt, und ich kann mit allen reden.

Aber es ist ja nicht so, dass ich hier keine Bekannten hätte oder wir nie Besuch bekämen. Eigentlich haben wir hier mehr Kontakt als in der Stadt. Das konnte meine Oma gar nicht verstehen: »Was macht ihr zwei denn nur alleine da in der Wildnis?« Das Erste, was ich hier gelernt habe, ist, dass man die Gefriertruhe immer voller Kuchen haben muss; oder zumindest Kekse muss ich da haben. Mehrmals in der Woche kommt jemand vorbei, meistens unangemeldet. Einfach so auf 'nen Schnack bei einer Tasse Kaffee.

In Zukunft möchte ich gerne einmal im Jahr nach Deutschland fahren können. Ich merke es, wenn ich nach Norddeutschland komme, dass mich das doch sehr berührt. Letztes Mal sind wir mit dem Auto vom Flughafen quer über Land nach Hause gefahren, und ich fand es so schön! Die Eichen und Buchen, die Felder mit ihren Knicks dazwischen. Das klingt jetzt vielleicht komisch, aber das ist eben Heimat. Aber genauso schön ist es auch, wenn ich dann zurückfliege, denn Lappland ist auch zu meiner Heimat geworden. Auch wenn ich auf dem Flughafen in Rovaniemi dachte: Brrr, ganz schön kalt! Da muss man sich erst wieder darauf einstellen, dass das Thermometer bis auf minus zweiundvierzig Grad sinken kann. Man muss dickere Kleidung tragen und die Öfen im Haus anheizen – hier bei uns kann man nicht einfach die Heizung aufdrehen.

Die ersten anderthalb Jahre hatte ich hier schon ab und an Heimweh. Gerade wenn ich wusste, dass zu Hause Geburtstag oder Weihnachten gefeiert wird. Aber zurück wollte ich nie, und auch jetzt kann ich nicht sagen, dass ich irgendwann in Zukunft wieder nach Deutschland ziehen möchte. Das kann ich mir momentan gar nicht vorstellen. Meine beste Freundin Maike kommt mich jedes Jahr im Januar besuchen. Sie liebt den Winter und die gemütliche dunkle Jahreszeit. Sie findet es schön hier, sagt aber: »Zum Urlaubmachen ist es wunderbar, aber entschuldige, dass ich das sage: Leben könnte ich hier bestimmt nicht.« Das muss sie auch nicht. Ich freue mich immer riesig auf ihren Besuch. Dann haben wir Zeit zum Erzählen, unternehmen viel draußen und genießen die gemeinsamen Tage. Wir schreiben uns auch regelmäßig Briefe. Klingt vielleicht altmodisch, aber ich finde es schön: Man geht zum Postkasten und da ist ein Brief drin, über den man sich freuen kann. Dann setzt man sich mit einer Tasse Tee gemütlich aufs Sofa und liest den Brief ganz in Ruhe.

Deutsch spreche ich natürlich nicht mehr so oft, außer wenn ich mit Zuhause telefoniere. Oder mit der Frau von Manne Ilmaris Bruder, die ist nämlich ebenfalls Deutsche. Wir verstehen uns wirklich gut und telefonieren öfter miteinander oder besuchen uns. Alles andere in meinem Leben läuft nun auf Finnisch. Nur mit den Rentieren rede ich auch ab und zu mal Deutsch. Das ist schön.

In beide Richtungen fliege ich nach Hause

Cornelia, 35, aus dem Ruhrgebiet, drei Kinder, seit neun Jahren in Lappland

Um uns die karibischen Männer vom Hals zu halten, hatten wir uns aus dem Hotel diese Finnen mitgenommen. Das war vor zwölf Jahren, in der Dominikanischen Republik – so habe ich meinen Mann, Matti, im Urlaub kennengelernt. Ich war mit einer Freundin dort, er mit einem Freund. Eigentlich haben wir nur einen Tag miteinander verbracht, am nächsten Morgen ist er nach Hause gefahren. Aber als ich ein paar Tage später nach Hause kam, hatte er mir Blumen geschickt. Und kurz danach ist er direkt für vier Wochen nach Deutschland gekommen. Er hatte noch Urlaub übrig, und weil er am Flughafen arbeitete und günstige Flüge bekam, hatte er sich gedacht: Wenn es nicht klappt, dann fliege ich weiter, zum Beispiel nach Spanien.

Natürlich geht man erst mal davon aus, dass es nur ein Urlaubsflirt ist, wenn man sich so kurz begegnet. Außerdem war er ja mit einem Freund unterwegs – und wir hatten die beiden zuerst für schwul gehalten. Das stimmte ja aber nu gar nicht! Sie waren sehr nett, wir haben uns auf Englisch unterhalten, und irgendwie haben wir ihnen gleich vertraut. Finnland kannte ich noch nicht, aber ich fand Skandinavien schon immer interessant, war auch schon mal in Schweden im Urlaub gewesen.

Als dann die Blumen nach Hause kamen, da war ich sehr überrascht. Wir hatten Adressen und Telefonnummern ausgetauscht, aber ich hatte nicht gedacht, dass das passieren würde! Und als er dann auch bald zu Besuch kam … Danach haben wir öfter miteinander telefoniert, auch mal einen Brief geschrieben. Das war im Jahr 2000, einen Computer hatte ich da noch nicht. Im Sommer hatten wir uns kennengelernt, und zu Weihnachten bin ich dann das erste Mal nach Finnland gefahren. Das war spannend – es war sehr kalt und ich musste direkt mit Skilaufen gehen, obwohl ich noch nie auf Skiern gestanden hatte! Aber alle waren sehr nett und sehr gastfreundlich, die ganze Familie. Es hat mir gleich gefallen. Danach war Matti dann immer viel in Deutschland, denn er bekam billige Flüge und hatte viel Urlaub. Im Sommer waren wir dann hier in Lappland. Wir haben zusammen Urlaub gemacht, aber wir haben uns auch besucht, wenn der eine arbeiten musste. Dadurch haben wir auch den Alltag mitbekommen, und wer zu Besuch da war, musste auch mal was alleine machen. Das war für mich nicht schwer hier in Rovaniemi. Auf diese Weise konnten wir mehr Zeit miteinander verbringen, als es sonst möglich gewesen wäre. Aber zwischen unseren Treffen lagen immer einige Monate.

Nachdem wir das drei Jahre so gemacht hatten, bin ich dann hierher gezogen. Ich war noch relativ jung und hatte einen Beruf, den ich überall ausüben konnte. Da habe ich gedacht: Dann komm ich mal her und probier es aus und gehe halt wieder zurück, wenn es nicht klappt. In Deutschland habe ich nur eine kleine Wohnung aufgegeben, mehr nicht. Und es hat ja geklappt, und ich habe den Schritt nie bereut. Ich fühle mich hier wohl. Das liegt vielleicht gar nicht so sehr an Finnland, sondern an Rovaniemi. Dies ist eine Stadt, die groß genug ist, um einem alle Möglichkeiten zu bieten, aber klein genug, dass die Kinder hier in einer sicheren Umgebung gut aufwachsen können. Wenn ich von Freunden in Deutschland höre, dass man ständig auf die Kinder aufpassen muss und die nirgendwo alleine zu Fuß hingehen dürfen – von so etwas hat hier noch keiner gehört! Diese Sicherheit hat mich gleich von Anfang an beeindruckt. Selbst in meiner nicht so großen Heimatstadt gab es Ortsteile, wo ich abends nicht alleine unterwegs sein wollte, aber hier ist das für mich noch nie eine Frage gewesen. Hier kann ich überall allein mit dem Fahrrad hinfahren, Taxi oder so etwas brauche ich nicht. Schön ist auch, dass es hier die Jahreszeiten gibt: ein halbes Jahr lang Schnee, und trotzdem auch Sommer. Wir verlängern uns den Sommer oft, denn wir fliegen meistens im Mai schon nach Deutschland und beginnen den Sommer dort. Und auch jetzt im September ist für mich noch Sommer, denn es liegt noch kein Schnee und der Fluss ist noch nicht zugefroren. So kann man die Jahreszeiten eben auch definieren.

Ich spreche mit den Kindern Deutsch und mit Matti Finnisch, die eigentliche Familiensprache ist Finnisch, weil wir Erwachsenen das sprechen. Das klappt, die Kinder verstehen gut Deutsch und antworten meistens auf Deutsch. Schwierig wird es manchmal jetzt, wo meine Älteste schon sechs ist und ich oft auch kompliziertere Anweisungen oder Erklärungen gebe, und die versteht mein Mann dann schon nicht mehr auf Deutsch. Also, ich verstehe, was er zu den Kindern sagt, aber er versteht nicht immer, was ich sage. Da kann es passieren, dass er den Kindern etwas erlaubt, was ich kurz vorher verboten habe. Also muss ich vieles zweimal sagen, einmal auf Deutsch, einmal auf Finnisch. So geht es auch, wenn finnische Kinder zu Besuch hier sind.

In Erziehungsfragen sind wir uns nicht uneinig. Unterschiede zwischen finnischer und deutscher Erziehung gibt es vielleicht in praktischen Bereichen, aber da ist es ja oft so, dass die Mutter solche Sachen in der Hand hat, das ist also kein Problem. Manchmal ist ein bisschen Toleranz gefragt, ab und an muss man einfach nochmal drüber sprechen, wie bestimmte Sachen laufen sollen. Insgesamt beharre ich auch nicht so sehr auf deutschen Routinen. Wenn die Kinder es im Kindergarten anders gelernt haben und zum Beispiel stolz darauf sind, dass sie nach dem Essen ihren Teller selbst in die Spülmaschine stellen können, dann lasse ich sie das tun, auch wenn ich vielleicht noch nicht aufgegessen habe und generell nicht damit einverstanden bin, dass sie dann schon aufstehen. Da mach ich kein Ding draus.

Ich habe ja drei kleine Kinder, und da gibt es hier Betreuungsmöglichkeiten und Angebote, die man in Deutschland so nicht hat. Es gibt zum Beispiel offene Spielgruppen, mit Mamas oder ohne Mamas, wo die Kinder einfach hingehen können, da sind immer auch Erzieherinnen dabei, die Programm machen, und das kostet alles nicht viel. Zu so etwas gehe ich oft mit meinen Kindern hin, und dadurch habe ich auch Kontakt zu Leuten mit Kindern im gleichen Alter. Wenn ich mich dort mit anderen Müttern unterhalte, merk ich manchmal schon Unterschiede in der Kindererziehung. Hier ist es zum Beispiel so, dass die Nachmittagsbetreuung nur im ersten Schuljahr, selten noch im zweiten, zur Verfügung steht. Ich finde es aber nicht richtig, dass Zweitklässler nachmittags oft stundenlang allein zu Hause sind, wenn die Eltern bis um fünf arbeiten – doch das findet hier keiner merkwürdig. Das ist eben so, und dann wird mir eher gesagt: »Ja, aber deine Kinder sind doch dann sehr unselbstständig, wenn sie so etwas nicht lernen. Das muss man ihnen doch zutrauen, wenn sie acht Jahre alt sind!« Aber das ist etwas, was ich mir nicht vorstellen kann: dass man ein achtjähriges Kind für viele Stunden allein zu Hause lässt.

Als ich damals nach Finnland kam, das weiß ich noch, hat es mich sehr beeindruckt, als mein Mann mit mir in den Wald gegangen ist, einfach in den Wald hinein, wo es keinen Weg mehr gab. An diese ersten Ausflüge, auch an die Gerüche, kann ich mich gut erinnern; ich hatte gar nicht gewusst, dass es solche Natur gibt! Wir haben auch ein Sommerhaus, wo wir immer im Sommer hinfahren, Wochenenden verbringen, wo auch geangelt wird. In den letzten Jahren hatten wir fast immer ein kleines Baby, deshalb waren wir nicht so oft dort, aber diesen Sommer sind wir endlich mit der ganzen Familie wieder im Sommerhaus gewesen. Da sind wir in den Wald gegangen, haben Beeren gesammelt, Feuer gemacht … Das ist schön, dass das wieder geht! Meinem Mann ist so etwas auch wichtig; er geht im Herbst auch gern mal jagen.

Hier in Nordfinnland kann man noch immer viele Leute treffen, die gar keine Erfahrung mit Ausländern haben. Wenn man im Ruhrgebiet aufgewachsen ist, kann man sich das gar nicht vorstellen! Nächsten Monat ziehen wir um in einen anderen Stadtteil, und Bekannte haben mir jetzt gesagt: »Wollt ihr wirklich dorthin ziehen, da wohnen doch die ganzen Ausländer!« Ich hab geantwortet: »Na, dann passe ich da ja gut hin.« Aber die meinen mit Ausländern natürlich Asylanten. Diese Zweiteilung von Ausländern ist hier genauso wie in Deutschland, wo die Nachbarn, die aus der Türkei oder aus Portugal kommen, oft mehr »Ausländer« sind als zum Beispiel mein finnischer Mann, der nur selten in Deutschland ist und nicht gut Deutsch spricht. Manchmal reagieren die Leute hier auf mich als Ausländerin auch abwartend. Wenn sie mich auf dem Spielplatz mit meinen Kindern Deutsch sprechen hören, wissen sie natürlich nicht, wie viel Finnisch ich kann und wie sie mit mir sprechen sollen. Da sind sie oft erst mal zurückhaltend oder schüchtern, haben vielleicht Angst, dass sie Englisch sprechen müssten. Es ist dann eher ein besonderer Schlag Finnen, die auf einen zukommen – das sind die, die vielleicht selber mal im Ausland gewesen sind. Und dann lernt man natürlich vor allem auch die anderen Ausländer kennen, also nicht nur Deutsche, sondern auch andere. Trotzdem vermisse ich dieses Multikulti wie in Deutschland ein bisschen, diese vielen verschiedenen Anreize. Und Deutschland liegt auch so zentral in Europa, dass man andere Länder und Kulturen schneller erreichen kann als von hier aus. Die Kinder hier fahren im Alter von zehn oder zwölf Jahren mit ihren Eltern mal zu Ikea nach Schweden und sind damit das erste Mal im Ausland gewesen – das ist in Deutschland doch fast unvorstellbar.

Hier in Lappland bin ich als Deutsche von älteren Leuten oft angesprochen worden: »Deine Großeltern haben Lappland niedergebrannt!« Das ist ein wunder Punkt in der Geschichte – obwohl das schon so lange her ist. Man darf als Deutsche auch nicht äußern, dass Rovaniemi baulich ja ziemlich hässlich ist, dann kommt gleich der Hinweis: »Da bist du oder da sind deine Großeltern ja dran schuld!« Denn die Deutschen haben ja auch Rovaniemi damals beim Ende der Waffenbrüderschaft abgebrannt, wie vieles hier in Lappland. Da sag ich dann trotzdem immer nur: »Ich war damals noch gar nicht geboren, und meine Großeltern waren ganz woanders!« Ich kenne auch Leute, die damals geboren sind: Kinder von deutschen Soldaten und finnischen Frauen. Das ist ein Teil der finnischen Geschichte, der jetzt erst in Ansätzen aufgearbeitet wird. Die meisten von denen bekommen erst jetzt Kontakt zu ihren Verwandten in Deutschland. Es ist wirklich schlimm: Erst sind sie hier jahrzehntelang totgeschwiegen worden, und wenn sie dann endlich mehr über ihre eigene Vergangenheit erfahren und Kontakt suchen, dann sind sie oft in Deutschland damit auch nicht willkommen: »Erbschleicher aus Finnland«.

Ich hatte in Deutschland schon Finnisch gelernt bei einer Finnin, die in der Nähe lebte und mir Unterricht gegeben hat. Und dann bin ich hierhergekommen und hab schon nach zwei Monaten als Physiotherapeutin zu arbeiten begonnen. Da haben mir meine Patienten viel erzählt – und ich habe wenig verstanden! Selber konnte ich sagen, was ich sagen musste, aber die Antworten konnte ich nicht verstehen. Aber irgendwie bin ich durchgekommen, und dann habe ich sehr schnell angefangen, an der Uni Finnisch als Nebenfach zu studieren. Trotzdem hat es ziemlich viele Jahre gedauert, bis ich mich ganz normal mit Leuten unterhalten konnte. Zwischendurch habe ich immer wieder gedacht, dass ich es in Spanien oder Italien zum Beispiel nach einem Jahr schon richtig gekonnt hätte! Und es geht mir auch immer noch so, dass ich schriftlich nicht alles ausdrücken kann, wie ich es möchte.

Nicht nur in der Beziehung, sondern generell finde ich, dass Deutsche und Finnen die Dinge unterschiedlich regeln. Es geht ja meist darum, wie man gelernt hat miteinander zu sprechen und Konflikte zu lösen. Die Finnen sind von ihrer Kultur her schon viel weiter weg von Mitteleuropa als viele in Deutschland sich das vorstellen. Das äußert sich zum Beispiel so, dass man einem Deutschen gegenüber offener und direkter Kritik üben kann als einem Finnen gegenüber. Aber generell glaube ich, Unterschiede und Konflikte gibt es in jeder Beziehung, und die sind nicht nur kulturell gebunden. Wenn ich ein Problem habe, zum Beispiel mit meinem Mann nicht auf eine Linie komme und total sauer bin, dann rufe ich eine Freundin in Deutschland an und erzähle ihr davon – und dann sagt sie: »Das kenne ich, das ist mit meinem Mann genauso.« Das heißt: Man kann natürlich immer viel auf die kulturellen Unterschiede schieben, aber oft steckt dahinter einfach der Unterschied zwischen Männern und Frauen.

Unterschiede in der Kommunikation fallen mir aber manchmal auch in Gruppen auf. Wenn ich unter Finnen bin und es wird zum Beispiel etwas gefragt und alle schweigen, keiner antwortet, dann bin ich oft die Erste, die etwas sagt – ich, die einzige Ausländerin! Das liegt aber wohl nicht daran, dass ich unbedingt mehr reden möchte als die anderen, sondern vielleicht eher daran, dass ich das Schweigen nicht so lange ertrage. Für die ist ein längeres Schweigen viel normaler. Auch wenn bei uns Leute zu Besuch kommen, etwa Verwandte von meinem Mann, kann es sein, dass die sich ins Wohnzimmer setzen und schweigen. Und da denke ich immer, ich muss den Entertainer spielen und was sagen, denn ich habe Angst, dass sie es ansonsten bei uns zu Hause langweilig finden. Aber das ist wohl gar nicht so – die sind einfach nur da und sitzen zusammen. Das extremste Beispiel ist ein Neffe von meinem Mann, der früher manchmal anrief, sich am Telefon meldete und nur ein paar Mal: »Hm, hm« sagte – und dann legte er wieder auf. Und wenn ich Matti gefragt habe: »Was hat er denn nun gesagt?«, antwortete er: »Nichts.« Da sage ich:

»Aber du hast doch auch nichts gesagt, wieso hat er denn dann angerufen?!« Oder auch: Der Neffe kam und besuchte uns und setzte sich aufs Sofa, und es passierte nichts. Damals hatten wir noch keine Kinder, es war also wirklich nichts los bei uns, nichts anzugucken – aber er machte auch nichts. Und wenn ich dann in die Küche ging, um etwas zu holen, konnte es passieren, dass ich zurück ins Wohnzimmer kam und er war weg. Da habe ich meinen Mann gefragt: »Wo ist er denn hin?« »Na, weg.« »Ja, aber, er hat doch gar nicht Tschüss gesagt?!« – Tja, so ist das dann.

Aber an dieses Schweigen kann man sich ja auch gewöhnen. Ich versuche es abzulegen, dass ich etwas sagen muss, nur damit es nicht still ist. Wenn sie schweigen wollen, dann sollen sie schweigen. Aber es gibt ja auch gerade Finninnen, die gerne reden. Das Gute ist auch, dass dadurch alles irgendwie entspannter ist. Man muss nicht den Entertainer machen, und selbst wenn man Besuch hat, darf man auch mal weggehen und was anderes tun, ohne dass es einem übel genommen wird. In Deutschland müsste man das zumindest erklären, dort wäre es doch unhöflich. Auch bei Feiern ist es hier lockerer, es wird einfach nicht so viel erwartet. Wenn wir Kindergeburtstag feiern und meine Mutter ruft am Tag vorher an und fragt, wie viele denn kommen, dann sag ich: »Das weiß ich nicht, denn auf die Einladung hat sich keiner gemeldet, es können aber trotzdem sehr viele Leute werden.« Dann backe ich einen Kuchen und entweder der reicht oder der reicht nicht – das ist hier nicht so stressig. Aber generell erwarte ich natürlich eigentlich schon, dass die Leute sich melden und sagen, ob sie nun kommen oder nicht, und dann erwarte ich auch, dass sie einigermaßen rechtzeitig da sind und nicht erst abends um acht, wenn wir eigentlich schon ins Bett gehen. Da habe ich einfach andere Erwartungen, als man sie hier normalerweise hat.

Eine Grenze ziehe ich in Bezug auf das Fernsehen. Wenn ich mit meinen Kindern zu Leuten komme, wo der Fernseher einfach so im Hintergrund läuft – was meine Kinder von zu Hause nicht kennen, denn wir haben keinen Fernseher –, dann bitte ich darum, dass der ausgemacht wird. Manchmal frage ich auch gar nicht mehr und mache den einfach selber aus, vor allem, wenn außer unseren Kindern sowieso niemand hinguckt.

Die Alltagsroutinen sind hier natürlich auch etwas anders als in Deutschland, und da haben wir uns ziemlich angepasst, denn die Kinder sind hier geboren und wir leben ja hier. Zu Hause haben wir aber einen Tagesablauf, der auch noch deutsche Elemente in sich hat, zum Beispiel finden finnische Bekannte es oft fürchterlich, dass meine Kinder nicht abends nochmal warmes Essen bekommen, wie es hier üblich ist, sondern nur ein deutsches Abendbrot. Die armen, armen Kinder!

Für uns ist es aber andererseits auf finnische Weise normal, dass man bei jedem Wetter rausgeht. Das ist ja auch einfach den Gegebenheiten hier geschuldet: Es geht natürlich nicht, dass man bei Regen oder bei Schnee einfach gar nicht draußen ist. Wir sind täglich und lange draußen. Und die Kinder sind sehr anpassungsfähig: Wenn wir in Deutschland sind, dann läuft es dort natürlich nach deutschem Standard. Da sind sie immer sehr froh, wenn es Brötchen zum Frühstück gibt, und sie überlegen dann: Was sollen wir denn zu Hause essen, da gibt es ja keinen Bäcker um die Ecke! Aber wenn wir dann wieder hier sind und morgens aufstehen, dann möchten sie doch nach finnischer Art ihren *puuro*.

Mit der Sprache war es bisher etwa Hälfte Finnisch, Hälfte Deutsch, dadurch dass ich immer mit ihnen zu Hause war und Deutsch gesprochen habe. Bei unserer Ältesten merken wir jetzt gerade aber, dass es sich ein bisschen ändert, weil sie jeden Tag in der finnischen Vorschule ist. Da spricht sie dann manchmal, wenn sie nach Hause kommt, auch mit mir Finnisch. Aber ich antworte einfach auf Deutsch und frage vielleicht auch ein paarmal nach, bis sie es mir dann auf Deutsch sagt. Aber es ist schon klar, dass sich die Gewichtung weiter verschieben wird, wenn die Kinder erstmal in der Schule sind. Da müssen wir einfach versuchen, weiterhin auch regelmäßig nach Deutschland zu fahren, um dort »Sprachurlaub« zu machen. Auf Deutsch haben wir hier halt sonst gar nichts, es gibt nicht mal eine deutsche Spielgruppe. Aber ich hoffe darauf, dass in der Schule dann dieser Muttersprachenunterricht für Deutsch möglich ist. Darauf haben Kinder mit anderen Sprachen hier in Finnland ja ein Anrecht, und ich fände es schon gut, wenn sie dort etwas mehr deutsche Sprache und Kultur lernen könnten. Eine normale deutsche Unterrichtstunde in der Schule bringt natürlich gar nichts für sie. Bei meiner ältesten Tochter beobachte ich gerade, wie viel einfacher das Lesen auf Finnisch ist als auf Deutsch. Sie hat schon vor der Vorschule alleine auf Finnisch lesen gelernt, und als sie es einmal kapiert hatte, konnte sie sofort alles lesen, auch richtig lange Wörter und Sätze. Das Finnische wird ja so geschrieben, wie man es auch spricht. Aber auf Deutsch ist es schon schwieriger, da ist die Aussprache eben oft anders als die Schrift, so mit »s-c-h« ist »sch« und Ähnlichem.

Wenn man hierher kommt, muss man offen für das Land sein. Das ist ja überall so. Man muss sich selbst vielleicht auch noch verändern können oder wollen. Besonders begabt braucht man aber nicht unbedingt zu sein. In der Schule konnte ich zum Beispiel nicht gut Sprachen lernen, aber hier hat es dann doch ganz gut geklappt – weil ich es eben brauchte. Wenn man herkommt und diese »finnische« Ruhe und Geduld noch nicht hat, ist das kein Problem,– denn man lernt sie von alleine. Zum Beispiel, wenn man hier irgendwo an der Kasse steht und die Kassiererin rennt weg, weil sie noch etwas holen muss, dann bleiben die Leute einfach ruhig stehen. In Deutschland stünden da schon fünf Leute und motzten. Hier wird einem nicht abverlangt, dass man genauso ist wie die Finnen, es würde wahrscheinlich keiner böse sein, wenn man dann mal motzt oder was sagt, aber man schaut es sich doch von alleine ab, dieses Ruhige. Man macht sich nicht mehr so viel Stress.

Es lohnt sich ja nie, sich über etwas zu ärgern, was einfach ist, wie es ist – man muss es akzeptieren. In Bezug auf das Gesundheitssystem akzeptiere ich aber auch nicht alles. Ich informiere mich selber viel und denke darüber nach, wie ich Dinge machen oder gemacht haben möchte. Dann schaue ich, wie ich es in Kombination mit den Institutionen, die es hier gibt, hinkriegen kann. Wenn es hier nun mal einfach kein Geburtshaus gibt, lohnt es sich ja auch nicht, sich die gesamte Schwangerschaft lang darüber zu ärgern, dass man nicht im Geburtshaus entbinden kann. Da muss man sich überlegen: Welche Alternativen gibt es, wie kann ich das hinkriegen? Hier in Lappland kann es ja nicht den vollen Service für alles geben, dafür ist zu wenig Bevölkerung da. Das hört man immer wieder, dass Leute, auch Kinder, bei schwierigeren Erkrankungen eben dann nach Oulu oder Helsinki ins Krankenhaus müssen. Auch Geburten müssen manchmal dort gemacht werden.

Insgesamt bin ich mit dem finnischen Gesundheitssystem aber ganz zufrieden. Unsere Kinder sind zusätzlich auch privat versichert gewesen, aber seit ein paar Jahren haben wir diese Versicherung nicht mehr, weil es sich einfach nicht gelohnt hat: Zum Beispiel am Wochenende hat das private Ärztezentrum gar nicht geöffnet, wir mussten also sowieso immer ins Krankenhaus gehen, wenn es etwas Akutes war. Die Kinder werden nun mal nicht wochentags zwischen acht und sechzehn Uhr krank. Was hier anders ist: Man hat nicht die Freiheit, sich seinen Arzt selbst zu wählen, so wie in Deutschland. Unsere Homöopathin von dort betreut uns telefonisch manchmal auch hier. Homöopathische Medikamente kann ich hier zum Glück im Naturkostladen kaufen. Insgesamt denke ich, dass das finnische System relativ gut ist, man bekommt alles, wenn auch nicht immer sofort oder in der Form, wie man es möchte, aber es ist zumindest relativ gut bezahlbar. Und die deutsche Schulmedizin ist vielleicht auch nicht viel besser als die finnische.

Ich fühle mich hier voll zu Hause. Wenn ich im Flugzeug sitze, ist das Komische: In beide Richtungen fliege ich nach Hause. Wenn ich hier meine Sachen packe, um nach Deutschland zu fahren, sage ich: »Ich fliege nach Hause.« Und von Deutschland hierher zurück ist es ebenso. Das gilt auch für meine Kinder, das glaube ich schon. Deutschland ist ihnen auch sehr vertraut, wir sind dann meistens bei meinen Eltern, dort kennen sie auch alle Nachbarn. Mein Mann ist oft dabei, wenn wir nach Deutschland fahren, er fühlt sich dort auch wohl und ist bei meiner Familie gern gesehen. Es ist natürlich ein bisschen schwierig, denn er spricht nur wenig Deutsch und meine Eltern sprechen nur wenig Englisch, er ist also da und dabei, aber sie können sich kaum über kompliziertere Themen unterhalten. Manchmal setzt er sich mal ab und geht alleine irgendwohin; die Kinder sind sowieso auf Oma und Opa fixiert, wir sind dort ja unwichtig.

Unser Lebensschwerpunkt ist hier, wir werden wohl nicht nach Deutschland ziehen, das wäre schwierig. Mein Mann ist viel älter als ich, er war hier auch schon beruflich voll etabliert, hatte einen festen Arbeitsplatz, als ich hier herzog. Ich denke eigentlich noch nicht so weit, ich weiß nicht, ob ich wirklich für den Rest meines Lebens hier wohnen werde – die Kinder sind ja noch so klein. Das Zuhause ist für mich hier, wo unsere kleine Familie ist, und diese Landschaft und alles hat einen festen Platz in meinem Herzen erobert. Aber Deutschland ist schon immer noch sehr wichtig und ich brauche es auch, da regelmäßig hinzufahren. Mit der Zeit hat es aber abgenommen, dass ich hier den Kontakt zu anderen Deutschen suche. Daher spreche ich hier jetzt nicht mehr so viel Deutsch, außer mit meinen Kindern, und natürlich telefonieren wir häufig mit Deutschland, fast täglich mit irgendwem dort.

Ich bin hier zu Hause, aber ich vermisse Deutschland auch. Zum Beispiel im Frühjahr, wenn ich meine Mutter anrufe und sie mir Tipps gibt wie: »Stell doch die Osterglocken nach Ostern auf den Balkon.« Darauf sage ich nur: »Ich weiß aber nicht, ob die fünfzehn Grad minus aushalten.« – Eisblumen?

Bei uns kam erst das Gefühl und dann die Sprache

Julia, 42, aus Bremen, zwei Kinder, seit 13 Jahren in Lappland

Ich bin mit dem Postbus nach Kilpisjärvi in Lappland gefahren, das liegt ganz oben in der Spitze des *Arms von Finnland.* Als der Bus hier hielt und die Post rausschmiss, guckte ich aus dem Fenster und hab gedacht: Das ist aber ein nettes Dorf. Es wäre schön hier zu wohnen! – Das war so der erste Gedanke damals, 1999.

Ich hab mich schon lange für Moore interessiert, besonders für Spinnen in Mooren und überhaupt für Landschaften hier im Norden. Ich hatte ja Biologie studiert an der Uni Bremen und habe meine Diplomarbeit auf Island gemacht, bin da auch gereist und gewandert. Dann wollte ich wissen: Wie sieht's eigentlich in Nordskandinavien aus? Meine Idee war, Forschungen von Island als Doktorarbeit mit Nordskandinavien zu vergleichen, dafür war ich nach der Diplomarbeit noch zwei Sommer auf Island gewesen. Island ist ja sehr kahl und der Artenreichtum dort wesentlich geringer, es ist aber fast ebenso weit nördlich wie hier. Außerdem wollte ich sowieso immer schon gerne mal hierherkommen. Das war also ein guter Grund. Ich hatte mir einen bestimmten Moortyp ausgesucht, mit Dauerfrost, das sind diese sogenannten *Palsa-Moore.* Hier gleich nebenan ist übrigens eines, man erkennt es daran, dass der Boden dort solche großen Buckel hat, das ist vom Permafrost. Da gibt es auf kleinstem Raum die unterschiedlichsten Lebensräume. Solche Moore gibt's auf Island, und die gibt's auch hier, aber eben nur in einer bestimmten Gegend: zwar auch in Norwegen und in Schweden, aber nur hinter dem Gebirge und nicht dicht am Eismeer.

Gerade hier war also so eine Stelle, und da es in Kilpisjärvi ja auch eine biologische Station gibt, wollte ich gern hierher. Außerdem fand ich die finnische Sprache auch ganz exotisch und dachte mir: Probiern wir das mal aus! Und dann fuhr ich hier an diesem Dorf vorbei und ein Stückchen weiter – da war ja ein Moor, wie ich es brauchte, direkt überm Hügel! Dort hab ich mein Zelt für ein paar Tage aufgestellt. Und so hab ich auch den Viktor kennengelernt.

Er wohnte hier in unserem Haus und arbeitete in Kilpisjärvi beim Waldforschungsinstitut. Sie kümmern sich dort um die Naturparks in unserer Gegend. Wir hatten auch gemeinsame Bekannte, und es kam dann so, dass er mich öfter mal die fünfzig Kilometer nach Kilpisjärvi mitgenommen hat. In dem Sommer sind wir auch zusammen angeln gegangen und haben uns dabei langsam angefreundet. Damals konnten wir noch nicht viel zusammen reden, er spricht ja nur Finnisch, aber irgendwie ging's doch. Bei uns beiden kam erst das Gefühl und dann die Sprache. So ein Vertrauen, das war bei uns als Erstes da. Ich wusste gleich von Anfang an: Mit ihm zusammen kann gar nichts Schlechtes passieren, man kann sich auf ihn verlassen. Das war dann auch so.

Ich hatte es gar nicht geplant, eigentlich hatte das keiner so richtig gedacht – aber am Ende des Sommers fuhr ich nur nach Deutschland zurück, um ein paar Sachen auszusortieren, und im Winter schon wollten wir das Zusammenleben mal ausprobieren. Im selben Jahr zu Silvester haben wir uns überlegt, dass es eigentlich ganz schön wäre, Kinder zusammen zu haben. Es ging dann sehr schnell, und keiner hat's bislang bereut.

Mein erster Sohn ist in Rovaniemi geboren. Das war aber eine schwierige Lösung: Wenn die Geburt losgeht bis nach Rovaniemi fahren? Das sind fünf Stunden Autofahrt, und im Winter dauert es noch länger! Auf dem Rückweg haben wir dann neun Stunden gebraucht von der Geburtsklinik nach Hause. Wir hatten auch Pech, waren dort an eine unfreundliche Hebamme geraten, und auch wenn es da sicher viele freundliche Leute gibt, hatten wir insgesamt das Gefühl, das war wie eine Kinderfabrik. Aber damals dachte ich: Na gut, wenn man neu in ein Land kommt, kann man nicht an allem rummeckern. Man muss es eben so machen, wie es dort üblich ist – aber das war in diesem Fall nicht gut.

Als dann das zweite Kind kam, wurde es noch schwieriger. Denn das erste war ja schon da, damals anderthalb Jahre alt. Allein lassen konnten wir ihn nicht, ich wollte aber auch nicht ohne Viktor fahren. Eigentlich hatten wir uns eine Hausgeburt gewünscht, doch es gab hier in der Nähe nur eine Hebamme, die das befürwortete. Sie war aber schon in Rente und hat es sich allein nicht mehr zugetraut, eine Hausgeburt zu begleiten. Leider fand sich nur keiner, der uns noch unterstützt hätte, weil man Hausgeburten in Finnland fast gar nicht mehr macht. Also planten wir, dass er in Deutschland geboren wird, aber er ist zu früh gekommen und so wurde es doch eine Hausgeburt – und das war echt schön. Die Hebamme war dabei, und wir haben gesagt: »Falls etwas schief geht, dann werden wir das niemandem ankreiden«, und das haben wir auch unterschrieben. Das ist schon fair, weil es eigentlich eben nicht gern gesehen wird und tatsächlich ja auch ein Risiko ist, gerade hier bei den großen Entfernungen. Es wird eher empfohlen, wenn's dann sehr schnell losgeht, das Kind auf dem Weg zur Geburtsklinik möglichst in einem der Gesundheitszentren unterwegs auf die Welt zu bringen – aber eben nicht zu Hause. Aber ich denke, für uns war es schon die richtige Entscheidung, und es war ein großes Glück, dass das so geklappt hat.

In dieser Gegend, im ländlichen Lappland, da sind die Leute sehr freundlich. Vielleicht auch deswegen wollte ich die Sprache auf jeden Fall lernen. In der biologischen Station wäre ich wahrscheinlich auch mit Englisch zurechtgekommen, aber auch von Island her war mir klar: Wenn man sich ein bisschen bemüht und dann auch etwas sprechen kann, dann öffnen sich einem sämtliche Türen. Und die Leute hier haben einfach ein bisschen mehr Zeit und können alles noch dreimal sagen und sprechen auch nicht so schnell – und so lernt man es dann auch leichter. Ich wollte nicht einfach nur Forschungsergebnisse haben, die Leute waren mir genauso wichtig. Ich hab die Sprache erstmal privat bei einer Finnin gelernt, nicht übermäßig viel, aber immerhin so, dass ich einen Anfang hatte. Am Ende des Sommers ging es sprachlich schon recht gut, da bin ich schon klargekommen, und dann kam im Laufe der Zeit immer mehr dazu. Aber es ist trotzdem nicht so leicht gewesen die Sprache zu lernen, auch weil Viktor nicht sehr gesprächig ist, sondern eher still. Und wenn er arbeitet, ist er oft nicht da, und sehr viel Besuch kriegen wir hier auch nicht – ich hab also nicht so viel Gelegenheit zum Sprechen.

Unser Dorf besteht ja nur aus zwei Häusern. Das sind Viktors Bruder und seine Frau, die nebenan wohnen, wir haben nur sie als direkte Nachbarn. Manchmal gehe ich zu ihnen hinüber, aber sie sind viel unterwegs und haben auch eine andere Lebensweise als wir. Die Sauna nebenan dürfen wir mitbenutzen, und wir gehen ab und zu zusammen auf die Elchjagd. Es ist aber nicht so, dass wir engste Freunde wären, dafür sind die beiden Familien zu verschieden. Aber es ist nett, sich mit ihnen zu unterhalten und gut, dass jemand in der Nähe ist; wenn wirklich mal etwas passiert, dann ist es keine Frage, dass man sich hilft. Ab und zu sieht man schon mal jemanden, aber eben nicht jeden Tag, man ist hier nicht die ganze Zeit von Leuten umgeben. Manchmal sind wir hier auch zwei Wochen allein, ohne jemand anderen zu sehen. Ich bin aber auch nicht so, dass ich die ganze Zeit reden muss. Mir fällt's eher schwer mich zu unterhalten, ohne wirklich etwas zu sagen. Wenn ich etwas mit Viktor besprechen will, dann reden wir miteinander über die Sache oder er akzeptiert einfach, was ich mache, und das tue ich bei ihm auch.

Wie Viktor sich draußen in der Natur, im Wald, bewegt, das beeindruckt mich sehr. Da hat man so richtig das Gefühl: Er gehört dahin. Er ist ein Teil von der Natur – und so zu sein habe ich mir auch immer gewünscht. Wahrscheinlich muss man aber damit aufgewachsen sein. Er hat ein unglaubliches Wissen über die Natur, aber er stellt es keiner Weise heraus. Es ist einfach da. Wenn wir zusammen mit der Familie auf Elchjagd sind, dann weiß er genau, wo er hingehen muss, wohin er gucken muss und welcher »Fels« letztes Jahr noch nicht da war – denn was da für mich wie ein Fels aussieht, ist dann wohl ein Elch. Oder auch mit dem Angeln: Wenn ich jetzt zum Angeln ginge, könnte es gut passieren, dass ich keinen einzigen Fisch fange. Aber er weiß genau, wann er hingehen muss und an welche Stelle. Er geht los und holt einen Eimer Fische und ist dann wieder da. Anderswo wäre er sicher nicht glücklich, ich kann ihn mir nur hier vorstellen. Das ist wie bei einer Pflanze, die irgendwo wächst: Wenn man die ausgräbt und umpflanzt, dann gedeiht sie nicht mehr oder geht vielleicht sogar ein. Ich war in Bremen nie auf diese Weise verwurzelt. Mein Traum war es eigentlich, eine Schaffarm in den Bergen in Schottland zu haben. Aber das hier ist ja schon so ähnlich. Viktors Wissen über die Natur freut mich auch für die Kinder. Er guckt sich einen Baum an, sieht einen Ast und weiß gleich, was man daraus schnitzen kann. Wenn er solche Sachen mit den Kindern macht, hoffe ich, dass sie all das auch lernen.

Ich spreche Deutsch mit den Kindern. Ich könnte mir nicht vorstellen, mit den Kindern Finnisch zu reden – es ist halt doch nicht meine Muttersprache. Und es geht ja nicht nur um die Sprache, sondern auch um die Lieder und Geschichten, die ich kenne. Ganz abgesehen davon ist das Deutsche ja auch wichtig, damit sie mit den Großeltern reden können. Meine Eltern waren schon einige Male hier, daher kennen sie Viktor auch, aber er ist noch nie mit uns in Deutschland gewesen. Es ist nicht so, dass er grundsätzlich nicht mitkommen möchte, aber es hat sich noch nie ergeben. Er ist sowieso jemand, der nicht gern irgendwohin reist, und sprachlich wäre es für ihn auch schwierig, er kann halt nur Finnisch. Viel in der Stadt zu sein und dann mit vielen Leuten, die er nicht kennt, das wäre Stress für ihn. Und dann ist hier auch immer gerade zu der Zeit viel zu tun. Wir fahren meist im Herbst und im Frühling nach Deutschland – im Herbst, das hat sich damals, als die Kinder klein waren, durch die Elchjagd so ergeben: Er wollte in Ruhe Elche jagen, und ich wollte nicht wochenlang mit allem allein zu Hause sein. Wir sind in Deutschland meist einen Monat bis sechs Wochen insgesamt unterwegs. Es muss sich ja lohnen, und die Fahrt dauert auch eine Woche hin und zurück, denn wir fahren entweder mit der Bahn über Schweden oder mit Bahn und Fähre über Südfinnland nach Deutschland.

Ich bringe meine Kultur ein, indem ich viel mit den Kindern mache, vor allem Sachen, die ich selbst von klein auf kenne, sei es malen, Geschichten lesen, Lieder singen ... Viktor akzeptiert das. Ich denke schon, dass er es auch schätzt, aber vielleicht müsste es für ihn auch nicht so viel sein. Ich glaube, er ist zu Anfang immer ganz froh, wenn wir nach Deutschland fahren, dann hat er seine Ruhe, kein Kindergeschrei, kein Durcheinander die ganze Zeit – dann kann er seinen Sachen nachgehen. Das ist auch in Ordnung. Und ich treffe in Deutschland meine Freunde, mit denen er vielleicht nicht so viel anfangen könnte. Ich glaube, meine Eltern akzeptieren es, dass er das so macht, wie es für ihn richtig ist. Und er weiß, dass er dort willkommen ist. Wenn meine Eltern herkommen oder anderer Besuch aus Deutschland, freut er sich schon und es ist auch nett, aber es gibt immer das Verständigungsproblem. Allen ist es ein wenig unangenehm, sie würden ja gerne miteinander reden oder denken, sie sollten es können – aber es geht eben nicht. Das ist für alle ein bisschen frustrierend. Diesen Sommer zum Beispiel hatten wir Besuch von einer Familie mit zwei Kindern. Er fand sie sehr nett, aber es war auch schwierig für ihn, so außen vor zu sein. Auch für mich, man hängt dann so ein bisschen dazwischen.

Ich unterrichte die Kinder zu Hause. Wir stehen meistens ziemlich spät auf, vielleicht so um halb zehn. Im Winter ist es schwierig aufzustehen, wenn es nur für ein paar Stunden gegen Mittag hell wird, weil die Sonne gar nicht über den Horizont kommt. Hier bei uns, zweihundertfünfzig Kilometer nördlich vom Polarkreis, gibt es etwa zwei Monate gar keine Sonne. Dann schläft man eben eher ein bisschen länger. Aber Viktor muss um zwanzig nach sechs hier aufbrechen, das ist nicht so leicht bei minus dreißig Grad und Dunkelheit. Beim Frühstück lese ich den Kindern meistens etwas vor, und danach gucken wir in unsere Schulbücher. Wir versuchen immer in der hellen Zeit rauszugehen und stecken dann nachmittags, wenn es wieder dunkel ist, noch mal die Nasen in die Bücher. Es gibt Tage, da machen wir mehr Schulsachen, und Tage, wo es weniger ist. Denn wir sind ja von vorgegebenen Zeitplänen unabhängig. Manchmal vertiefen sich die Kinder ins Schreiben einer Geschichte oder Stricken einer Mütze, und damit lasse ich sie dann auch in Ruhe; für die anderen Sachen ist immer später auch noch Zeit. Für Naturbeobachtungen können wir uns passende Jahres- und Tageszeiten und geeignetes Wetter aussuchen. Im Sommer gucken wir uns Blumen an, im Winter die Tierspuren im frischen Schnee und in klaren Nächten die Sterne am Himmel. Wenn es nun regnet und stürmt, dann machen wir vielleicht mehr Schularbeit als an einem strahlend schönen Tag.

Im Sommer und im Herbst sammeln wir Beeren, wir gehen auf die Elchjagd, dann jagen wir Vögel, im Winter gehen wir Ski laufen und Schlitten fahren. Auf dem Fluss fegen wir uns eine Schlittschuhbahn frei. Letzten Herbst konnte man hier auf dem Fluss sieben Kilometer weit laufen! Die Kinder spielen viel draußen. Im Sommer gehen wir auch wandern und spielen am Bach. Beruflich mach ich so kleine Arbeiten für die Umweltbehörde, beispielsweise Schneemessungen im Winter. Ein bis zwei Mal im Monat muss ich mit Skiern da hinten auf den Berg hinauf laufen, das dauert den ganzen Tag. Dort messe und wiege ich den Schnee, außerdem führe ich Frost- und Wasserstandsmessungen durch. Na, vielleicht wird ja mal eine Zeit kommen, wenn ich beruflich wieder mehr machen kann.

Die Kinder gehen recht spät ins Bett, dann räume ich vielleicht auf, lese etwas und überlege, wie wir in den nächsten Tagen weitermachen. Im Sommer habe ich mit den Gemüsebeeten viel Arbeit, im Winter kann es durchaus passieren, dass ich auch spät abends noch mal rausgehe und Schnee schaufele. Manchmal sitze ich auch drinnen und nähe Klamotten und repariere Sachen. Es ist nie so, dass zu wenig zu tun wäre! Eher würden Viktor und ich uns mehr Zeit in Ruhe zusammen wünschen, weil doch das tägliche Leben uns sehr in Anspruch nimmt: Da sind die Kinder, Holz muss man reintragen, man muss es aber vorher erst aus dem Wald holen und sägen und hacken. Brot backen wir meistens selber, weil es weit zum Einkaufen ist und es durchaus passieren kann, dass es im Laden dann gerade keins gibt. Im Herbst, wenn der erste Schnee kommt, ist das nicht so schön, besonders wenn es Matschschnee ist. Aber mein Verhältnis zum Schnee ist gut, denn der Schnee macht das Ganze hier ja auch heller. Und er gibt einem viel zu tun, denn man muss ja Wege offen halten, ihn wegschaufeln, das hält fit. Und die Kinder spielen gern im Schnee. Weihnachten ohne Schnee find ich ein bisschen traurig.

Im Winter ist es aber manchmal auch sehr kalt. Wenn wir im Herbst und Frühling nach Deutschland fahren, dann reicht mir das an Wärme: Fünfzehn bis zwanzig Grad sind schon gut, da braucht man sich nicht so viel anzuziehen, wenn man raus geht. Als die Kinder klein waren, brauchten wir eine Stunde, um uns alle anzuziehen, und wenn man dann gerade draußen war, musste einer zum Klo! Minus achtunddreißig Grad war das Kälteste, was ich hier so erlebt habe. Wenn man solches Wetter hat, dann ist es oben auf dem Fjäll meistens wärmer, wir laufen dann oft auf unseren Langlaufskiern da hoch. Einmal waren es hier unten minus dreißig und oben auf dem Berg plus fünf Grad! Das war wirklich ein Extremfall, aber es können ja Riesenunterschiede sein. Was einen hier im Sommer plagt, das sind die Mücken. Der Sommer ist recht kurz, und wenn's richtig warm ist, wird man von einem Heer von Mücken verfolgt. Die Tage, wo man wirklich mal in Ruhe draußen sein kann, sind nicht viele: im Frühling ein paar und im Herbst ein paar, wenn man Glück hat. Ich vermisse es, dass man mal im Sommer in Ruhe irgendwo draußen sein kann, ohne ständig rumwedeln oder in Bewegung sein zu müssen.

Wenn man die Kinder zu Hause unterrichtet, dann gilt dafür ein staatlicher Lehrplan, aber der ist sehr allgemein gehalten. Man ist da recht frei und flexibel. Ich unterhalte mich auch mit den Lehrern der Schule in Kilpisjärvi. Die ist sehr klein.

Dort habe ich Bücher ausgeliehen und gucke auch, was die so machen, aber daran müssen wir uns nicht halten. Auch mit einer Waldorf-Lehrerin in Rovaniemi habe ich mal Kontakt aufgenommen. Den Unterricht mache ich teils auf Finnisch, teils auf Deutsch. Manche der Bücher, die wir schön finden, sind eben auf Deutsch. Englisch lernen die Kinder auch dadurch, dass wir Freunde in Schottland besuchen. Die letzten Jahre waren wir immer zwei Wochen dort, das tut dem Englischen auch gut. In Finnland darf man bis zum Ende der neunten Klasse, also bis zum Ende der Gesamtschule, selbst unterrichten. Die Kinder sind jetzt in der vierten und sechsten Klasse. Sie waren erst in Kilpisjärvi in der Schule, aber die ist eben fünfzig Kilometer von uns entfernt, das war schwierig, irgendwie klappte das nicht: Sie sind ständig krank geworden und gehörten nie so richtig dazu, bestimmt weil sie so weit weg wohnten. Am Anfang war ein Drittel des Schultages nur Fahrzeit: Sechs Stunden waren sie insgesamt weg und zwei Stunden davon waren nur die Fahrt mit Taxi und Postbus! Ich hätte mir für die Kinder in der Schule auch mehr Förderung der Kreativität gewünscht, weniger Ankreuzen. Wir wissen nicht warum, aber insgesamt war es so, es ging ihnen einfach nicht gut dort. Also haben wir überlegt, dass wir es mal zu Hause probieren, und das war eindeutig die richtige Lösung für uns. Inzwischen hat die ganze Familie ihre Lebensfreude wiedergefunden.

Wir gehen einmal in der Woche einkaufen. Viktor bringt manchmal auch etwas aus Kilpisjärvi mit, aber wir kaufen meistens in Karesuvanto ein. Das ist ein bisschen weiter weg, sechzig Kilometer, aber man darf auf der Strecke schneller fahren. Außerdem gibt es dort auch ein kleines Schwimmbad, das im Winter offen hat. Also machen wir es meistens so, dass wir einmal die Woche schwimmen gehen und dann auch gleich einkaufen – und hoffen, dass wir dabei nichts vergessen. Wir haben eine Gefriertruhe, wo einiges drin ist, aber wenn man irgendwas nicht hat, dann hat man es eben nicht. Man verhungert ja trotzdem nicht. Im Sommer suchen wir uns andere Sachen, die man in Karesuvanto, aber eben nicht hier, machen kann, zum Beispiel Rollschuhlaufen oder Einradfahren. Oder wir besuchen da jemanden.

Hier darf man wirklich nicht ständig einkaufen gehen wollen. Das merk ich so an meinen Eltern, wenn die hier sind: »Wir würden uns auch gern mal Geschäfte angucken …« Naja, ein Buchladen fehlt uns schon, und wenn man gern Essen gehen oder Kneipen besuchen will oder mal ins Kino – das gibt's halt hier nicht. Ich vermisse es aber nicht. Das ist hier einfach nicht und dann ist es auch okay. Ich war noch nie so eine begeisterte Kinogängerin. Und nun sind die Filme der letzten dreizehn Jahre an mir vorbeigegangen und es macht letztendlich nichts.

Es waren so viele Sachen anders für mich, als ich hier herkam. Die Sprache natürlich – und besonders: so weit ab von allem zu wohnen. Man muss hier viele Sachen selber machen können, um zurechtzukommen, und man muss auch viele Dinge ausprobieren, die man bislang vielleicht noch nicht gemacht hat. Wenn etwas kaputt geht, muss man es möglichst selber reparieren. Ich bin jetzt dreizehn Jahre hier. Es hat lange gebraucht, bis ich mich hier wirklich zu Hause gefühlt habe. Es war zwar immer schön hier zu sein, aber es war nicht wirklich »meine« Landschaft. Das Haus natürlich schon und die Familie, klar, aber so drum herum – das hat wirklich an die zehn Jahre gedauert, bis ich das Gefühl hatte, das ist meine Heimat geworden. Aber außerhalb komme ich mir immer noch oft fremd vor, gerade ein bisschen weiter weg, zum Beispiel in Helsinki. Die Sprache ist dort noch mal anders als hier in Lappland, auch die Leute, die ganze Kultur. Überhaupt hab ich das Reden ein bisschen verlernt. Gerade, wenn viele Leute zusammen sind und man sich höflich unterhalten soll, geht das nicht mehr wirklich, auch auf Deutsch nicht. Ich hab auch nicht mehr so viel Lust dazu, muss ich ehrlich sagen. Wenn wir nach Deutschland kommen, ist es in Ordnung, dort Leute zu besuchen, aber in der Stadt komme ich mir immer etwas beengt vor, außerdem habe ich gar nicht mehr die richtigen Klamotten, die man da anziehen sollte. Hier nimmt man irgendwas, es muss nur warm sein, das ist halt anders. Man gehört in die Stadt nicht mehr so hin, man fällt da raus. Ich denke schon, dass ich jetzt hier zu Hause bin. Aber wenn ich hier alleine wäre, dann wüsste ich nicht … Dann hätte ich, glaube ich, das Gefühl, hier auch nicht so ganz hinzugehören.

Mit der medizinischen Versorgung ist es hier so: Erst mal hoffen wir, nicht krank zu werden. Zum Zahnarzt gehen wir regelmäßig in Deutschland. In Hetta wäre der nächste Zahnarzt, aber dahin sind es hundertdreißig Kilometer. Und an Viktors Erfahrungen sehe ich: Man gerät immer an einen anderen Arzt, selbst wenn es um die Behandlung ein und derselben Sache geht, und das gefällt mir nicht. Selbst wenn etwas Dringendes ist, kann es doch noch mal einen Monat oder zwei aufgeschoben werden. Die haben einfach zu wenig Leute hier, und es muss auch möglichst wenig kosten. Nur ist natürlich die Frage, ob es wirklich billig ist, wenn man immer nur das Einfachste macht. Ich glaube, hier ist es wegen der Entfernungen schon so, dass man noch kränker sein muss als anderswo, um zum Arzt zu gehen. Es gibt in Muonio einen Privatarzt, da kann man unter Umständen auch anrufen und schildern, was man hat, und er schickt dann eine Medizin. Und wenn sie nicht hilft, dann sieht man weiter. Kritisch wird es, wenn ein Unfall passiert. Als die Kinder noch klein waren, hatte Viktor sich mal ein Messer in den Arm gespießt, etwa zwei Zentimeter tief, ganz knapp an der Schlagader vorbei. Wir haben versucht, die Blutung zu stillen, und dann ist der Nachbar mit ihm nach Muonio zum Notarzt gefahren. Die Fahrt dauert auch zwei Stunden, und wenn es nun wirklich die Schlagader getroffen hätte, dann wäre es richtig gefährlich gewesen. Trotzdem leben eben Menschen hier.

Manchmal stoße ich mich an dem öffentlichen Gesundheitssystem, zum Beispiel daran, dass die Schule die Kinder zum Zahnarzt bringt – das ist doch eigentlich Privatsache. Oder dass bei Schulkindern das Impfprogramm automatisch durchgeführt wird, es sei denn, man möchte das ausdrücklich nicht. Wenn man Dinge anders lösen möchte als mit der Holzhammermethode, dann ist man hier doch sehr auf sich allein gestellt. Es ist schon toll, dass die Kinder in der Schule ein warmes Mittagessen kriegen, aber gleichzeitig werden dadurch auch wieder bestimmte Ernährungsgewohnheiten angelegt, und sollen es auch wohl werden. Alles hat seine zwei Seiten. Die meisten Leute akzeptieren so etwas alles einfach. Diese Autoritätsgläubigkeit hier, damit hab ich schon Schwierigkeiten.

Wir verdienen hier nicht viel, kommen aber gut zurecht, weil wir fischen und jagen und Beeren sammeln und uns Gemüse anbauen. Man braucht das Fleisch, es ist keine Trophäenjagd und das macht für mich einen großen Unterschied. Bei uns in der Familie ist es ein bisschen untypisch mit dieser Elchjagd, schon weil wir alle zusammen gehen. Normalerweise gibt es große Jagdgesellschaften, da sitzen dann einige Jäger an guten Aussichtspunkten und die anderen bilden eine Kette und treiben die Elche dorthin. Aber wir sind ja nicht so viele Leute, und es gibt hier auch nicht so viele Elche, weil hier nur noch Birkenwald ist, kein Nadelwald. Wir haben zur Jagdzeit ein *laavu*, einen Unterstand, oder mehrere im Wald, und da sind wir dann mit der Familie. Den Sommer über haben wir schon Salzlecksteine an bestimmten Stellen aufgestellt, und im Herbst gehen wir morgens oder abends in der Dämmerung hin und beobachten die Gegend von einem Versteck aus. Man sucht nach Spuren, ob überhaupt Elche dort gewesen sind und wie lange das schon her ist. Oder wir steigen mit dem Fernglas auf den Berg und suchen die Gegend ab. Wenn wir einen Elch sehen, schleichen wir uns an – das kann funktionieren. Im Oktober ahmen viele Jäger die Elche auch nach, machen Geräusche, von denen die männlichen Elche angelockt werden. Oft ist man aber auch lange unterwegs und sieht keinen Elch. Ein paar Tage sind wir immer auf der Jagd und übernachten dann auch im Wald – solange bis wir den Elch gefunden haben, das Essen alle ist oder wir anderes zu tun haben. Wenn es regnet und man nichts mehr sieht, geht man leicht entmutigt nach Hause, um es irgendwann noch mal zu versuchen. Aber wenn es geschneit hat und man Spuren im Schnee sieht, dann ist es einfacher. Zur Elchjagd gehört eben auch Glück.

Die gemeinsame Elchjagd ist für uns als Familie wichtig, wir machen das jedes Jahr zusammen. In vielen Familien gibt es Unstimmigkeiten, wenn die Männer jedes Wochenende zur Elchjagd verschwinden und ihre Familie nicht dabei haben wollen. Der Elch wird mit dem Gewehr erlegt, das macht bei uns vieren Viktor. Ich hätte auch nichts dagegen, das zu tun, aber es hat sich einfach noch nicht ergeben. Man braucht einen Jagdschein. Wir haben hier schon Schießen geübt, die Kinder auch. Während der Schwangerschaft und als die Kinder noch klein waren, da widerstrebte es mir zu schießen. Aber wenn sich nun die Gelegenheit für mich ergibt, dann könnte ich das durchaus tun. Doch Routine kann das für mich nie sein. Und ich finde es gut, dass Viktor das Jagen nicht als Hobby macht, sondern weil es hier dazugehört.

Eigentlich habe ich hier alles, was ich zum Leben brauche. Es ist nicht immer einfach, man muss oft weit fahren, wenn man etwas kaufen will – und dann gibt's das vielleicht nicht im Laden und man muss es von irgendwoher bestellen. Dafür braucht man das Internet, und das funktioniert hier auch nur unzuverlässig – am besten ist die Verbindung meist mitten in der Nacht, so gegen drei. Das ist schon umständlich, wenn man zum Beispiel etwas bestellen oder Fahrkarten buchen muss. Jetzt ist in Karesuvanto auch gerade die Post zugemacht worden und die nächste Post ist in Hetta. In Kilpisjärvi gibt es zwar auch eine Post, aber die hat manchmal nur eine Stunde am Tag auf. Pakete werden einem gebracht, aber wenn man selbst eines verschicken will, ist es doch umständlich. An die langen Autofahrten hier habe ich mich nie gewöhnen können. Insgesamt: Man ärgert sich zwar schon über so zeitraubende Umstände, aber es sind doch eigentlich nicht die wichtigsten Dinge im Leben.

Wenn ich mir mal einen ganz persönlichen Luxus gönnen könnte, was das wäre? Mal ganz in Ruhe ein paar Tage wandern gehen ins Fjäll, alleine. Als die Kinder noch klein waren, habe ich damit angefangen, eine Woche im Sommer wandern zu gehen. Gerade wenn man hier wohnt und das Fjäll vor der Haustür hat – und doch nicht hingehen kann …

Manchmal vermisse ich hier frische Äpfel oder Kirschen, und ich vermisse die guten Freunde in Deutschland. Wir haben jetzt vor kurzem sehr nette Nachbarn gekriegt, naja, die wohnen sechs Kilometer von uns entfernt, die haben auch Kinder. Das hat viel ausgemacht. Gerade als die Kinder klein waren, da gab's hier in der Nähe gar keine anderen Familien mit Kindern, und da hätte ich mir schon jemanden in der gleichen Situation gewünscht, mit dem man sich auch mal hätte austauschen können. Ich vermisse hier auch Fahrradwege und Ziele, wo man hinfahren kann – es gibt ja nur diese eine gerade Straße, und in die eine Richtung wie in die andere braucht man lange, um irgendwo anzukommen. Erdbeeren vermisse ich, klar haben wir die auch angepflanzt, aber da werden dann Ende September drei oder vier Beeren reif – das reicht nicht. Und dieses Jahr war der Sommer so kurz, dass nicht mal die Blaubeeren reif geworden sind. Da nehme ich dann Krähenbeeren oder Rauschbeeren, die schmecken auch auf dem Kuchen.

Wenn im April oder Mai hier nochmal Schneesturm ist und es ist grau und kalt, das fand ich am Anfang immer am schwierigsten. Zu der Zeit brauchte ich immer schon etwas Grünes. Und wenn es dann im Juni immer noch schneit, dann ist es einfach blöd. Mittlerweile habe ich aber gelernt, dass man ja auch hier Frühlingsanzeichen sieht, wenn man genau hinguckt: Die Weidenkätzchen zeigen sich, die ersten Zugvögel kommen, die Sonne steht schon höher und schmilzt den Schnee vom Dach, so dass sich Eiszapfen bilden. Man kann auch hier den Frühling sehen – wenn man genau hinguckt und nicht so anspruchsvoll ist.

Hier habe ich begonnen zu leben

Nele, 51, aus Westdeutschland, drei Kinder, seit sechs Jahren in Lappland

»Geh nach Helsinki! Du triffst dort Menschen.« Diese Aufforderung bekam ich im Traum. Und ich wusste doch gar nicht, wo Helsinki ist! In der Schule zählte das damals zum Ostblock, war im Atlas quasi eine weiße Fläche. Ein halbes Jahr später bin ich dann mit Rucksack alleine nach Finnland geflogen.

Ich brauchte Finnland, um Abstand nehmen zu können: Ich war aus meiner »sicheren« Ehe ausgetreten und lebte getrennt. Ich balancierte zwischen Selbstvorwürfen und Vorwürfen, die Kinder waren traurig und innerlich zerrissen. Meine älteste Tochter lebte beim Vater, zusammen mit meinen beiden anderen Töchtern habe ich versucht ein eigenes Leben aufzubauen. Zu meinem Alltag gehörte auch die Pflege meiner jüngsten, körperbehinderten Tochter; beruflich habe ich als Chorleiterin gearbeitet. Und dann war da dieser Traum. Aber dass ich nach Finnland ziehen würde, hätte ich niemals gedacht!

Ich kam also in Helsinki an, das war am 21. Juni, zufälligerweise. Schon seltsam: Es war Mittsommer, ein Tag, den ich jedes Jahr in meinem Leben innerlich für mich gefeiert hatte – wobei der ja in Deutschland gar nicht so viel bedeutet. Und ich wusste bis dahin auch nicht, dass Mittsommer, *Juhannus*, in Finnland ein so wichtiges Fest ist. Die Stadt Helsinki war leer, da gab's nichts als Touristen – und Raben, die über die Stadt flogen. Da hab ich mich schon sehr gewundert. Und dann im Zug, es war ein sehr regnerischer Tag, hab ich immer wieder Feuer gesehen, überall brannten diese Juhannusfeuer. Ich bin nach Oronmylly gefahren, in ein evangelisches Besinnungszentrum, denn eine Finnin hatte mir gesagt: »Das ist ein sicherer Platz, da bist du gut aufgehoben.« Drei Nächte hatte ich dort gebucht. Eine sehr schöne Gegend: kleine Seen, Felsen, Hügel, Wälder mit Flechten, Moosen und Beeren. Ich habe dort Juhannus mitgefeiert, an den Gottesdiensten teilgenommen, war im Freilichttheater und habe kein Wort verstanden, aber gemerkt, dass da von sehr tiefen Gefühlen die Rede war. Melancholischen tiefen Gefühlen, die mich sehr berührt haben. Wie das manchmal so ist: dass sich Gefühle übertragen, auch wenn du nichts verstehst.

Da passierte es, dass jemand bei dieser Sommertheateraufführung ohnmächtig wurde und auf dem Rasen lag. Ich hab natürlich gedacht, jetzt bricht die Panik aus – aber nichts dergleichen! Das Theaterstück ging weiter, die Leute haben sich kaum umgedreht, aber die Zuständigen haben sich langsam und ruhig um den Kranken gruppiert und die Sache wurde dann in aller Stille geregelt. Das gab mir ein Gefühl von Sicherheit.

Ich bin in der näheren Umgebung gewandert, hab in der Natur gesungen und die Seen bestaunt. Es war so ein Gefühl, als könnte man die Elementarwesen dort beinahe greifen. Das ist schon eine ganz andere Art von Natur, eben keine Kulturlandschaft. Die Natur gestaltet sich selbst. Dann bin ich in einen orthodoxen Gottesdienst geraten, der wurde in einer wunderschönen hellblauen Holzkirche am Seeufer gefeiert, dort habe ich die allsommerliche Wasserweihe mit Ikonenumzug und Gesang miterlebt. Das war sehr schön! Auch der *Kalevala* bin ich begegnet, habe Gedichtrezitationen gehört und bin auf die finnische Volksmusik gestoßen – die spielt für mich jetzt eine große Rolle. Ich vertone finnische Volkslieder zu mehrstimmigen Sätzen, die ich dann mit meinem Frauenchor singe. Das ist eine echte Bereicherung für mich.

Meine Beziehung zur Volksmusik wie auch zum Sport war lange durch den Missbrauch dieser Dinge im Dritten Reich belastet. Überhaupt habe ich vor allem in meiner Jugendzeit sehr unter der deutschen Vergangenheit gelitten. Ich hatte riesige Schuldgefühle. Vielleicht konnte ich mich auch deswegen in Deutschland nicht so richtig verwurzeln. Ich habe erst hier kennengelernt, wie man auf sein eigenes Land stolz sein kann, habe gelernt, das positiv zu sehen, und ich beneide die Finnen um diesen Stolz. Das liegt auch wieder an der Geschichte: Die Finnen sind eben nicht hingegangen, haben die Nachbarn überfallen und wollten mehr Land an sich reißen. Sie hatten eher die andere Rolle. Finnland ist ja ein ganz junges Land, das darf man nicht vergessen – und genau das setzt ungemein viele positive Kräfte frei.

Aus meiner Kindheit erinnere ich: Wenn ich abends im Bett lag, habe ich mir vor dem Einschlafen immer wieder vorgestellt, wie ich meinen Koffer packe und auf eine einsame Insel fahre, hab mir ausgemalt, wie ich mir dort mein Leben einrichte. Mit diesen Gedanken bin ich dann immer eingeschlafen.

Als ich aus Deutschland wegging, sah ich dort keine andere Möglichkeit mehr, ich hätte nur weiter in der Klemme sitzen bleiben können. Nach meinem ersten Besuch in Finnland hatten meine Töchter und ich die Sommerferien immer in Lappland verbracht, wir besaßen also schon einen Bekanntenkreis hier. Und in der Nähe fanden wir auch eine Wohnung. Aber ich habe mir furchtbare Sorgen gemacht: Mein Gott, wie organisiere ich das alles, ohne Sprachkenntnisse? Wo kriege ich die Medikamente für mein jüngstes Mädchen her? Wie organisiere ich uns die Versicherungskarten? Was mache ich im Notfall? Ich war furchtbar aufgeregt! Dieser Umzug nach Finnland war für mich mit einem riesigen Kraftaufwand verbunden, ich habe nie in meinem Leben so einen schweren Umzug mitgemacht. Aber ich hatte die Kraft einfach. Woher? Das weiß ich nicht.

Nun saß ich als deutsche Frau ohne jegliche finnische Sprachkenntnisse mit zwei Kindern in einem kleinen Dorf, achtzig Kilometer entfernt von der nächsten Stadt, mitten im schönsten lappländischen Wald. Die ganze Sache ein Wagnis! Ich habe ja gar nicht gewusst, was mich hier erwartet, das Einzige, was schon vorbereitet war, waren die Schulplätze der Mädchen in einer nahegelegenen netten Dorfschule. Meine mittlere Tochter war dort im Sommer zuvor ein paar Tage probeweise zur Schule gegangen. Die Umschulung hat ganz unbürokratisch funktioniert. Die Mädchen fühlten sich schnell aufgenommen und unterstützt. Und überhaupt hab ich gemerkt: Du musst einfach abwarten, dann klappt es schon. Regelmäßig sind wir zum Arzt und in die Apotheke gegangen, irgendwann bekamen wir dann die *Kela*-Karten für die Kranken- und Sozialversicherung, wir haben die Musikschule in Rovaniemi gefunden, und nach einem halben Jahr kam die erste Einladung in die Klinik mit meiner Jüngsten. Ich stellte fest, dass es zwar langsam voran ging, aber doch gut. In der Klinik haben sie meine Tochter auf eine sehr liebevolle und kompetente Art angeschaut! Dann kamen die Leute vom Sozialamt auf mich zu, wir haben unsere Situation besprochen und sie schlugen vor: »Deine Tochter braucht einen Integrationshelfer in der Schule. Und du brauchst mal ein paar freie Stunden.« Sie kamen alle halbe Jahr zu uns auf Hausbesuch, und irgendwann sagten sie: »Willst du nicht in die Stadt ziehen, das ist doch mit den Kindern viel leichter.« Und so haben wir peu à peu immer mehr Hilfe bekommen, ganz toll, dafür bin ich sehr dankbar.

Wie man das Mädchen hier aufgenommen hat, ist beispielhaft! Man hat ihre Bedürfnisse erforscht und alles angebahnt, was sie zu ihrer Entwicklung benötigte, bis hin zu dem Platz in einer guten Körperbehindertenschule. Zuerst habe ich gar nicht verstanden, was für ein Privileg das eigentlich ist. Vorher dachte ich: Nein, ich möchte mein Kind zu Hause behalten und in eine normale Schule schicken. Die ersten vier Jahre hat sie ja auch hier eine integrative Dorfschule besucht. Das war sehr schön, sie bekam in der Schule auch beim Finnischlernen unglaublich viel Unterstützung, ebenso wie ihre ältere Schwester. Dieses finnische *Schulsystem* – Hut ab! Also, für meine Kinder war Finnland ein absoluter Gewinn! Das hab ich alles vorher nicht gewusst, das ist wie ein Geschenk gekommen. Meine Tochter ist nun seit zweieinhalb Jahren unter der Woche in einer Körperbehindertenschule und kommt am Wochenende nach Hause. Sie geht sehr gerne dort hin und kommt auch freudig nach Hause.

Vielleicht hat mir auch meine Offenheit geholfen. Ich hatte keine Angst vor den Menschen und war bereit zu gucken: Wie machen die hier die Sachen? Wie leben die Leute hier? Wenn man herkommt und sein eigenes Ding machen will, kann man das tun, aber es ist nicht so interessant. Es ist auch schwerer, denn man kommt nicht mit den Menschen in Kontakt. Für mich waren die ersten Begegnungen mit den Menschen hier absolut beruhigend, das gab so ein Gefühl von Sicherheit. Rückhalt gab mir hier auch die evangelische Kirchengemeinde, ich hab gleich im Dorfchor mitgesungen. Und bereits nach zwei Jahren durfte ich mit der Leitung des Frauenchores in Rovaniemi beginnen. Das macht mir großen Spaß.

Ich musste Finnisch fast ganz alleine lernen. Ab und zu habe ich in meinem Finnischbuch versucht, die Grundbausteine der Sprache zu verstehen. Aber da wir die ersten vier Jahre so weit von der Stadt entfernt wohnten, konnte ich keinen Sprachkurs belegen. Trotzdem musste ich alles Mögliche selbst organisieren: in der Apotheke, im Krankenhaus, im Geschäft, bei den Ärzten, in der Schule, auch bei meinem Chor und den Klavierstunden – alles musste auf Finnisch geschehen. Ich war relativ viel mit Leuten zusammen und habe deshalb eigentlich wie ein Kind sprechen gelernt: Ich habe zugehört, wie die Leute reden, und diese Worte oder kurzen Sätze dann selbst gebraucht. Den Klang habe ich mir eingeprägt und nachzuahmen versucht. Grammatikalisch ist mein Finnisch sehr lückenhaft, aber ich komme zurecht. Zu Beginn gab es manches zu lachen, aber auch das musste ich lernen: Ich hab mitgelacht.

Die Mentalität der Leute hier hat mich tief beeindruckt. Wie die Menschen sich gegenseitig helfen! Erstmal versucht jeder so lange wie möglich tapfer selbst zurechtzukommen, aber wenn Hilfe nötig ist, wird um Hilfe gebeten – und die kommt sicher! Vielleicht ist das aber auch gerade für Lappland bezeichnend. Mir ist einmal im Wald der Öltank meines Autos geplatzt, und das erste Auto, das nach zehn Minuten vorbeikam, hat natürlich sofort angehalten und mich mitgenommen. In Deutschland hat man da mehr Ängste: Irgendjemand könnte ja etwas vorspielen, was gar nicht wahr ist.

Schon lange hatte ich davon geträumt, tanzen zu lernen. Das ist so etwas Schönes hier in Finnland! In Deutschland hat man ja die Möglichkeit nicht auf diese Art: dieses Unkomplizierte, für alle Zugängliche, zum Beispiel im Sommer auf den Tanzböden am Seeufer. Zwei Jahre musste ich darauf warten. Unsicher und aufgeregt bin ich zur ersten Mal zum Tanzen gegangen – und da war ER! Wir haben gleich am ersten Abend miteinander getanzt. Bei diesen Tanzkursen sind die Männer immer an der gleichen Stelle im Saal und die Frauen machen die Runde. Es war ein Übungstanzabend und ein zweiter folgte in der Woche darauf. Dann gab es den Abschlusstanz für das Halbjahr und die Sommerferien begannen. Irgendwann mitten in den Ferien hab ich einen Anruf von einer Freundin bekommen: »Gehst du nicht mit tanzen? Er ist auch da.« Als ich dorthin kam, wartete er schon auf mich. Und wir tanzten den ganzen Abend miteinander. Da war nix zu machen. Seine zärtliche Art, wie er mit mir sprach, ruhig und sehr aufmerksam!

Am Tag darauf lud er uns in seine freundliche kleine Wohnung ein. Dort übte er auf seiner zwölfseitigen Gitarre gerade ein neu entdecktes Volkslied. Natürlich hab ich gleich versucht mitzusingen, das liegt mir halt so im Blut – es war ein wunderbarer und auf immer verbindender Moment!

Er ist Soldat, und ich erlebe, dass die finnischen Soldaten eine außergewöhnlich gute Erziehung genießen. Er ist ein feinfühliger und kontaktfreudiger Mensch und er unterhält sich gerne. Also nicht so ganz typisch finnisch? Es gibt da diese eher stille, aber auch eine sehr lebhafte und feurige Wesensseite im finnischen Menschen. Vor allem ist der Finne tapfer! Wir sprechen nur Finnisch miteinander. Er versteht auch ein bisschen Deutsch. Natürlich spreche ich mit den Mädchen zwischendurch auch Deutsch, das ist sehr wichtig! Seltsamerweise bemerke ich kaum noch, welche Sprache ich spreche, manchmal wechselt es auch mitten im Satz. Leider gewöhnt man sich zu schnell an seine Fehler!

Sprachlich gibt es bei uns selten Missverständnisse. Wir reden einfach so lange miteinander, bis die Sache klar ist. Er hilft mir auch, die Sprache besser zu lernen und korrigiert mich liebevoll. Dass das so mit uns funktioniert, ist ein Glücksfall, das kann man nicht bestellen. Wir sprechen über alles, auch über alle negativen Gefühle. Sobald irgendwie nur die kleinste Verstimmung da ist, merkt es der Andere. Wir sprechen darüber, jeder möchte vom Anderen wissen, was es ist: »Sag es, damit ich dich verstehe!« Das können auch die Deutschen nicht. Mein Mann ist für mich finnisch am ehesten in der Art, wie er dem Leben begegnet. Das ist eine wesentlich ruhigere und entgegennahmebereitere Haltung.

Vorletzten Sommer haben wir geheiratet. Dass ich so schnell wieder Vertrauen fassen konnte nach all den negativen Erlebnissen, das liegt an ihm. Er ist so verständnisvoll und vertrauenswürdig. Was er sagt, das geschieht. Daran gibt es keinen Zweifel.

Bei den Sitten und Gebräuchen hier versuche ich mich zu integrieren, weil es mich ja auch interessiert. Wir haben zu Hause bei meinen Eltern immer sehr schöne Weihnachten gefeiert, und ich versuche auch, das hier weiterzuführen. Wir lesen die heilige Geschichte und singen. Zuerst aber schauen wir im Fernsehen, mittags um zwölf Uhr, wie in Turku vorm Dom der Weihnachtsfrieden für ganz Finnland verkündet wird. Danach geht es in die Sauna und später gibt es Milchreis mit Beerensuppe. Wir essen an Heiligabend in finnischer Tradition Weihnachtsschinken und *Steckrüben-* und *Möhrenauflauf* mit Kartoffelmus. Zum Abendkaffee aber gibt es dann deutschen Stollen und viele selbstgebackene Weihnachtsplätzchen.

Am Anfang war ich hier oft gezwungen auch mal abzuwarten und habe festgestellt: Das ist viel gesünder und das Ergebnis wird besser! Wenn etwas im Leben kommt, womit man nicht einverstanden ist, was man so nicht möchte, kommt Unwille auf – dieser Unwille raubt einem jede Kraft. Wenn es möglich ist, versuche ich Ja zu der Situation zu sagen, das stärkt mich. Wenn ich das nicht tue, dann merke ich, wie die Kräfte in den Keller gehen, dann werde ich müde. Es ist eine Gabe, die Dinge so entgegennehmen zu können, wie sie sind. Das stelle ich hier fest, und dass ich diese Fähigkeit entwickeln muss, tut mir sehr gut, so schwer es auch ist. Es gibt eben in meinem Leben Dinge, die ich nicht ändern kann. Diese annehmen zu können – auch das ist finnisch. Genau das versuche ich hier zu lernen.

Aber vielleicht können auch wir deutschen Frauen den finnischen Frauen etwas geben. In Finnland ist die Rolle der Frau sehr stark: Ihr Selbstverständnis, wie sie sich bewegt, wie sie ihre Angelegenheiten regelt. Das ist schon beeindruckend, aber das hat auch eine andere Seite. Zum Beispiel war ich in unserem Tanzkurs die einzige Frau, die immer einen Rock anhatte, alle anderen trugen Hosen. Am Anfang fühlte ich mich beinahe falsch angezogen, es verunsicherte mich. Mein Mann aber hatte seine Freude daran, das genügte. Jetzt ist es mittlerweile so, dass auch andere anfangen Röcke zu tragen, und das sieht so schön aus beim Tanzen! Mein Mann quittiert das immer mit einem Lächeln: »Guck mal, da hat sich doch was verändert.« Das würd ich manchmal der finnischen Frau wünschen: zu ihrer Weiblichkeit zu stehen. Da kann vielleicht die deutsche Kultur auch die finnische ein wenig bereichern. Sind finnischen Männer vielleicht ein bisschen ambivalent? Auf der einen Seite schätzen sie die finnische Frau: Was sie alles kann und macht und auch dem Mann abnimmt. Aber auf der anderen Seite ersehnen sie auch Weiblichkeit, Anpassungsfähigkeit, ein bisschen Hingabefähigkeit. Das ist natürlich im Leben immer eine Gratwanderung, wie weit ich mich hingebe, wie weit ich mich anpasse. Das ist eine sehr persönliche Sache, da muss jeder das eigene Maß finden.

Wenn ich singe, hab ich das Gefühl, da reagieren die Menschen hier in Lappland auf eigene Art. Ich weiß nicht, wie es in Südfinnland ist – aber in Deutschland, was ist da schon eine Stimme? Doch wenn ich hier für die Leute gesungen habe, mein Gott, die waren so dankbar, die haben das richtig genossen. Da hab ich so viel zurückbekommen! Es gibt ja jeder seins. Das ist eigentlich nichts Besonderes. Das ist genau das Gleiche, wie wenn eine Nachbarin kommt und mir selbst gemachte *Piroggen* bringt, da freue ich mich riesig, das ist ebenso ein Geschenk. Oder wenn sie mir von selbst gepflückten *karpalo* eine Schüssel abgibt. Ich schätze das ganz ungemein: Sie pflückt die Beeren, bereitet alles selber zu, backt *rieska* oder *pulla* und gibt uns dann von den Früchten ihrer Arbeit ab.

In Finnland hab ich begonnen zu leben. Das liegt auch ein bisschen an den finnischen Lebensgewohnheiten. Fangen wir nur bei der Sauna an, dem finnischen Freizeitverständnis oder auch der *mökki*-Kultur. Das spielt eine große Rolle hier, dieses Genießen. Das ergibt sich meiner Meinung nach aus den schwierigen Klimabedingungen: Weil das Leben an sich so hart ist, muss man einfach auch zu leben verstehen. Zum Beispiel, indem dann während der *kaamos*-Zeit, der dunklen Jahreszeit, die Leute zusammen Kaffee trinken und dann das Liederbuch rausgeholt wird und man zusammen singt ... Oder wenn sie bei einem *pelimanni*-Treffen mit den Musikern aus voller Kehle singen – seien es auch Kirchenlieder. Ich find das klasse! Und wenn die Pfarrerin dann in die Runde geht, Hände schüttelt, mitsingt und selbst rote Bäckchen hat. Man trinkt Kaffee und isst pulla und dann wird wieder eins gesungen, das ist doch was! Hier gibt es insgesamt eine ganz wunderbare Freizeitkultur. Durch meinen Mann habe ich auch das bekommen. Wir fahren Fahrrad, besitzen beide einen Motorschlitten, er hat mir Motorschlittenfahren und Skilaufen beigebracht. Wir tanzen fast alle Tanzstile, die es nur gibt. Wir wandern mit unseren Rucksäcken und dem Zelt in den Bergen. Auch das Joggen wollen wir probieren. Das gehört hier zum Leben, für den eigenen Körper zu sorgen. Klar gibt's in Deutschland auch Sportler, aber ich hab das dort nicht so erleben dürfen.

Auch die Beziehungen in der Familie sind hier anders; man versucht nicht so sehr Einfluss auf einander auszuüben, lässt sich mehr Freiheit – ein sehr schöner Zug! Auf der anderen Seite kann das auch manchmal ins Gegenteil umschlagen, dass man zu lange nur zuschaut. Alles hat seine zwei Seiten. Man muss vertrauen können, ich erlebe hier so eine Haltung: »Du machst deinen Weg schon. Ich bin da, wenn du mich brauchst.« Meine mittlere Tochter ist inzwischen nach Deutschland zurückgekehrt. Sie konnte es eigentlich nur, weil sie weiß, dass wir es hier in Lappland gut miteinander haben. Das hat sie befreit für ihr eigenes Leben. Dafür bin ich sehr dankbar.

Ich glaube, dass es im Leben so etwas wie einen roten Faden gibt: Ich bin zum Beispiel mit behinderten Kindern in meiner Umgebung aufgewachsen, so begegnete mir schon früh, was später zu einem meiner Lebensthemen wurde. Sicherlich habe ich unbewusst schon lange den Platz gesucht, wo ich zu Hause bin – Deutschland war es nicht. Das kann auch damit zusammenhängen, dass unsere Eltern oft mit uns umgezogen sind und dadurch so eine Art Fernweh entstanden ist, eine Heimatlosigkeit. Auch in der Schweiz habe ich mich wohlgefühlt und hatte viele Freunde und Bekannte, das war eine gute Zeit. Hier in Finnland aber fühle ich mich zu Hause. Ich bin jetzt wirklich angekommen – aber was weiß der Mensch schon von seinem Leben?

Ich habe die Erfahrung gemacht, dass die Träume mir helfen. Von meiner jüngsten Tochter kann ich erzählen, dass ich im Traum gesehen hatte, dass ich ein körperbehindertes Kind bekomme – da war sie gerade erst entstanden. Ich habe im Traum aber auch gesehen, dass alles gut wird, dass sie trinken kann und dass sie gedeiht. In der Klinik unserer Heimatstadt haben sie mir empfohlen, das Kind abzutreiben: »Solche Kinder bringt man doch besser nicht auf die Welt.« In Berlin in der Virchow-Klinik aber haben wir phantastische Hilfe bekommen. Drei Tage habe ich damals nachgedacht, hab mir überlegt, kann ich dem Kind das zumuten – das muss man schließlich auch bedenken – und kann ich das selber tragen, habe ich die Kraft? Aber ich konnte mich nicht von ihr trennen, wusste schon, dass es ein Mädchen war, und ich habe dann letztlich auf meine Träume vertraut. Vielleicht gibt es im Leben doch so etwas wie Führung! Was heißt »Führung«, das ist vielleicht eher so eine innere Instanz, die mir ein bisschen Unterstützung gibt.

Wenn ich jetzt in Deutschland zu Besuch bin, ist das sehr schön. Ich genieße es, mit meinem lieben Mann bei meiner Familie zu sein, ich vermisse sie sehr. Wir haben es gemütlich zusammen, aber es ist nicht meine Wahlheimat. Wenn ich dann wieder nach Finnland komme ... Ich hab darüber Gedichte geschrieben, wie sich das anfühlt: Es ist ein Nachhausekommen. Eine ganz riesige Freude, aber woher die kommt, das kann ich nicht erklären – das war einfach von Anfang an so. Manche Leute kommen her und sagen: »Naja, was ist denn hier schon Besonderes! Wenn man mit dem Auto durch Finnland fährt, sehen die Wälder alle gleich aus. Das ist doch ein langweiliges Land.« Ja, das kann man so beurteilen. Aber geh mal zwanzig Meter in den Wald hinein und guck, was du da alles auf einem Quadratmeter findest – dann unterhalten wir uns wieder! Wenn du in der Lage bist, das zu sehen, dann kannst du auch Finnland finden, so vom Auto aus geht das nicht! Das ist wie in einem heiligen Garten, wie in einem japanischen Zengarten. Genau so etwas ist die Natur in Finnland für mich. Da braucht nur ein Stück *kelo*-Holz zu sein, eine Flechte und ein Beerenbusch ... Und dann dieses Gefühl, über den Waldboden zu laufen, der Geruch im Wald, wie das Licht durch die Bäume fällt – unbeschreiblich.

In der Sauna bei Kerzenlicht Wäsche waschen, diese ganze Lapplandromantik

Petra, 54, aus Hessen, seit über 30 Jahren in Nordlappland

Als junges Mädchen habe ich in Deutschland eine Ausbildung zur Hebamme gemacht. In der Hebammenschule hatten wir damals Urlaub im November. All die Kameraden reisten dann nach Spanien, Griechenland, Italien, aber Bikinistrände haben mich nie interessiert. Ich wollte an die Nordsee. Dahin wollte natürlich niemand im November mitfahren. Fahr ich eben allein.

Da war ich an der Nordsee, und von der einen Insel ging ein Schiff nach Dänemark: Mensch, Dänemark, so nah – aber ich war noch nie allein im Ausland gewesen, damals, neunzehn Jahre alt. Um die Zeit hatten in Dänemark nur ein oder zwei Jugendherbergen auf, und so war ich im Nu da durch. Schweden lag vor der Tür, ich hatte immer noch Zeit und ein bisschen Geld. Da bin ich nach Schweden, bin mit dem Zug kreuz und quer gefahren, es war ja so kalt. In Schweden hat mich diese unendliche Weite begeistert. Aus dem Zugfenster hast du nicht ständig Autobahnbrücken und Beton gesehen, sondern riesige Wälder, Weiden und Wiesen. Und das Design in den Zügen war auch ganz anders als die verschwitzten plastikbezogenen Bänke zwischen Darmstadt und Frankfurt. Sitze wie Samtsofas, in wunderbaren Farben. Da saß ich am letzten Tag in so einem Zug und in mir ist eine wahnsinnige Sehnsucht gewachsen, so weit wie möglich in den Norden zu kommen. Seit dieser Sekunde hat mich das nie mehr verlassen.

Ich habe dann Tag und Nacht überlegt, wie kann ich meinen Traum verwirklichen. Ich kenne niemand dort, ich habe keinen fertigen Beruf, ich habe kein Geld, wie soll das gehen. Und jeden Abend, bevor ich eingeschlafen bin, habe ich mir überlegt, ich höre hier auf, ich lasse hier alles stehen und liegen. Aber morgens, wenn ich aufgewacht bin, hat der Verstand gesprochen: Ohne Ausbildung ist nichts, das kannste vergessen. Das ging einen Monat lang so, jede Nacht dasselbe Karussell. Und Anfang Januar kam ein besonderer Morgen, da bin ich aufgewacht und die Sache war ganz anders. Ich hatte ein absolutes Glückgefühl und die innere Überzeugung: Klar schaffst du das! Aber ich bin trotzdem ein Mensch, der mit zwei Beinen auf der Erde steht und der auch den Verstand gebraucht und immer überlegt, wie so was praktisch zu verwirklichen ist. Ich bin nicht jemand, der da nur in den Wolken lebt. Also hab ich gedacht: Ich mache mal mit mir ein Abkommen. Wenn ich am nächsten Morgen immer noch mit dem gleichen Gefühl aufwache, wird die Sache sofort in die Tat umgesetzt. Und an dem ganzen Tag war ich schon so absolut high. Ich merkte, es kann nicht anders sein, als dass ich morgen wieder mit dem Gefühl aufwache, ich war hundert Prozent überzeugt. Und natürlich war es auch so.

Da bin ich sofort zur Verwaltung gegangen, ich weiß nicht, ob das Dienstag oder Mittwoch war, und hab gesagt: »Ich kündige meinen Lehrvertrag.« Okay, Wochenenddienst im Kreißsaal mach ich noch, weil ich da eingetragen bin. Am gleichen Tag noch hab ich Flohmarkt gemacht. Ich hab im Schwesternwohnheim gewohnt, in so einem kleinen Zimmer, und hatte da Geschirr, Schallplatten und was man eben hat. Ich habe allen Leuten erzählt: »Nehmt euch, was ihr braucht. Wer will, kann ein Scheinchen in irgendeine Schale werfen.« Innerhalb von zwei Tagen war das Zimmer leer. Ganz wichtige Sachen hab ich in zwei Paketen zu meiner Oma geschickt: Zeugnisse, Urkunden. Und meine Mutter hab ich angerufen und ihr von meinen Plänen erzählt, das war schon schlimm für sie. Aber meine Mutter ist in der Beziehung sehr toll. Sie sagt: »Naja, Hauptsache, du bist glücklich. Was nützt es, wenn du irgendwo in Deutschland wohnst und dir geht es nicht gut.« Und ich bin ja nicht für immer gegangen.

Mit dem Geld habe ich mir eine Interrail-Karte gekauft und irgend so einen Skianzug. Es war ja Januar und von Skandinavien hab ich nichts gewusst. Ich wollte so weit wie um die Jahreszeit möglich fahren, einfach mal gucken. Ich musste das. Und dann habe ich es gleich umgesetzt – jetzt oder nie! Und das habe ich nie bereut. Das war der Anfang.

Es gab vieles, was mir meinen Weg gezeigt hat, der Zufall zum Beispiel. Zufall bedeutet für mich: Sachen, die einem zufallen. Zufall ist ein Geschenk, wir können diese Geschenke entweder annehmen oder nicht, wir haben die freie Wahl. Und ich hab so viele mir zufallende Geschenke bekommen, die ich dann auch angenommen habe, und das war wie »Sesam öffne dich«. Da haben sich Sachen ergeben, die manchmal als Katastrophe angefangen haben und zum Palast geworden sind. Ich hab in Deutschland immer unter zu viel förmlicher Höflichkeit gelitten. Es hat halt so unnatürlich gewirkt. Hier in Finnland ist es wieder ganz anders. In meiner spontanen Art, damals vor dreißig Jahren, hat man vielleicht jemand, auch wenn der fremd war, gleich mal umarmt. Und hier sind die Leute zu Stein geworden, sind drei Schritte zurückgegangen. Das habe ich natürlich sehr schnell gemerkt und musste meinen Impuls stoppen. Da musste ich direkt Hirnwäsche machen, da gingen die Arme schon hoch und ich: »Stopp, nicht!«

Wenn du allein reist, kriegst du viel einfacher Kontakt zu Menschen. Im Winter hab ich sehr viele Stunden in Zügen gesessen. Da hab ich einmal einen sehr alten Mann getroffen, der hat Deutsch gesprochen und mich gefragt: »Was ist denn deine nächste Station?« »Naja, Imatra.« Das hatte ich mir aus dem Buch rausgesucht, da sind die Wasserfälle, die wollte ich mir angucken. Da sagt der Mann, er hat in Imatra eine alte Jugendfreundin, die er schon ewige Jahre nicht mehr gesehen hat. Er weiß, sie ist verwitwet und reich und hat gern Besuch. Er hat mir nur ihren Namen aufgeschrieben, den Zettel irgendwo von einer Zeitung abgerissen und mir in die Hand gedrückt. Und dann bin ich in Imatra ausgestiegen. Das war als wärste auf dem Mond, ein hochmoderner Bahnhof irgendwo und drum rum keine Stadt, nix. Oh, wo bist du jetzt gelandet? In der Nähe war ein altes Telefonhäuschen, und da wollte ich mir aus dem Telefonbuch die Adresse der Frau raussuchen. Aber es waren fast alle Seiten rausgerissen, jedenfalls bei ihrem Namen gab's keine Seiten. Da hab ich gedacht, so spielerisch: Naja, wenn ich reich wär, dann würde ich mir ein Haus irgendwo hinstellen, wo es landschaftlich schön ist. Gehe ich einfach mal am Fluss entlang und frag Leute, ob da jemand wohnt, der so heißt, vielleicht kennt die jemand. Einer hat etwas gewusst, ungefähr den Straßennamen, aber nicht das Haus. Dann wusste jemand die Adresse, und ich bin dahin.

Oh, das gibt's doch nicht. Ein riesiges Haus, weiß angestrichen, die Farbe fiel ab, Gerümpel, eine Scheibe eingeschlagen – unmöglich war dieses Haus. Da soll die wohnen? Es war ein uraltes Holzhaus mit vielen Wohnungen, mehrere Eingänge, mindestens zwei, drei Stockwerke übereinander. An einer Wohnungstür stand ihr Name, da hab ich geklingelt, aber niemand hat aufgemacht. Irgendwann kam die Nachbarin aus ihrer Wohnung: »Die ist in der Oper, Nachmittagsvorstellung, die kommt bald nach Hause.« So viel hab ich verstanden. Dann bin ich in der Nähe spazieren gegangen, nach zwei Stunden noch einmal hin und sie war da. Sie hat mich sehr lieb begrüßt, so lieb, typisch karelisches Naturell. Und ich habe ihr den Zettel mit dem Namen von ihrem Schulfreund gegeben. Sie war ja eine alte Dame und sprach nur Finnisch, und ich konnte doch kaum was.

Eine riesige Wohnung war das, alles mit Samt und Damast, wie in einem Palast! Die hatte ein Bett wie in Königshäusern, ein Himmelbett mit Seide, und ich sollte in dem Bett schlafen, sie selbst ist aufs Sofa gegangen. Und was die aufgefahren hat auf dem Tisch, zehn Gänge! Und ich armes Hessemädsche mit Rucksack, immer nur vom Billigsten gelebt, damit ich auch möglichst weit komme ... Es war wie im Paradies, ein ganzer Tisch voll, warme und kalte Speisen und Gott weiß was alles – und nur für mich, denn sie hatte ja schon gegessen. Dann hat sie ihren Sohn angerufen und ich hab dem erzählt, wo ich herkomme, was ich mache, und sie hat ihm gesagt, was er mir sagen soll. Sie haben mich gedrängt, unbedingt über Nacht zu bleiben. – Kann ich denen eigentlich trauen? Vielleicht ist es ja eine Hexe, was hat die mit mir vor? Wie im Märchen, erst wirst du gelockt mit so einem Lebkuchen und gefüttert, und was kommt dann? Bei all den Wundern war ich doch immer mit beiden Füßen auf der Erde!

Und dann hat sie ihre Freundinnen angerufen, das waren drei Witwen, darunter war auch eine Krankenschwester, die etwas Deutsch konnte. Die Frauen gehen zweimal in der Woche zusammen schwimmen. Die Frau, Katri hieß sie, war dick wie eine Robbe, aber was Gesundes tun und schwimmen gehen. Wirklich lustige Witwen. Bei denen war ich bestimmt drei Tage, die haben mich nicht mehr gehen lassen. Und dann haben sie mich nach Lieksa verfrachtet zu irgendeinem Verwandten von der Krankenschwester, die hatten ein Beerdigungsinstitut, und da war ich dann auch einen Tag. So läuft das, so habe ich Land und Leute kennengelernt.

In dem Winter bin ich im Norden nur bis Narvik gekommen. In Schweden noch hatte ich einen Arzt getroffen, wir haben uns gut verstanden. Da haben wir Adressen ausgetauscht und vereinbart, dass wir im Sommer zusammen in dem großen Berggebiet am Kebnekaise wandern gehen.

Naja, und als ich dann nach Narvik kam, da ist mir als Deutscher einiges Komische passiert. Narvik ist ja Norwegen und das war der nördlichste Punkt, wo ich mit dem Zug hab hinkommen können, damals vor dreißig Jahren. Und da gab es eine einzige Jugendherberge, die um diese Zeit aufhatte. Der Jugendherbergsbesitzer hatte einen ganz argen Hass auf mich, weil ich Deutsche bin, da wollte ich nur weg. Am nächsten Morgen ging ich noch Proviant kaufen, bevor ich in den nächsten Zug steige. Aber als ich im Supermarkt an der Kasse stand, nimmt mich niemand dran. Es geht jemand an mir vorbei nach vorn, legt seine Sachen hin und die Frau an der Kasse, ganz normal, als müsste das so sein, bedient ihn. Ich dachte: Naja, ein unfreundlicher Mensch, der es sehr eilig hat, okay. Der Nächste kommt – als wäre ich Luft. Als der Dritte kam, hab ich's kapiert: Deutsche sind hier nicht erwünscht. Ich habe einfach meine Sachen stehenlassen und bin hungrig in den Zug. Das war Narvik. Damit war Norwegen für mich ausgeschlossen.

Wieder in Deutschland, hab ich alle möglichen Jobs angenommen und für den Sommer gespart. Der nordische Traum war die Nummer eins, jeder Groschen kam da rein. Ich hatte ja mit dem schwedischen Arzt ausgemacht, wir gehen zusammen wandern.

Und dann kam der Tag und alles war gepackt im Rucksack, Käsebrötchen mit Schinken für drei Tage. So lang hat die Fahrt mit dem Zug damals gedauert. Das

Zimmer war geordnet und bereit für die Übergabe, und ich hatte noch eine Stunde Zeit, um die Freundinnen zu verabschieden und die Schlüssel abzugeben. Dann bin ich auf einmal so müde geworden und dachte nur noch: Okay, alles fertig, ich lege mich mal hin, für eine Stunde. Ich bin so müde, so müde … Als meine Freundinnen kamen, da hatte ich vierzig Grad Fieber. Ich konnte nicht mehr laufen, ich war absolut Gelee. Sie haben mich zu zweit in ein anderes Zimmer geschleift. Ich hatte eine Streptokokken-Infektion und so arge Halsschmerzen, dass ich nicht sprechen, nicht schlucken, nichts essen konnte. Nach einem Monat war ich immer noch so schwach, dass ich kaum die Treppen hochlaufen konnte. Und ich dachte: Oh Gott, ich komme nie mehr nach Lappland. Aber dann verging noch ein bisschen Zeit und es ging allmählich besser. Da war ich glücklich, dass ich doch fahren konnte, aber mit dem schwedischen Arzt ging natürlich nichts mehr. Schweden ist also weggefallen, da bin ich nach Finnland.

Im Winter war ich in Haparanda gewesen, das ist auf der schwedischen Seite, und gegenüber, auf der finnischen Seite vom Fluss, da kannst du über die Brücke zu Fuß hingehen, liegt Tornio. Finnland hat mich angezogen, aber ich hab Angst gehabt. Die Menschen dort waren so anders, hatten so dunkle Augen, dunkle Haare, viel kleiner, reden eine Sprache, von der du keinen Clou hast. Schwedisch, Dänisch, Norwegisch kannste, wenn's geschrieben ist, so ein bissel erraten, aber Finnisch absolut nicht. Damals im Winter bin ich also am Tag immer über die Grenze nach Tornio, doch ich hab mich nie getraut über Nacht zu bleiben. Aber im Sommer hab ich dann beschlossen, ich fahr nach Finnland! Mit der Eisenbahn kommst du bis nach Rovaniemi und von da fahren dann Busse in wunderbare Lapplandgebiete. Da kannste viele Kilometer wandern und es gibt Hütten im Fjäll, wo du nichts bezahlen musst. Für den Weg brauchst du Wochen, wenn du viel zu tragen hast und das Wandern langsam mit Genuss machst.

Aber dann ging mal wieder doch einiges anders als geplant: Ich bin in Rovaniemi, lege da meine Sachen schon in den richtigen Bus und denk, ich muss unbedingt nochmal vorher aufs Klo gehen. Am Busbahnhof musste man zuerst Geld bezahlen am Schalter und dann geht die Klotür auf. Ich hatte zu der Zeit ganz kurzes Haar, das hatte ich mir extra vorher schneiden lassen, damit ich Ruhe vor den Männern hatte. Ich wollte Landschaften genießen, hab keinen Mann gesucht. Ich trug einen khakigrünen Fliegeroverall. Jedenfalls, die Frau am Schalter drückt auf den Knopf, aber das Frauenklo geht nicht auf, sondern, jetzt könnt ihr's euch schon denken, das Männerklo. Also ruf ich übern Gang und wink: »Hallo, ich will da hin.« Da sagt die Frau am Schalter ganz laut zu der Schlange von Leuten: »Jetzt guckt euch doch mal den deutschen Mann an, der will aufs Frauenklo!« Die lachen alle und gucken, und ich wusste gar nicht, was ich machen sollte! Oh Gott, dann geh ich halt aufs Männerklo, auch ’ne Erfahrung. Dann schnell schnell in den Bus, wunderbares Wetter, die Sonne scheint, ich bin absolut happy, jetzt geht’s in die Berge zum Wandern. Dann hält der Bus an einem kleinen Cafékiosk an und ich suche eine Postkarte für meine Mutter aus. Wenn sie die bekommt, dann sagt sie: »Aha, letzte Woche hat sie noch gelebt.« Als ich die Postkarte bezahlen will: Wo ist das Geld? Das Geld, ich seh’s auf meinem inneren Bildschirm: Rovaniemi, Männerklo, rechte Seite auf dem Deckel von dem Abfalleimer. Okay, gleich Postkarte zurückgesteckt, wieder rein in den Bus und: Was mache ich jetzt? Im Portemonnaie waren dänische und schwedische Kronen, finnische *markka*, der Jugendherbergsausweis. In dem Rucksack, den ich bei mir hatte, waren nur ein paar wenige deutsche Hunderter. Ich wollte lange bleiben, und jetzt war allerhand weg. Aber die Sonne hat wunderbar geschienen, die Landschaft war traumhaft, die Musik in dem Bus war einfach klasse. Also, entweder du trauerst dem Geld nach, oder du machst das Beste draus. Ein bisschen hat es mich schon bedrückt, aber jetzt: Umdenken total. Das Wetter ist gut, kommste vielleicht draußen länger aus, oder kannst in den Bergen mal eine Zeitlang in einer Hütte leben, irgendwie wird das gehen.

Abends kam ich dann in Enontekiö an, von wo aus man mit dem Fährmann über den großen Fluss, den Ounasjoki, gebracht werden muss, auf der anderen Seite geht der Wanderweg los. Aber für eine Woche Wanderung hätte ich ja erstmal noch einkaufen müssen, und als Deutsche mit einem Hundertmarkschein – mir war klar, das geht nicht, damit in dem ganz kleinen Kauflädchen bei der alten Oma Wurst und Käse zu kaufen. Ich musste erst auf eine Bank und Geld wechseln. Es war aber Freitagabend und alles zu. Da hab ich drei Tage, bis Montag früh, die Zeit totgeschlagen. Ich hatte so einen Biwak, also einen Schlafsackschutz mit so einer Kinderwagenhaube oben drüber, aber Lebensmittel so gut wie keine. Und ich hab so gefroren! Es war Anfang des Sommers, aber nachts gab es da Frost – im Juni. Ich hatte davon vorher keine Ahnung. Ich dachte, die Sonne scheint Tag und Nacht in Lappland, klar, aber dass es da so kalt werden kann … Der Frost hat auch noch meine Uhr kaputt gemacht, da ist Feuchtigkeit reingekommen. Man muss es aber auch positiv sehen, denn als ich x-mal vom Wald zu der Bank gelaufen bin, ist mir ja dabei immer auch warm geworden. Die Sonne schien die ganze Zeit, ich konnte die Tageszeiten überhaupt nicht mehr unterscheiden, hab auf der Uhr bei der Bank nur gesehen: Oh, drei Uhr nachts!

Im Nachhinein betrachtet sollte es wohl so sein mit den Verzögerungen der

Reise: Durch meine Krankheit konnte ich erst einige Wochen später als geplant los, dann ist mir das Geld weggenommen worden und ich musste bis Montag warten. Und am Montag habe ich dann an dem Flussufer, wo ich mit dem Boot übersetzen wollte, drei finnische Frauen aus Ylivieska kennengelernt. Die waren Englischlehrerinnen, und mit Pirjo und Terttu bin ich immer noch gut befreundet. Pirjo war unterwegs nach Kaamanen, zu dem Ort, wo ich dann meinen Mann, Iisak, kennengelernt habe. Seine Familie wohnt dort. Ich wollte eigentlich nur bis Inari. Ich hatte in einem Buch gelesen: Inari, Hauptstadt der Lappen. Na, wie ein Deutscher halt so denkt: Da musste mal gucken, wie die Lappen so aussehen, was das für Typen sind! Die letzten Indianer Europas. Also, die Pirjo hat jeden Sommer in einer Gastwirtschaft in Kaamanen gearbeitet, die hieß »Neljän tuulen tupa« (»Haus zu den vier Winden«), äußerst beliebt bei Lapplandtouristen, bekannt im In- und Ausland. Meine Freundin Pirjo war die rechte Hand von der Enni Nurmi, der Eigentümerin. Und sie hat gesagt: »Zu zweit trauen wir uns per Anhalter zu fahren. Komm doch mit dorthin, wo ich arbeite, da kannst du ganz billig wohnen.« Ich dachte: Klasse, klingt nach Abenteuer. Klar gehste dahin und dein Geld reicht länger.

Ich kam dort an, und es war wie im Märchen. Die Unterkunft ist über der Küche, eine Holztreppe hoch ist ein Einstieg unterm Dach, da musste ich mich ganz klein machen, die Füße hochheben, damit ich reinkomme. Auf der rechten Seite eine schmale Pritsche, zwei Bretter, dass ich mich grad hinlegen kann, aber ausstrecken nicht. Keine Tür, kein Vorhang. Alles voll mit Mücken, unglaublich. Ich hab mich mit Gift eingerieben und meine Klamotten angelassen. Aber ich war happy, dass ich da einen Unterschlupf gefunden hatte. Es gab da keinen Strom, in der Küche ist überm Feuer gekocht worden, alles. Es war inzwischen dreißig Grad heiß, der heißeste Platz in Europa lag in der Zeit genau in Nordlappland. Uns lief die Brühe überall runter, und da haben die dort für große Gruppen Rentiergeschnetzeltes und Lachs gebraten, überm Feuer. Für die Enni hat auch die Schwester vom Iisak gearbeitet. Die hat Bettlaken in der Sauna im heißen Wasser gekocht, mit so einem Holzstab, und die Wäsche dann in den See geschmissen und da ausgespült. Ich bin ein aktiver Mensch, ich helfe gern und nach einem Tag war mir's langweilig, da habe ich aus reiner Lust ihr geholfen die Bettlaken auszuspülen. Da hab ich mich dann mit ihr angefreundet.

»Neljän tuulen tupa«, das war wie im Paradies. Ich hab Essen gekriegt, weil ich überall geholfen hab, ich war Mädchen für alles, hab auch die Kartoffeln geschält. Die Kartoffeln waren so klein, und wir mussten die alle schälen! Ihr müsst euch die Frau vorstellen, die Enni, die war unglaublich. Sie hat mich an die Hand genommen und sich irgendjemand anderen noch gesucht vom Personal, das waren alles Mädchen in samischen Trachten, und hat bestimmt: »Du und du, ihr fahrt mit dem nächsten Postbus nach Inari. Hier ist Geld, ihr geht aufs Schiff und fahrt zur *Ukonsaari*, zur heiligen Insel, esst Eis und macht euch einen schönen Tag, und heute Abend kommt ihr wieder«, und so hatten wir unsere freie Zeit. In Kaamanen bin ich einen Sommer geblieben. Und wie ich da über diese alten Pfädchen im Wald zu den Hütten am See gelaufen bin, in ganz dünnen Schuhen aus Rentierleder, und die Baumwurzeln an meinen Füßen gespürt hab, da wusste ich genau, ich bin am richtigen Ort.

Aber dann ging der Kampf los. Jetzt wusste ich also, in welche Gegend und wohin ich wollte, es hatten sich menschliche Beziehungen ergeben – aber wie ist das zu verwirklichen, wenn du eine Aufenthaltsgenehmigung nur für drei Monate kriegst?

Ich hab da Finnisch gelernt wie ein Kind, habe anfangs immer nur beobachtet: Was machen die, wo gehen wir hin? Manchmal haben sie zu mir gesagt: »Komm, geh schnell mit.« Dann sind wir ins Auto gesprungen, und ich hab gedacht: Oh, vielleicht wird es kalt und die bleiben Gott weiß wie lang. Oder wir fahren irgendwo zum Fischen hin, und ich hab nicht die richtigen Klamotten dabei! Da lernst du genau zu gucken und Sachen abzulesen. Dann erst habe ich die einfachen Wörter gelernt, wie »Käse, Hunger, müde«. Und als ich nach zwei Monaten wieder in Deutschland war, habe ich mir ein Buch gekauft, »Finnisch für Anfänger«, und ganz stolz hab ich schon Briefchen geschrieben und Schokolade geschickt. Aber als ich zurück nach Finnland bin und dachte, ich kann was sprechen, da hat zwar jeder Buchstabe gestimmt, aber die Aussprache! Die haben mich nicht verstanden. Da war ich beleidigt und dachte: Dabei strenge ich mich so an! Aber es lag einfach daran, die Betonung war auf der falschen Silbe, ich hab die Wörter deutsch betont, das hab ich so schnell nicht rausgekriegt aus der Sprache. Da hatte ich die Nase voll und hab den ganzen Sommer über kein Finnisch mehr gesprochen. Später erst, als ich schon ein ganzes Gerüst hatte, habe ich mich nochmal an das Buch gemacht und auch die Grammatik gelernt. Auch ausländische Fernsehfilme mit finnischen Untertiteln haben mir da gut weitergeholfen.

Jetzt kannte ich also schon Anni, die Schwester von Iisak. Und mein Eindruck von der Gegend war: Dort gehöre ich hin. Also habe ich nach einem Platz gesucht, wo ich im Winter wohnen könnte. Es gab ja leere Hütten, die sich da angeboten hätten, aber die Leute haben mir alle gesagt: »Nee, das hältst du nicht aus. Die sind nur für den Sommer.« Da hat sich Anni erbarmt: »Du kannst zu mir kommen. Der eine Sohn zieht wahrscheinlich aus, weil er eine Freundin hat und da wird ein Zimmer frei.« Danach war ich ein paar Wochen in Deutschland, hab mir Geld für die nächste Reise verdient, in irgendeinem Krankenhaus, Pflegeheim, Altenheim, was man halt gekriegt hat. Anfang Januar bin ich dann wieder nach Lappland. Anni war arbeiten, beim Straßenbau, und kam erst abends nach Hause, und ich war tagsüber praktisch allein in dem Haus. Eine jüngere Tochter war da, die ging in Ivalo aufs Gymnasium, siebenundachtzig Kilometer waren es bis zu Schule. Sie war deshalb nur am Wochenende zu Hause. Die zwei Söhne waren selten zu sehen. Inari ist näher, so um die fünfzig Kilometer, da gibt es die Grundschule.

Ich war viel in dem Haus alleine, es war das Herz der dunklen Zeit, der *kaamos*-Zeit, wo die Sonne gar nicht über den Horizont kommt, und ich hab mich begeistert dafür: für die Farben vom Himmel und für den Mond und die Sterne und die Nordlichter, für den vielen Schnee und das Licht überhaupt. Es ist keine absolute Sackdunkelheit, der Schnee gibt Licht, und bei argem Frost und klarem Himmel ist es, als wenn ein dunkelblaues Stoffzelt um dich herum gespannt ist, aber da ist trotzdem so ein Lichtschein. Nachts bei Vollmond und starkem Frost kannst du draußen, auf dem See zum Beispiel, das Kleingedruckte in der Zeitung lesen. Und auch um die Tagesmitte sieht man gut, obwohl die Sonne nicht aufgeht. Aber wenn es bewölkt ist und du mitten im Wald wohnst, wo kein Nachbarhaus zu sehen ist, dann ist es wirklich dunkel. Das war alles sehr interessant für mich: Wie man sich fühlt, wenn es so kalt ist. Wie sich der Frost an die Wimpern setzt und wie es in der Luft, wenn man ausatmet, riesige weiße Wolken gibt. Und wie der Schal vorm Mund erst feucht wird und dann gefriert. Und wenn du aufs Klo musst, draußen, dann ist das bei minus fünfunddreißig Grad auch ein besonderes Erlebnis.

Ich war an den Menschen interessiert, an der Kultur, aber ich konnte kein Finnisch und hab das alles auf anderer Ebene auf mich wirken lassen. Ich hab viele Tage mit Staunen und Anwesendsein verbracht, damit, eine ganz neue Welt kennenzulernen, sowohl äußerlich als auch innerlich. Für Menschen ist Sprechen ja normalerweise wichtig, aber nun lernte ich eine ganz andere Seite kennen. Dieselben Menschen, die ich im Sommer kennengelernt hatte, wie die Anni und auch andere Frauen und Männer, veränderten sich vom Charakter und von ihrer Ausstrahlung her in der dunklen Zeit. An den Wochenenden, wenn die Anni nicht zur Arbeit musste, saßen wir in der Stube und sie hat Handschuhe und Socken gestrickt, die sie nebenbei verkaufte. Es gibt viele alleinstehende Männer in Lappland, die niemand haben, der ihnen Sachen strickt. Es haben oft auch noch ein oder zwei andere von der Familie dabei gesessen, aber die haben so gut wie nie was gesagt. Es war normal, dass da nicht viel gesprochen wurde, das hatte auch nichts mit meinem Finnisch zu tun. Einmal kam ein Nachbar, der wohnte viele Kilometer weit entfernt. Es war natürlich eisig kalt, und er kam rein, alles voll mit Eis. Niemand hat was gesagt, die haben den nur angeguckt. Er hat sich aufs Sofa gesetzt und hat's ganz bestimmt genossen, dass es warm war und ihm der Eisbart aufgetaut ist. Er nimmt die Zeitung, die auf dem Tisch lag, die war bestimmt drei Tage alt, und blättert sie langsam durch. Im Zimmer brannte nur ein kleines Licht, draußen war es sowieso dunkel, Anni hat gestrickt und ich hab Bänder geflochten. Nach einer Viertelstunde gibt der von sich: »Kalt heut.« »Ja«, sagt sie. Und nach einer ganzen Weile steht er wieder auf, nimmt seine Fellmütze und geht. Das hört sich vielleicht für Außenstehende absurd an, aber weil ich da schon eine ganze Weile war, in dieser Dunkelheit, die alles beherrschte, hab ich auf einer ganz anderen Ebene gespürt, wie es dem Menschen geht: Alles ist so langsam und starr, wie das Eis, der Frost, die Dunkelheit. Nur warten, dass der Winter rumgeht, warten, dass die Sonne kommt, dass die Dunkelheit vergeht. Der Nachbar hatte nichts zu berichten, keine Neuigkeiten, die nicht schon das ganze Dorf kennt – warum Energie verplempern, um zu sagen, was sowieso schon bekannt ist. Er wusste ja auch, wie wir uns fühlten, bei dem Wetter und der Dunkelheit. Aber allein das hat so viel ausgemacht, dass jemand anderes einfach anwesend war.

Die meisten Selbstmorde passieren genau zu dem Zeitpunkt, wo die Sonne wieder da ist, und nicht während der Dunkelheit. Die Dunkelheit ist lähmend, du lebst in deiner eigenen Welt. Die Menschen sagen alle, je älter man wird, umso mehr hat die Dunkelheit einen im Griff. Die ersten zwei, drei Jahre ist das für Außenstehende aus einer anderen Kultur interessant: so viele neue Eindrücke, die Natur, die Farben, das Nordlicht. Aber für Leute, die in Lappland geboren sind und schon jahrelang hier leben, für die ist das was anderes. Im Laufe meiner Jahre hier hab ich auch ganz klar einen Unterschied an mir bemerkt: Man wird sensibler. Zum Beispiel, wenn du irgendwas Größeres vorhast, meinetwegen mit dem Auto oder mit dem Bus ein paar hundert Kilometer weiter einen Besuch machen oder etwas erledigen, dann stehen die Sachen wie ein riesiger Berg vor einem! Da hab ich begriffen: Wenn jetzt Sommer wär, Nachmittag, die Sonne scheint warm und hell, was würdest du noch alles machen und wie würdest du dich fühlen! Im Sommer stelle ich mir manchmal zum Vergleich vor, es wär Dezember oder Januar. Du musst oft mal aus dem Haus gehn, brauchst irgendwas aus dem Schuppen oder Erdkeller und die Finger frieren dir dabei an der Taschenlampe an. Im Herbst musst du gut Ordnung machen, damit du im Winter alles findest.

Als ich bei der Anni wohnte, kam auch Iisak ab und zu vorbei. Er war zu der Zeit arbeitslos, hat mal dies und mal jenes gemacht. Er hatte im Sommer einen Kiosk und einen Zeltplatz, ein paar Kilometer nördlich von Kaamanen. Da hat er Erbsensuppe in Dosen verkauft und Fischerlizenzen und Streichhölzer. Er hat die Sauna geheizt und hatte so kleine Hüttchen, wo halt Angler und Radler und Wanderer eine Nacht verbringen konnten. Er ist einundzwanzig Jahre älter als ich, und er war alleinstehend, aber irgendwie mit einer Frau zusammen, nicht verheiratet, hatte auch keine Kinder. Iisak ist ein sehr offener Mensch, der an anderen Leuten interessiert ist, und er kannte von seinem Zeltplatz auch viele Ausländer. Und er konnte ein paar Wörter Deutsch, er war auch schon mal in Deutschland bei zwei Freunden gewesen, die er durch seinen Kiosk kennengelernt hatte.

Iisak hat es genossen mit mir ein paar Worte Deutsch zu sprechen, und ich habe es genossen mit ihm ein paar Worte Finnisch zu sprechen. Er hat mich gefragt, ob ich Lust hätte, mal mit ihm auf die Schneehuhnjagd zu gehen. Damals konnte ich mich grad so auf Skiern halten, wir hatten in Hessen ja kaum Schnee. Bei mir war das Skilaufen also eine äußerst wackelige und ungelenkige Sache. Aber um hier irgendwohin zu kommen, braucht man zwei Stöcke und Skier, so breite, damit man nicht absackt im Tiefschnee. Da hab ich gesagt: »Na, wenn du Geduld hast, ich kann mich grad so irgendwie vorwärtsbewegen, und manchmal falle ich auch um.« Er fand das äußerst faszinierend, dass jemand, der sich kaum auf den Skiern halten kann, doch mitkommen will. Ich fand den Iisak damals einfach nett, zwischen uns war überhaupt nix. Ich hab am Anfang gar nicht begriffen, dass er mit einer anderen zusammen ist. Ich wusste nur, wenn er ohne diese Frau auftaucht, ist er ein absolut anderer Typ. Zwischen den beiden war immer eine unheimliche Spannung. Sie war bestimmt eifersüchtig, aber ich hab nicht begriffen, dass das mit mir zusammenhing.

Wir sind in den Wald gefahren und haben Schneehuhnspuren gesucht, ich glaub, wir haben auch Schneehühner gesehen, aber die sind nix zum Schießen gewesen. Es war nicht mehr so kalt, die Sonne hat schon geschienen, es war Februar. Dann wollte er Kaffee kochen, im Wald. Mit der Axt hat er für mich von Kiefern eine Riesenmenge von Ästen abgeschlagen und zu einem wunderbaren Sitz aufgeschichtet, der war isoliert von der Schneemasse. Ein schönes weiches Polster, wie für eine Waldkönigin, extra für mich. Da hab ich sehr gestaunt. Und im Nu hat er in den Schneemassen wie ein Zauberer ein Riesenfeuer entfacht, das hat sehr gewärmt. Mit seinem Messer hat er ein großes Stück Schnee ausgeschnitten, es auf einen Stock gespießt und eine Aluminiumkanne darunter gehängt. Das hat er an das Feuer gehalten und da ist das Wasser dann in die Kanne reingelaufen wie so ein kleines Bächlein, tropf, tropf. In seinem Rucksack hatte er Kaffee und Tee und etwas zum Essen. Wir haben bei der Kälte am heißen Feuer gesessen, und ich hab nur gestaunt. Ich hab mich sehr sehr gut gefühlt, geborgen, wie Alice im Wunderland, wie im Märchen. Auf einmal bist du da mitten drin in so einer Kultur und es passiert so echt, ohne dass du irgendein Reiseprogramm buchst und mit gemieteten Safaris rumreist. An dem Tag hab ich gedacht: Wenn der Iisak zwanzig Jahre jünger wäre, dann könnte ich mich in ihn verlieben. Ich hab gespürt, dass das, was er ausstrahlt, mich sehr anzieht. Als wir schon verheiratet waren, hat er mir dann erzählt, dass er mich schon in dem Sommer ins Auge gefasst hatte.

Nach drei Monaten musste ich wieder weg, stand aber in Briefverbindung mit den Leuten dort und hab Schokolade geschickt, natürlich mit Alkohol gefüllt, das war was Besonderes. Im Sommer bin ich wieder hin, mit meiner besten Freundin Christine. Bei Anni konnte ich nicht wohnen, die hat im Sommer Besuch. Aber in der Nähe von Iisaks Zeltplatz hat sein Bruder gewohnt. Den hatte ich auch im Winter kennengelernt. Inzwischen lebt er nicht mehr. Er hatte mit Alkohol Probleme, er erschien mir aber sehr humorvoll und ganz okay. Er hat allein im großen alten Elternhaus am See gewohnt und hat gesagt: »Ihr könnt bei mir wohnen.« Da waren zwei Zimmerchen unterm Dach, und Christine und ich, wir haben das da genossen. Wir mussten nur aufpassen, wenn er was getrunken hatte, dann war er schwierig. Einmal wollten wir am nächsten Tag ganz früh nach Norwegen fahren und hatten bereits alles gepackt. Da haben wir bemerkt, er trinkt wieder, und haben gedacht: Oh, wir müssen weg. Wir können unseren Kram nicht mitnehmen, wir müssen sofort abhauen. Da haben wir getan, als gehen wir in die Sauna, die im Hof war, und sind dann hinter der Sauna in den Wald. Es war ein ganz arges Gewitter, hat getrattscht wie wahnsinnig. Wir sind die zwei Kilometer zu Iisaks Zeltplatz gelaufen. Der Bruder war sehr eifersüchtig auf den Iisak, grundlos, er hatte auch schon versucht Iisak umzubringen. Bei Iisak hat zu der Zeit ein guter Bekannter Ferien gemacht, der war Polizist. Der ist mit uns am nächsten Tag dahin, damit wir unseren Kram holen konnten. Wir sind dann ein paar Wochen bei Iisak geblieben, aber immer mit der Angst, wenn der Bruder sich volllaufen lässt, kommt er vorbei und macht Gott weiß was.

Als Multebeerenzeit war, lud uns Iisak ein, mit ihm in die *Multebeeren* zu gehen, in einem Gebiet weiter im Norden. Klasse, da kommen wir in die Wildnis, mit Führung! Dort passierte es dann, dass Iisak und ich uns ineinander verliebten. Es war so einfach. Wir liefen nebeneinander, keiner hat was gesagt und dann kamen wir zu einem höher gelegenen Platz. Man konnte ganz weit sehen, eine wunderbare Landschaft, die Sonne hat geschienen. Wir standen nebeneinander und haben den Ausblick genossen. Da haben wir uns spontan gleichzeitig an der Hand genommen. Das war, als hätten wir uns immer an der Hand gehalten. Das war ganz normal, und beide haben wir im Herzen so etwas wie Verliebtsein gefühlt. Auf den nächsten Kilometern hat irgendwo eine Multebeere geblüht und die hat er mir gepflückt, das war wie eine wunderbare weiße Rose. Die hat er mir gegeben, und ab und zu haben wir uns an der Hand gehalten. Das war einfach so. Ich hab erst mal nur das Gefühl genossen.

Später waren wir gemeinsam auf der Gänsejagd. Da muss man nachts am Lagerfeuer wachen und hören, wohin die Gänse ziehen. Erst wenn's dann heller ist, kann man sie jagen. Jedenfalls saßen wir da am Lagerfeuer und hielten uns im Arm, das war einfach wunderschön, so ein Genuss. Als wir wieder auf dem Zeltplatz waren, waren keine Touristen mehr da und Iisak musste auch öfter mal weg. Da hab ich allmählich gemerkt, dass ich wirklich sehr starke Gefühle für ihn hatte, und dann ist diese Verliebtheit für mich zu einem Problem geworden. Hier hatte ich einen Mann, der all die Qualitäten und die Ausstrahlung hatte, die ich eigentlich gesucht hab – aber einundzwanzig Jahre Altersunterschied! Von meiner Erziehung her war das so: Das war ein Hindernis, ein Tabu, irgendwie abartig oder unnormal. Er war das, was ich suchte, aber andererseits: Das kannst du nicht machen, das wird nichts. Vom Typ her bin ich nie jemand gewesen, der leichte Abenteuer gesucht hat, sondern ich musste fest von etwas überzeugt sein. Hier dachte ich: Jetzt hast du zwei Möglichkeiten. Entweder du genießt diesen Sommer ganz und gar und denkst nicht daran, dass es keine Chance zum Überleben hat und erleidest dann den Abschiedsschmerz. Oder du machst jetzt sofort Schluss und brauchst dann auch nicht so abzuleiden.

Da hab ich eine ganz neue Seite in mir entdeckt: Ich kann das einfach jetzt mal so annehmen, ohne an später zu denken. Damit hab ich mich selbst überrascht. Und innerhalb von einer Woche habe ich gemerkt, ich denke überhaupt nicht mehr an den Altersunterschied. Das Problem hat sich in der Woche total aufgelöst. Als nächstes dachte ich also: Okay, aber wovon sollen wir leben? Es wäre undenkbar mit ihm in Deutschland, das kannst du ganz vergessen. Wollt ich ja auch nicht, ich wollte ja nach Lappland. Aber wenn ich herkomm, wo soll ich arbeiten? Es gibt ja hier keine Arbeitsplätze, und er ist arm wie eine Kirchenmaus. Er lebt von der Hand in den Mund. Im Sommer hat er von dem Einkommen vom Zeltplatz gelebt, und er war immer zu stolz, um Arbeitslosengeld zu holen. Zu der Zeit habe ich mit ihm nicht über meine Bedenken gesprochen. Ich konnte ja auch Finnisch noch nicht so gut, nur kleine Sätzchen. Es war uns aber klar, dass ich auf jeden Fall wiederkommen will.

Es ist ja ganz toll, wie das Leben so spielt. Kurz bevor ich nach Hause reisen musste, war Iisak beim Straßenbau beschäftigt, weit weg, hundert Kilometer vom Zeltplatz entfernt. Dort hat er auch übernachtet, und ich wollte mich mit ihm da treffen. Das war alles heimlich. Dass wir zusammen und verliebt sind, durfte niemand wissen. Erstens war der Bruder total eifersüchtig, außerdem durfte die Frau, die ihn beherrscht hat, das auch nicht wissen. Wir haben uns also da getroffen und die Nacht zusammen verbracht. Morgens musste er dann zur Arbeit und ich zurück. Er hat mich in aller Herrgottsfrüh zu der Straße gebracht, wo der Bus vorbeifährt, der mich nach Kaamanen bringen sollte. Da stand ich und hab überlegt, ob ich es nicht per Anhalter probieren soll, um das Geld für den Bus zu sparen. Ich konnte mich nicht entscheiden. Da hab ich gedacht: Ach, ich muss mal Pipi machen. Wenn der Bus jetzt vorbeifährt, dann hat es halt sein sollen, dann fahre ich per Anhalter. Ich geh also hinter den Busch. Der Bus fährt vorbei. Ich denke, okay, Geld gespart, es wird schon irgendwie gehen. Und ich warte gar nicht lange, da fährt ein Auto vorbei, der Besitzer von einem Café an dieser Straße, und der nimmt mich mit. Wir kommen ins Gespräch, ja, er sucht eine Aushilfe für nächsten Sommer, sogar schon fürs Frühjahr, und ob ich nicht interessiert wäre. Er kann nicht viel bezahlen, aber man könnte es so machen: für Essen und ein Bett. Um Ostern herum ist ja schon Motorschlittenzeit, da macht er auf. Schon im März konnte ich also wieder nach Finnland kommen! Das war ein Riesengeschenk des Himmels. Das hat so sein sollen. Da hab ich dann im nächsten Frühjahr und teilweise noch im Sommer bei ihm gearbeitet.

Wir wussten damals noch gar nicht, ob das Zukunft hat, Iisak und ich. Aber es war so wunderbar, die Beziehung erleben zu dürfen – und wenn sie nur diesen Sommer gedauert hätte. Nach mir die Sintflut. Ich hätte ja sonst mein ganzes Leben lang, als Oma noch, davon geträumt: Mensch, damals in Lappland … Wie viele machen das so! Lernen irgendwo jemanden kennen, trauen sich nicht – und dann später fragen sie sich, wie wäre das Leben verlaufen, wo wäre ich heute, in irgendeinem Iglu oder in der Karibik in einem Baströckchen? Bei uns: Das Problem mit dem Altersunterschied war weggefallen, aber wovon sollten wir leben? Und wo sollte er im Winter leben? Bei seinem Bruder im Elternhaus konnte er nicht sein, da war eine Atmosphäre auf Leben und Tod. Unsere Beziehung musste immer noch geheim bleiben. Wir haben Tag für Tag gelebt, einfach mal gucken, was der nächste Tag bringt.

Wir waren noch sehr lange in Heimlichkeit zusammen. Iisak hat unmögliche Dinge geleistet, ist nach einem schweren Arbeitstag noch an die sechzig Kilometer mit dem Fahrrad gefahren, nur um mich für ein paar Stunden zu sehen. Wir hatten im Wald ein Zelt und haben uns über Botschaften verständigt. Handys gab's ja damals noch nicht. Später hab ich in Kaamanen bei Jouni Nuorgam und seiner Frau Leea gewohnt. Das ist der Jouni, der in einem bekannten Lied vorkommt, »Matkalla pohjoiseen« (»Auf dem Weg nach Norden«). Ich hab die beiden meine Ersatzeltern genannt, sie haben mich wie eine eigene Tochter behandelt. Ich hab bei ihnen gewohnt und in ihrem Laden an die deutschen Touristen Souvenirs verkaufen geholfen und dabei einigen Leuten heimlich Liebesbriefe an Iisak mitgegeben, wenn die in seine Richtung fuhren. So haben wir ausgemacht, wann und wo wir uns immer mal treffen konnten, ohne dass es jemand erfährt.

Nach dem Sommer hab ich die Idee gehabt, mich in Inari für die Handarbeitsschule der Samen anzumelden und hab da auch einen Platz bekommen – und eine Aufenthaltsgenehmigung für ein Jahr. So konnte ich den Winter über in der Schule wohnen. Unsere Liebe musste aber weiterhin geheim bleiben, denn er wohnte immer noch bei dieser anderen Frau, er wusste ja nicht, wohin. Das war ein Hin und Her. Es war für mich sehr schlimm, hat mich ganz tief reingestürzt, und ich hab Schluss gemacht mit ihm. Und als ich es gerade irgendwie gepackt hab, mich dran zu gewöhnen, dass wir nicht zusammen sind, da hat er mich zufällig im Bus sitzen sehen. Er kam in den Bus und wollte mit mir reden, aber ich wollte ihn nicht sehen – das kann ich nicht aushalten, das fange ich nicht mehr an! Aber dieses Zusammentreffen hat bei uns beiden etwas gerührt, so dass wir dann doch wieder zusammen waren, es musste nur immer noch heimlich sein.

Dann kam der Sommer, ich arbeitete wieder bei Jouni und Leea, und die andere Frau hatte ihre Vermutungen, dass wir uns treffen. Obwohl ich wusste, sie hat Urlaub und ist bei ihm auf dem Zeltplatz, bin ich ganz mutig mit dem Fahrrad dorthin gefahren und habe hinten im Wald mein Zelt aufgeschlagen. Wenn ich von weitem ein Auto gehört hab, bin ich mit meinem Fahrrad hinter einen Birkenbusch, flach auf die Erde, denn es konnte ja sie sein. Und sie war es natürlich. Ah, Gott sei Dank, sie fährt Richtung Kaamanen zum Einkaufen. Da hab ich es grad noch geschafft, Iisak Zeichen zu geben: Ich bin hier im Wald. Seine Hunde haben mich natürlich gefunden, und dann ist er bei mir aufgetaucht. Einmal, als sie mit den Hunden am Fluss entlang gelaufen ist, hat sie uns dann in dem Zelt gefunden. Das gab ein Drama! Aber das war gut, da waren die Karten auf dem Tisch. Seitdem bin ich mit dem Iisak zusammen.

Wir haben dann beschlossen zu heiraten. Es hat nur meine Mutter gewusst, in Finnland niemand, einfach um uns vor dieser schlimmen Frau zu schützen. Niemand sollte uns etwas in den Weg legen können. Erst als wir verheiratet waren, da haben wir es jedem erzählt.

Wie wir geheiratet haben? In Sodankylä, Ziviltrauung. Wir hatten niemand dabei, auch keinen Trauzeugen, aber ein Richter, der bei Jouni und Leea oft eingekauft hatte und mit dem ich schon mal Preiselbeeren gesucht hatte, der hatte zufällig Dienst und saß im Büro. Er ist dann unser Trauzeuge gewesen und noch eine Sekretärin dazu. Wir trugen ganz normale Kleidung, ich hatte ein schwarzbraunes T-Shirt an und eine schwarze Hose und neue Schuhe, und er auch, passend, was wir uns leisten konnten. Wir hatten ja beide fast nichts und mussten auch die Fahrt nach Sodankylä nutzen und ausschlachten. Von den wenigen Groschen, die ich mit meinen Handarbeiten verdient hatte, hatten wir uns einen alten Opel gekauft, und mit dem Auto fuhren wir nach Sodankylä und gingen dort auch gleich Ersatzteile kaufen. Danach haben wir uns an einem kleinen Flüsschen die Ölschmiere abgewaschen, wir hatten Seife und Handtuch dabei, das war gut geplant. Mücken überall, Moskitoattacken, und dann haben wir uns im Auto die neue Kleidung angezogen und sind zur Trauung gefahren. Es war wie zum Zahnarzt gehen: ein Ding, das wir nun hinter uns bringen müssen in der offiziellen Welt, damit wir unsere Ruhe haben und zusammen leben können. Das ging dann über die Bühne, wir beide, zwei fremde Trauzeugen, allein in so einer großen modernen Halle, naja. Das Beste war, da rauszugehen und zu wissen: Jetzt sind wir verheiratet! Ringe hatten wir keine. Dann sind wir essen gegangen, in so eine Bar, wo man sich selbst bedienen konnte. Es war klasse, dass wir mal essen gehen konnten. Als wir nach Hause gefahren sind, hab ich zu Iisak gesagt: »Am Straßengraben stehen da so schöne Blumen, die gibt es bei uns nicht. Halt mal an, ich pflück mir ein paar.« Da waren gelbe und blaue und weiße, und ich hab mir einen Blumenstrauß gepflückt am Straßengraben, das waren meine Blumen.

Zwei Tage später sind wir dann in den Wald und haben ein schönes Hochzeitsbild gemacht. Die Sekretärin hatte von der Trauung zwar auch ein paar Fotos gemacht, aber die waren so kalt. Wir hatten schon besprochen, da nehmen wir uns was Leckeres mit im Rucksack: Wurst und Trockenfleisch und was Feines, Kuchen. Dann haben wir ein schönes Lagerfeuer gemacht und Iisak hatte Kamera, Stativ und Selbstauslöser dabei. Und er hat ein sehr schönes Hochzeitsfoto gemacht: ein Riesenlagerfeuer, wir sitzen nebeneinander und küssen uns, und der Hund ist auch dabei. Das Bild war dann mehr in unserem Stil. Und dieses Herz, das ich hier an der Kette trage, das ist aus Wacholderholz. Das hat der Iisak für mich mit seinem *puukko* geschnitzt, da waren wir noch nicht verheiratet. Es ist ein Wunder, dass der Iisak mit seinen großen Händen und viel Geduld, denn die hat er nicht, dieses kleine Herz hingekriegt hat. Es ist das schönste Herz, das ich je gesehen habe.

Dann hat unser offizielles gemeinsames Leben begonnen. Wir haben den Herbst und den Winter in dieser alten Hütte auf dem Zeltplatz gewohnt. Iisak hat mir zuliebe, weil er nun verheiratet war, eine für ihn schwierige Arbeit angenommen: Er hat seine Muttersprache *Inarisamisch* unterrichtet. Die Samen haben ihn überredet: Du bist der, der das kann. Die Stelle war gerade neu entstanden und Iisak hätte sich lieber davor gedrückt. Er hatte ja keine Lehrerausbildung, es gab kein Material, alles musste er selbst zusammenstellen. Dieses Projekt hat ihn sehr viel Kraft und Mühe gekostet. Als ich in der Samenschule war und handarbeiten gelernt hab – Leder selbst machen und Holzarbeiten, zum Beispiel Schränke bauen –, da gab's auch Unterricht in Samen-Kultur und -Sprache. Das war aber Bergsamisch, die größte samische Sprache. Die hat mir nicht viel weitergeholfen, denn Iisaks Familie spricht ja Inarisamisch, und zwischen den Sprachen ist der Unterschied so groß wie bei Englisch und Deutsch. Nur die modernen Wörter wie »Bus« sind gleich. Mit Finnen spricht Iisak Finnisch und mit Nachbarn und Verwandten spricht er die Samensprache. Ich verstehe Inarisamisch nur ein bisschen, aber hab das immer unterstützt: »Wegen mir braucht ihr nicht Finnisch zu sprechen, sprecht eure eigene Sprache.«

Finanziell hat uns seine Arbeit als Lehrer gut geholfen. Wir haben ein paar Styroporplatten gekauft und Bretter, um das Sommerhüttchen winterfest zu machen. Wir hatten keinen Strom, Wasser nur vom Fluss in der Nähe. Im Winter ist das Flüsschen zugefroren, da haben wir mit der Axt das Loch immer wieder aufgehackt, haben Wasser geholt zum Kochen und zum Waschen. Wir hatten Gaslicht und haben uns so ein kleines Öfchen gekauft, wo wir dann Feuer machen konnten. Nachts mussten wir immer aufstehen und nachlegen, dass es nicht ausgeht. Aber der Fußboden war eisig kalt, da sind dir die Füße erfroren, und auf der Stirne stand der Schweiß. Die Wärme hat sich nicht verteilt, es war halt eine sehr einfache Hütte. Im Vorraum ist immer alles eingefroren, da konntest du das Messer in die tiefgefrorene Butter hacken. Und wenn du gekocht hast, lief da die Brühe an den Wänden runter, das Mehl und alles ist nass geworden. In der Sauna habe ich bei Kerzenlicht Wäsche gewaschen, halt diese ganze Lapplandromantik. Manchmal haste natürlich gefroren. Wenn du zum Einkaufen nach Ivalo gefahren bist und dann nach Hause kamst, war es immer saukalt, weil das Feuer ja ausgeht. Aber wir haben auf dem Elchfell geschlafen und waren happy, dass wir zusammen sein konnten.

Ich habe es nie bereut. Die Liebe verändert sich natürlich im Laufe der Jahre, die bleibt nicht an dem Punkt, wo alles Honigkuchen ist, aber sie ist da. Iisak und ich sind sehr unterschiedliche Menschen. Wir haben ganz viele Gegenteile in uns, aber in jedem von uns ist auch ein Zugang zu dem, was im Anderen verkörpert ist. Manchmal hab ich gedacht, der Unterschied zwischen Frau und Mann, wenn's Reibereien gibt, ist wesentlich ausschlaggebender als Altersunterschied oder Kulturunterschied. Auch der Charakter, die Art und Weise, wie er denkt, das sehe ich gar nicht so kulturbezogen, ich sehe eher, was er in seinem Leben – im Krieg, in der Evakuierung, in seiner Familie – erlebt hat. Natürlich spielt auch eine Rolle, was die Samen an Diskriminierung ertragen haben, das lässt sich im Charakter, in Verhaltensweisen, in der Denkart, in Ängsten nieder. Aber ich kenne auch viele Inarisamen, die in der gleichen Kultur aufgewachsen sind, die aber vom Charakter ganz anders sind als er und eine ganz andere Art und Weise zu denken haben.

Wir sind dann später nach Inari in eine Mietwohnung gezogen, konnten da überwintern. Iisak hat als Wanderlehrer gearbeitet. An einem Tag hat er mehr als zweihundert Kilometer zurückgelegt, hat an vielen verschiedenen Schulen Inarisamisch unterrichtet. Im Sommer waren wir dann immer auf unserem Zeltplatz, haben vieles repariert, Bäume gefällt fürs Brennholz. Da haben wir dann auch ein kleines Haus gebaut und wohnen nun dort. Seit zehn Jahren haben wir auch Strom.

Ich bin zurzeit in Ausbildung für Regressionstherapie, Energie-Heilbehandlungen mache ich schon länger. Man kann sein ganzes Leben lang dazulernen, seinen Horizont erweitern. In meinem Herzen gab es früher eigentlich immer eine Leere. Diese Leere hat sich jedoch gefüllt in jenem Augenblick, als ich auf ganz bestimmter Ebene mit diesen Energien in Berührung kam. Das ist mein spirituelles Zuhause. Es ist ganz wichtig, Zugang zu seiner eigenen inneren Stimme zu finden. Viele Menschen tragen Widersprüche in sich. Man muss einfach rausfinden, was für einen selbst im Leben am wichtigsten ist und seinen Weg gehen. Wenn man sich für eine Sache entschieden hat, für die die Stimme des Herzens spricht, und ist sich ganz sicher, oder auch unsicher, dann ist es immer gut, sich eine bestimmte Zeitspanne zu nehmen. Eine Woche oder einen Monat stellt man sich, bei jeder Stimmungslage, diese Entscheidung vor. Wenn es dir schlecht geht, denk darüber nach, wenn es dir gut geht, auch. Nur so findest du heraus, wie wichtig dir die Sache ist. Ich hab Leute kennengelernt, die mutige Entscheidungen getroffen haben, einfach abgesprungen sind und was anderes gemacht haben. Manchmal geht's jemandem schon so schlecht, dass die Kraft fehlt, das Neue zu verwirklichen. Aber ich hab niemanden getroffen, der so einen Neuanfang bereut hat. Bei einigen hat sich das längst nicht so erfüllt, wie sie sich das vorgestellt haben, aber es hat immer weitergeführt, in eine bessere Richtung.

Iisak und ich sind uns einig, dass wir füreinander bestimmt sind und dass wir von höherer Ebene zusammengeführt worden sind. Die Gesamtheit der besonderen »Zufälle« hat uns zu dieser Überzeugung gebracht. Jeder Mensch hat seine besonderen Wahrheiten, und Iisak hatte am Anfang Schwierigkeiten zu verstehen, was ich mache und was für mich wichtig ist. Er versteht es jetzt immer ein bisschen mehr.

Auch ich hab von Iisak gelernt: Manchmal, wenn du dir bei einer Entscheidung nicht sicher bist, solltest du alles einfach laufen lassen und abwarten, wie die Würfel fallen. Als ich das gelernt hatte, bin ich noch einen Schritt weiter gekommen, nämlich bewusst zu sagen, ich weiß es nicht, ich geb die Entscheidung aus meiner Hand. Ich lass es laufen und nehme es so an, wie es von einer höheren Macht gesteuert wird – mit dem Wissen im Herzen, dass es so, wie es dann geschieht, für mich am besten ist. Welch eine Bereicherung!

In meinem Leben war Iisak nicht die erste Liebe, und in seinem bin ich es auch nicht gewesen. Aber für ihn bin ich bis jetzt die größte Liebe, und er ist es auch für mich.

Wir haben das Gold für unsere Ringe selber geschürft

Gisela, 73, aus Baden-Württemberg, vier Kinder, seit 48 Jahren in Nordfinnland

Als der liebe Gott mich auf die Erde herunterplumpsen ließ und dann nachgecheckt hat, wo ich gelandet bin, hat er gedacht: Oh nein, zu südlich! Ach, des korrigier ich später. – Das war im Schwabenland.

Als ich etwa zwölf Jahre alt war, da hab ich einen Dokumentarfilm gesehen, der nannte sich »Das Land des Lichts«. Darin kamen strahlend helle Mittsommernächte, schneebedeckte Landschaften und Nordlichter vor, die über den Winterhimmel tanzten. Ich sah diesen Film und mein Herz hat wild geklopft und ich hab gedacht: Da reite ich dann mit einem Pferd durch »meine« Wildnis. Oh, das wünschte ich mir!

Kurz vor meinem zwanzigsten Geburtstag war es, dass meine Mutter bei einem Schwätzle über den Gartenzaun von der Nachbarin erfuhr, dass deren Tochter demnächst aus Finnland zurückkehren würde; sie hatte dort als Haushaltshilfe gearbeitet und die Familie wollte am liebsten wieder ein deutsches Mädchen. Und Mutti, die mich nirgends und nie fortlassen wollte, obwohl ich ja schon erwachsen war, sagte nur: »Ja, meine Tochter würde das bestimmt interessieren.« Das war aber nur die Theorie, denn in der Praxis hab ich zu hören bekommen: »Die Fenster sind nicht geputzt, die Leintücher nicht gewaschen, du kannst jetzt grad nicht weg.« Als meine Eltern dann zu einer Tagung gefahren waren, kam eine Nachricht aus Oulu, ich sollte doch möglichst schnell kommen. Mit der Hilfe meiner Schwester habe ich das Haus auf Hochglanz gebracht, und als die Eltern zurückkamen, hatte ich schon gepackt. Einen Koffer hatte ich nicht, dafür ein paar komische Körbe, die sich während der Reise irgendwann in Wohlgefallen aufgelöst haben. Damals ist man drei Tage und drei Nächte mit dem Zug gefahren, durch Schweden über Haparanda nach Oulu. Und ich war überhaupt nicht des Reisens kundig, aber ich hab's geschafft.

An einem Samstagabend Anfang Juli im Jahr 1959 bin ich dort eingetroffen. Ich kam zuerst in eine Familie, die sehr deutsch-freundlich war. Die Eltern wollten gern, dass ihre Kinder, die so alt wie ich und etwas jünger waren, über das Englische ein bisschen Deutsch lernten. Das Endergebnis war aber, dass wir alle Englisch miteinander geredet haben und die Kinder nur ein deutsches Wort gelernt haben, nämlich »Scheiße«!

Ich kam also am Samstagabend an, müde und verschwitzt. Da hat Kirsti, das älteste Mädchen der Familie, gesagt: »Wir gehen jetzt tanzen und dann fahren wir ins Sommerhaus nach Madekoski und da übernachten wir.« Mei Lieberle!

Im Sommer gibt's in Finnland auf dem Lande ja solche *tanssilavat* (Tanzböden) draußen im Freien. Dieser Tanzboden war überdacht, aber ohne Wände, und da saßen die Mädchen alle rechts auf der Bank und die Männer alle links auf der Bank. Die Mädchen tuschelten und lachten, die Burschen saßen stumm, den Blick kritisch auf die gegenüber Sitzenden gerichtet. Dieses Vorspiel dauerte und dauerte. Dann fing die Musik an, und relativ schnell standen die Männer auf und strömten zu den Mädchen hin. Paarweise gingen sie auf die Tanzfläche, standen so voreinander, hörten die Musik und machten nix. Und schließlich fingen sie an zu tanzen. Da war es ganz wurscht, ob du jemand kennst oder nicht, die Tanzhaltung war, wie mein Bruder das nannte, »Ohr im Mund«. Und ich dachte nur: Oh Gott! Da kam ein junger Mann zu mir, der war extra bestellt. Zu dem hatten die jungen Leute gesagt: »Antti, du musst kommen, du hast in der Schule Deutsch gelernt. Wir wissen gar nicht, welche Sprache sie spricht, aber Deutsch kann sie wahrscheinlich schon!« Und er kam, war sehr höflich und nett, ein bisschen steif, aber er hat sofort gemerkt, wie ich tanzen will und hat das auch akzeptiert. Er hat mit mir geredet, sehr nett, so ein finnisches Deutsch – wie sie das in der Schule gelernt haben.

Von dem Abend muss ich noch etwas erzählen, weil das einfach so kurios für mich war: Ich musste aufs Klo und habe gesehen, da ist so ein Häuschen. Das war gar nicht abgeschlossen, obwohl zwei Mädchen schon drin saßen. Da waren nämlich zwei Löcher nebeneinander! Später hab ich gesehen: In den Schulen waren es manchmal sogar sechs Löcher oder so. – Ich bin ganz erschrocken, ich hab die Tür wieder zugemacht und draußen gewartet und hab gehört, wie die über mich gekichert haben, die fanden das urkomisch. Dann sind sie raus und ich wieder rein und hab die Tür so mit einer Hand zuzuhalten versucht. Aber dann ging die Tür auf und jemand wollte sich neben mich setzen. Das war mir eine Schuhnummer zu groß, also bin ich wieder raus und hab gewartet. Zwischendurch hab ich schon gedacht: Geht man denn da paarweise?!

Dieser Antti, der war eigentlich ein Sohn von einem nahegelegenen Bauernhof, aber er war immer in dieser Familie mit sieben Kindern, die ihr Sommerhaus ganz in der Nähe hatte. Die liebten ihn alle, er war für sie das achte Kind. Und wir waren immer zusammen, diese ganzen jungen Leute miteinander. Wir sind in die Sauna – natürlich erst nur die Frauen und dann die Männer, ganz wie das so in Finnland zugeht, also fein und nett. Die waren auch musikalisch, wir haben gesungen in der Sauna und auch sonst wo, wir haben die Nächte miteinander verbracht, warme

Sommernächte, alle liefen barfuß, es war so schön! Der Antti war immer dabei und der war so nett – und da hab ich das eine Mädchen von dieser großen Familie gefragt: »Wie ist denn der Antti eigentlich?« Und da hat sie gesagt: »Ein bisschen klein.« – »Das hab ich selber gesehen, ich meine, in seinem Wesen?« – »Oh, nett!« Er war zwei Jahre älter als ich.

Etwa drei Wochen haben wir so verbracht, dann hat er zu mir gesagt: »So eine Frau wie dich will ich einmal haben. Jetzt fängt für mich die Universität in Oulu an. Ich brauche fünf Jahre, und wenn ich fertig bin, dann hole ich dich. Dann heiraten wir.« Danach bin ich mit dem Fahrrad allein zurück ins Sommerhaus gefahren, und ich dachte: Warum fühle ich mich so leicht und so glücklich? Und da fing ich an zu beten – ich bin eigentlich gar nicht besonders religiös gewesen – und hab gesagt: »Bitte, lieber Gott, gib mir irgend ein Zeichen. Was ist nur los mit mir?« Da stand mit einem Mal dieser riesige Regenbogen am Himmel, und wenn die Sonne so tief steht, ist er ganz hoch! Und da hab ich gesagt: »Danke, lieber Gott, ich glaube, ich bin verliebt.«

Ich war in mir drin bereit. Antti hatte dieses unglaublich Klare. Dass ein Mensch so eindeutig weiß, was er will, und das auch so klar sagt – und alles, ohne anzugeben, das hat mir gefallen! Und ich hab gedacht: Das ist es doch, genau das! Es war ein relativ unromantisches Gefühl, aber ein sehr gutes. So war sein ganzes Leben: Was er beschloss, hatte er lange in seinem Kopf ausgearbeitet, ohne mit jemandem darüber zu diskutieren, und dann hat er's fertig präsentiert. So war er immer. Aber er hat mir auch gestattet, so zu sein, wie ich bin und wie ich denke, und manchmal hat er auch gesagt: »Also gut, dann machen wir's anders.« Es war aber nicht immer unbedingt die bessere Lösung, die ich hatte, und dann gab's auch Situationen, wo er gesagt hat: »Nein, das machen wir nicht.« Das hat mir so gefallen, dieses Eindeutige.

Einmal hat er mich mitgenommen zum Bauernhof, wo er in den Ferien bei der Familie seines Bruders wohnte. Ich habe gesehen, dass dieser stattliche Bauernhof ursprünglich eine kleine Kate gewesen war, die nur aus einer Stube und einer Kammer bestanden hat – nicht zu vergessen die Sauna und das Klohäuschen auf dem Hof. Anttis Vater war ein Knecht, seine Mutter eine Magd gewesen, als sie sich fanden und von dem Großbauern ein Stück Land bekamen, um eine Familie zu gründen. An der rechten Wand der Stube waren drei Betten übereinander für die Buben, für die drei Mädel die Betten an der anderen Wand. Der Siebente und Jüngste der Kinderschar war Antti, der in der Kammer am Fußende im Bett der Eltern schlief. Karg war das Leben gewesen. Wenn die Eltern spät abends vom Feld oder aus dem

Stall kamen, waren die Kleinen oft vor Müdigkeit ohne Abendessen eingeschlafen. Als Antti zur Welt kam, war seine Mutter schon fünfundvierzig. Und der Vater starb, als der Bub elf Jahre alt war.

Anfang September, nach zwei glücklichen Monaten musste ich zurück nach Deutschland, weil ich ja an der Kunstakademie in Stuttgart studierte, aber ich wusste, was meine Zukunft sein wird. Ich wusste das innen drin ganz klar. Ich war Studentin, als wir uns trafen, und auch schon fertige Kindergärtnerin, obwohl ich erst zwanzig war. Weil ich mit fünfzehn schon angefangen hatte mit dem Kindergärtnerinnenseminar – das darf eigentlich keiner, aber meine Mutter hatte das durchgesetzt. Ich wollte gar nicht, aber ich wurde da halt hingebracht, weil meine Mutter gesagt hat: »Diese Ausbildung ist ideal für ein Mädchen!« Und ich war noch so kindlich, naja.

Im nächsten Frühling kam mein Antti nach Deutschland, er wollte nämlich ein Semester in Tübingen studieren, in der Nähe meines Heimatortes. Ich wollte ihn am Bahnhof abholen, aber plötzlich stand er schon vor der Tür, mit so einer kleinen Schultasche in der Hand. Ich hab gesagt: »Antti, jetzt gehen wir auf den Bahnhof und holen deine Sachen.« Und er hat gesagt: »Ich hab nix anderes, hier ist alles.« Mann, toll, hab ich gedacht, das gefällt mir! Er hat dann das Semester in Tübingen studiert und wir haben uns immer am Wochenende gesehen. Und meine Eltern haben ihn kennengelernt und meine Großmutter auch. Die war eine Nachfahrin der Hugenotten. Ich hab sie sehr lieb gehabt, sie war weise, tolerant, verständnisvoll, aber auch sehr streng. Sie hatte Antti von Anfang an in ihr Herz geschlossen, und meine Eltern mochten ihn auch sehr. Ich hab ihn meinen Freunden vorgestellt, im Schwarzwald sind wir zusammen gewandert und sogar auf eine unserer Volkstanztourneen hab ich ihn mitgenommen.

Aber dann fuhr er zurück nach Finnland, und ich dachte: Das halt ich nicht aus! Da hab ich mir überlegt: Ich geh nach Schweden, dann bin ich ihm wenigstens ein bisschen näher. Ich hatte an der Uni nur ein Jahr studiert, aber das war auch gar nicht anders gedacht, ich wollte ja nur eine Zusatzausbildung machen.

In Stockholm bei einer vornehmen Familie mit vier kleinen Buben hab ich dann eine Stelle als Kindererzieherin und Haushaltshilfe angenommen. Mir hat's dort gut gefallen. Aber mein Herz war ja vergeben. Ich hatte gedacht, wenn ich Schwedisch lerne, dann komm ich auch in Finnland besser klar – hat allerdings nix gebracht, auch gut! Ich blieb zwei Jahre da, und Antti kam zum Sommer-Praktikum nach Stockholm.

Und dann sind wir jeden Sommer in Lappland gewandert. Wir haben dort das

Gold für unsere Ringe selber geschürft. Damals hat's noch nicht diese touristische »Goldgräber-Attraktion« in *Tankavaara* gegeben, aber natürlich schon Goldgräber, und einen davon, den legendären Nipa, haben wir durch Zufall kennengelernt. Er hat uns gezeigt, wie man Gold schürft. Unsere Ringe sind aus dem Gold vom *Lemmenjoki*, dem »Liebesfluss«. Zwei Sommer sind wir dort gewesen. Wir haben uns zum Glück jeden Sommer gesehen, sollten aber fünf Jahre auf das richtige Leben zu zweit warten. Ich wusste, dass er nicht wollte, dass ich vorher nach Oulu ziehe. Ich habe ihn auch nicht danach gefragt. Er wollte studieren, so schnell es ging. Er hat dort Electrical Engineering studiert und Raumfahrt. Später hat er dann zum Beispiel für die damals nördlichste Satellitenstation der Welt in *Utsjoki* gearbeitet. Wir haben dort nicht gewohnt, aber wenn seine Arbeit es verlangte, sind wir immer mal dahin gefahren, zu diesem Dorf fast am Eismeer.

Meine Eltern haben meinen Umzug in den Norden voll akzeptiert. Sie haben mich unterstützt, und meine Freunde haben Antti auch akzeptiert – bis auf die jungen Männer, die eigentlich selber ein Auge auf mich geworfen hatten, was ich erst Jahrzehnte später begriffen hab, denn ich war ja dermaßen kindlich und nicht allzu selbstsicher! Ich hab immer gedacht: An mir hat keiner Interesse. Und dann kommt ein Mann und sagt: »Du bist schön.« Nix anderes: »Du bist schön.«

Der Antti hat dann auch bei meinem Vater um meine Hand angehalten. Ein Jahr vor unserer Hochzeit haben wir uns offiziell verlobt. Und dann kam er nach Deutschland und wir haben in Deutschland geheiratet. Von seiner Familie war keiner bei der Hochzeit, nur ein Kommilitone. Die Leute hatten ja kein Geld zum Reisen. Und er sagte: »Wir haben nicht viel Zeit, ich muss an der Uni anfangen.« Er war fertig mit dem Studium, sollte aber an der Universität als Assistent tätig sein. Und so haben wir schnell eine Hochzeitsreise gemacht, fünf Tage, nach Kramsach am Krummsee! Das war lustig: Wir haben Ende Mai geheiratet, da hat in Deutschland der Flieder geblüht, und danach sind wir nach Helsinki gefahren, wo dann der Flieder geblüht hat, und später nach Oulu, als da der Flieder blühte. Damit fing dann unser Leben an.

Ich wurde sofort schwanger. Ich hab mich so gefreut, denn der Antti hatte ursprünglich gemeint: »Ach, komm, wir warten noch ein bisschen.« Und ich hab gesagt: »Okay, wir warten noch ein bisschen.« Aber dann kam es doch anders. Ich hatte von Anfang an gesagt: »Ich will viele Kinder – wenn du nicht viele Kinder willst, dann heirate ich dich nicht.« Das hat er schon verstanden, auch wenn es für ihn nicht unbedingt so war: Dass man als das letzte Kind einer großen Familie nicht sagt, zehn Kinder oder am liebsten fünfzehn, das ist wohl klar.

Anfangs wurden wir von Familie zu Familie gereicht. Antti hatte ja so viele Geschwister, die waren alle verheiratet und hatten viele Kinder, da gab's dann überall Kaffee, damals trank niemand Tee. Die haben nur gestaunt, wenn jemand gesagt hat: »Ich trinke keinen Kaffee« – und dann hat man aber auch kein *pulla* gekriegt, gell! Und deshalb habe ich dann auch irgendwann angefangen Kaffee zu trinken. Anfangs hab ich die Sprache noch nicht gesprochen, das war manchmal schon schwierig. Außer Anttis Schwester Eini kam niemand auf die Idee, mir zu helfen, dass ich wenigstens einen Bruchteil des Gesprächs verfolgen konnte. Mit der Zeit habe ich dann aber das eine oder andere verstanden, und letzten Endes ist so eine Rosskur doch das effektivste Mittel, eine Sprache zu lernen. Vor allen Dingen hab ich aber gemerkt, dass meine Sprachunkenntnis die Leute in keiner Weise gebremst hat. Sie haben mich, so wie ich war, in ihre Runde aufgenommen.

Und bald hab ich auch gemerkt, dass die Leute eigentlich gar keine Zeit hatten, mit uns Kaffee zu trinken – die sollten ja auf dem Feld sein! Da hab ich gesagt: »Antti, ich geh mit dir nicht mehr Kaffee trinken. Entweder wir gehen aufs Feld mit oder wir gehen nirgends mehr hin!« Da war der Bann gebrochen, und Antti war erleichtert. Aber als ich schwanger war und beim Heumachen mithelfen wollte, haben sie mich immer gezwungen, einen Mittagschlaf zu halten. Und wenn ich aufwachte, da lagen auf mir und um mich herum lauter kleine Kinder! Die sind das so gewöhnt, die schnuckeln sich an einen Erwachsenen ran und machen auch Mittagsschlaf. Weil Bauernkinder nämlich müde sind am Mittag. Es war einfach schön!

Von Anttis Mutter, der »Mummi«, muss ich noch erzählen: Sie war eine karge Frau, nie hab ich sie lächeln sehen. Aber, ich kann nicht sagen, warum, ich habe sofort ihre Zuneigung gespürt. Irgendwie muss sie für ihren Jüngsten glücklich gewesen sein, dass er den mutigen Schritt getan und sich eine – in ihren Augen –»exotische Prinzessin« ausgesucht hatte. Und als wir frisch verliebt waren, nannte er mich seine »Fürstin« und sich selbst den »Zigeunerprinzen«.

Nach der Hochzeit wurden wir also ziemlich schnell schwanger, und ich war im siebten Himmel! Irgendwann sagte die Hebamme, die hatte mich mit ihrem Trichter am Bauch abgehört: »Oh, ich glaub, ich hör da zwei Herztöne! Aber du brauchst keine Angst zu haben, da kann ich mich auch irren.« Ich hab gesagt: »Ich, Angst? Das ist das Beste, was mir passieren kann!« Aber die Zwillingsmädelchen Silja und Anja sind dann viel zu früh geboren, über zwei Monate zu früh – und das eine starb. Das Geschöpfchen, das da am Leben blieb, das war neununddreißig Zentimeter lang und es hatte ein Köpfchen, das war kleiner als meine Faust! Sechs Monate haben wir um sein Leben gekämpft, sechs Monate hat es die ganze Muttermilch ausgespuckt. Dann aber hat es beschlossen, seine zu Tode erschöpfte Mutter anzulächeln und zu gedeihen. Ich hatte den Winzling immer in meinen Blusenausschnitt gesteckt und saß Tag und Nacht im Schaukelstuhl – denn wenn ich das Kind hingelegt hab, dann hat es alles rausgespuckt! Und Antti schlief. Da hab ich manchmal gedacht: Mann! Obwohl ich eigentlich alles an ihm akzeptiert hab, so hab ich doch manchmal auch gedacht: Verflixt nochmal, der könnte mich auch mal mitten in der Nacht fragen, bist du denn nicht müde?

Viele Gedanken kommen einem ja erst später. Nach Jahren denkt man: Aha, das war deshalb so! – Er war altmodisch. Er hat seine Arbeit gemacht, und wenn ich ihn um irgendwas gebeten habe, was Männerarbeit ist, dann hat er das sofort getan. Er war ein sehr lieber Vater, aber er kam heim, legte sich aufs Sofa und las Zeitung. Die Kinder haben um ihn herumgewuselt, und er kam nicht in die Küche. Da hat er nie von sich aus was gemacht, wahrscheinlich hat er gedacht: Ich weiß ja gar nicht, was sie für Sitten hat. Er hat sich nie angeboten zu helfen, er hat nicht die Windeln gewechselt, er hat das Baby zwar auf den Arm genommen, aber wenn es in der Nacht geschrien hat, dann hat er geschlafen – er konnte es ja sowieso nicht stillen. Dann später, als wir älter waren und ich Krebs gekriegt hatte – ich war vorher immer ganz gesund –, da hat er zu mir gesagt: »So, ab jetzt machen wir alles gemeinsam!« Und ich dachte: Oh! Und dann hab ich gemerkt: Um was ich ihn je gebeten hab, er hat immer gesagt: »Ja, mach ich.« Aber ich hab ihn eigentlich fast nie gefragt, weil ich dachte: Das müsste er doch selber merken. Manchmal war ich auch ein bisschen ärgerlich deswegen. Er hatte aber gar nicht begriffen, dass er fragen darf und kann. Vielleicht hatte er auch ein bisschen Angst vor dieser anderen, vor meiner Kultur; ich bin ja auch so wahnsinnig deutsch in vieler Beziehung.

Im Nachhinein, als er dann schon tot war, hab ich gedacht: Warum habe ich mit diesem Mann nicht geredet? Warum haben wir nicht mehr miteinander gesprochen? Denn er hat sich doch eine Frau aus einer ganz anderen Kultur gesucht, vielleicht hatte er sich erhofft, dass es anders läuft … Er hat ja einen Riesenschritt gemacht: Er ist ein ganz kleiner Bauernbub gewesen – und ist Professor an der Universität geworden! Vielleicht hat er sich danach gesehnt, dass ich mal den Anfang mache. Aber man macht ja so viel falsch. Wenn wir mal Missverständnisse hatten, Schwierigkeiten irgendwie, das passiert ja, dann haben wir uns aber nie gestritten. Bloß etwa einmal im Jahr ist mir der Kragen geplatzt und dann hab ich anfangs auch mal gebrüllt. Da ist er immer ganz wahnsinnig erschrocken gewesen, und ich hab gedacht: Nein, das kann ich ihm nicht antun! – Er war nicht sauer, er war nur traurig. Meine Eltern haben sich geliebt, aber auch gestritten. Wir Kinder haben uns geliebt und gestritten. Aber mit dem Antti konnte man nicht streiten. Ich habe das auch nicht vermisst. Wenn ich ein bisschen auf ihn ärgerlich war oder er auf mich, dann hat er mich abends in die Arme genommen und da war alles wie weggeblasen. Da war die Welt wieder heil. Das sind Geschichten, die stimmen.

In unserer Freizeit haben wir zusammen gebaut, nämlich unser Sommerhaus. Wir haben überhaupt viel Gemeinsames gehabt und einiges Nichtgemeinsame. Er kam abends eigentlich immer rechtzeitig von der Uni nach Hause, er hat selten Überstunden gemacht. Dann hat er sich um seine Kinder gekümmert, da hat er nicht gefragt. Er hat ihnen bei den Schularbeiten geholfen, er war streng. Was den Abend anbelangt: Unsere Kinder gingen früh ins Bett. Ab halb acht war ich keine gute Mutter mehr, es war besser, die waren dann verschwunden. Abends hatten wir also Zeit zu zweit zusammen. Er hat dann auch nicht mehr für die Uni gearbeitet. Wir haben schon ein wenig philosophiert, aber nicht über Probleme gesprochen, denn es waren so ja keine da. Die hat eigentlich jeder für sich geregelt, da war auch nichts, was an mir genagt hätte.

In drei Jahren hatten wir also vier Kinder gekriegt und dann hat mein Mann gesagt: »So, jetzt reicht's!« Und ich hab das erstmal akzeptiert. Als ich die Kinder hatte, dachte ich manchmal: Was, die sind aus meinem Bauch? Die sind ja völlig anders als ich! Zum Beispiel: Die Sisko liegt im Bett, wach, Augen auf – und ist still! Später haben wir eine Zeit lang in Amerika gelebt, da hat der Lehrer von der Sisko gesagt: »Eure Kinder können doch drei Sprachen fließend, warum spricht Sisko denn dann gar keine?!«

Mein Mann hat mit mir immer Deutsch gesprochen, das war ganz natürlich, und die Leute hier haben das auch nie beanstandet. Die Kinder haben untereinander Finnisch geredet, und wenn die Kinder mit mir gesprochen haben, dann haben sie auch nicht immer auf Deutsch geantwortet. Sie sind aus der Schule gekommen und haben Finnisch geredet und ich hab es dann auf Deutsch wiederholt: »Ah ja, ihr hattet Mathematik, da habt ihr des und des gemacht.« Ich hab nie gesagt: »Sprich Deutsch!« Am Anfang war ich aber manchmal ein bisschen unglücklich, wenn ich zum Beispiel gesagt hab: »Psst, sei leise, Sisko schläft!« und die dreijährige Silja das dann auf Finnisch nachgesagt hat: »Ja, hän nukkuu.« Die Sprache des Landes gewinnt immer, aber so soll's ja auch sein. Bis zu einem gewissen Punkt. Eines Tages hat meine Tochter zu mir gesagt, da war sie vielleicht drei oder vier: »Mama, ich hab die ääni (Stimme) von dem kotka (Adler) ge-kuult (ge-hört).« Da hab ich gedacht: So, ich darf auf keinen Fall mehr die Sprachen mischen – entweder oder! Und dann hab ich eben nur noch Deutsch geredet und keine finnischen Wörter daruntergemischt, wie es sonst einfach immer wieder passiert. Und wenn wir am Tisch saßen und diskutiert haben, dann haben wir Deutsch gesprochen, und wenn der Vater sich an seine Kinder gewendet hat, dann ging es auf Finnisch weiter. Das hat gut geklappt, das war ganz normal. Einmal kam ein deutscher Junge, und der hat zu meiner Tochter Silja gesagt: »Spiel doch mit mir, ich mag dich so arg!« Und da hat sie geantwortet: »Geh weg du, du … Schweineadler!« Unglücklicher- oder vielleicht glücklicherweise hatte ja niemand unseren Kindern beigebracht auf Deutsch zu fluchen!

Finnland – von Anfang an hab ich gedacht: Da gehör ich hin, genau da! Wir waren aber auch kürzere Etappen woanders, immer wenn Antti berufsbedingt irgendwo eingeladen war: In Russland zum Beispiel, da war er Gast der Akademie, oder in Deutschland, da war er Humboldt-Stipendiat. Wir waren beinahe zwei Jahre dort mit der Familie, und eigentlich war überall unser Zuhause. Ich war meistens mit ihm auch auf den Konferenzen im Ausland, dann hat jemand von den Verwandten unsere Kinder versorgt. Ansonsten hatten wir nie einen Babysitter. Das habe ich manchmal später auch bereut, dass ich mir keine Unterstützung geholt habe. Mein Mann hätte sofort Ja gesagt, aber selber hat er halt nichts dafür getan. Wir lebten mit der ganzen Familie auch ein Jahr in Kalifornien. Danach wollte der Antti nur noch heim. Er wollte seine vier Jahreszeiten haben, und von diesem ewigen Smalltalk hatte er auch die Nase voll. Aber alle dort haben ihn gemocht.

Da ist etwas, was ich bei den Finnen festgestellt habe: Bei denen geht die Entwicklung so viel schneller. Da kommt einer von einem Bauernhof ohne Strom und ohne fließend Wasser. Das Wasser wird vom Brunnen geholt, das Schmutzwasser wird auf den Mist rausgekippt, und die Leute kochen ihren Kaffee auf dem Holzofen. Aber die nächste Stufe – und das geht ruckzuck – ist dann schon die Kaffeemaschine. Mein Mann hat nie von seiner Kindheit oder Jugend gesprochen, aber andere Leute haben es mir erzählt: Er war ein Bauernbub, und die Mutter hat es nicht nötig gefunden, den Buben aufs Gymnasium zu schicken, obwohl sein Lehrer darauf bestanden hatte. Aber der Vater hat gesagt: »Wenn der Lehrer das sagt, dann wird das so gemacht.« Also haben sie den kleinen Buben mit seinen elf Jahren nach Oulu geschickt, da hat er bei alten Leuten gewohnt und kam nur am Wochenende nach Hause. Aber im Lyzeum in Oulu war er einer der besten Schüler. Dieses Lyzeum ist ja sehr bekannt, da waren auch einige von den finnischen Präsidenten. Der Vater starb, als der Antti elf war, aber den Schulbesuch hatte er noch in die Wege geleitet. Und ich hatte immer das Gefühl, der Antti hatte seinen Weg so vor

Augen, ganz gerade, und er wusste: Den will ich gehen. Und als er mich kennengelernt hat, hat er ganz cool gedacht: Die passt in meinen Plan. – Und das gefällt mir, dass ein Mensch weiß, was er will! Der Antti konnte auch mal was über'n Haufen schmeißen, aber im Allgemeinen hat er über die Dinge sehr konzentriert nachgedacht und sie dann ausgeführt. Darüber hat er nicht viel mit mir diskutiert. Er hat mal zu mir gesagt, als wir noch nicht verheiratet waren: »Weißt du, wenn du Nein gesagt hättest, dann hätte ich nie geheiratet. Ich wäre einfach nur ein Wissenschaftler geworden.« Ob das jetzt stimmt oder nicht, aber das hat er auch nicht aus Höflichkeit gesagt. Er war nicht höflich, das wäre vielleicht auf Kosten seiner Ehrlichkeit gegangen.

Er hat mich überallhin mitgeschleift. Auch die Kinder waren, wenn nur möglich, dabei, manchmal sogar ihre Haustiere, zeitweise über zehn an der Zahl. Die Kinder waren große Tierfreunde, wie ihr Vater; die Verbundenheit mit der Natur hatten wir alle gemeinsam. Antti hat zu den Kindern gesagt: »Ihr kriegt jedes Tier, das ihr wollt, aber versorgen müsst ihr es selber.« Zum Schluss hatten wir dann sogar ein Pferd.

Als man in Oulu einen finnisch-deutschen Kindergarten gründen wollte, wurden wir dann darauf angesprochen, weil wir ja drei kleine Kinder hatten. Da stellte sich heraus: Hoppla, die Gisela ist ja auch Kindergärtnerin! Meine Kinder waren damals vier, drei und zwei Jahre alt, da wollte ich nicht so viel arbeiten, stellte mich aber erstmal als Praktikantin zur Verfügung, und die Kinder nahm ich natürlich mit. Das Praktikum war aber keine gute Idee, denn ich hatte mehr Erfahrung als die junge deutsche Kindergärtnerin dort! Für sie war das schwer zu akzeptieren. Doch als sie dann schwanger wurde, hab ich die Gruppe übernommen. Als wir dann später in Amerika waren, passierte dann etwas ganz Furchtbares: Diese Kindergärtnerin hatte ja dann ein kleines Kind – und das hat sie aus dem Fenster geworfen und das Kind war tot. Die Frau kam in eine Heilanstalt, doch nach einer Weile wollte sie wieder in den Kindergarten zurück. Natürlich wurde sie nicht genommen. Als wir aus Amerika zurückkamen und ich mich entschlossen hatte, den Kindergarten zu leiten, beunruhigte mich der Gedanke, sie kommt bei uns an die Tür und macht meine Kinder tot. Wir haben unsere Kinder öfter mal allein gelassen für zwei oder drei Stunden, als die noch klein waren, die Große hat dann die Kleineren versorgt.

Als unser Jüngster, Simo, elf Jahre alt war, hab ich zu meinem Mann gesagt: »Bitte, Antti, noch ein Kind. Ich weiß ja, dass du keins mehr willst, aber wenn du jetzt zu der Konferenz nach Italien gehst, kannst du darüber nachdenken, und wenn du zurückkommst, sagst du entweder Ja oder Nein« – denn viel mehr sagt ein Finne ja auch nicht. Und dann kam er zurück und hat gesagt: »Hm, wann willst du denn das Kind?« Da habe ich gesagt: »Am liebsten gleich.« Ich wurde sofort schwanger. Und der Antti hat dieses kleine Mädchen geliebt! Ich hab sie dann von sechs Monaten an in den Kindergarten mitgenommen, sie war für den ganzen Kindergarten »unser Kindle«.

Wenn ich damals an Deutschland gedacht hab, dann oft: Oh, jetzt ist da Frühling, da blüht alles bei uns im Garten, unterm Schnee kommen schon die Schneeglöckchen! Meine Mutter hat das auch noch geschürt, sie hat angerufen und gesagt: »Kannst du dir vorstellen, die Märzenbecher und die Forsythien blühen!« – und ich hab gedacht: Sei doch still. Das war die einzige Zeit im Jahr, wo ich gedacht hab: Du könntest jetzt eigentlich in Deutschland sein. Wir sind zu Hause fünf Kinder gewesen und haben uns gut verstanden, aber das alles zurückzulassen war für mich nicht schwer gewesen. Ich hab mich vor kurzem mit einem jungen Mädchen unterhalten, die sagte: »Ich hab eigentlich nie Heimweh, ich bin immer da zu Hause, wo mein Leben mich hinführt.« Da war ich erleichtert, dass das anderen auch so geht. Lange hatte ich gedacht, man muss doch »vaterländisch« sein, man muss Heimweh haben, sonst ist es ein Beweis, dass man ein schlechtes Zuhause hatte! Nein, ich hatte ja ein gutes Zuhause, obwohl ich ein Kriegs- und Nachkriegskind bin und sehr temperamentvolle Eltern gehabt hab. Ich bin da zu Hause, wo ich hingehe, ich finde überall Freunde. Ich würde auch jetzt in meinem Alter noch irgendwo anders hingehen können, weil ich weiß, dass ich Menschen finde, die ich mag und die mich dann auch mögen.

Von Anfang an hat mir hier nicht nur diese wunderschöne und unberührte Natur gefallen, sondern ebenso die Unverdorbenheit und die Ehrlichkeit der Finnen. Das hat sich nicht sehr verändert, aber schon ein wenig. Die können heute leichter mal sagen: »Minä tykkään sinusta« (»Ich mag dich«). Die Finnen sind schon internationaler und haben es sogar ein bisschen gelernt, Smalltalk zu machen – aber sie mögen's immer noch nicht so arg, gell.

Die Deutschen in Lappland, das ist ein interessantes Thema. Die Leute in Lappland hatten ja allen Grund, die Deutschen, die *Sakemannit*, nicht zu mögen, weil die den Befehl »verbrannte Erde« dort gehorsam durchziehen mussten. Ich hatte hier damit aber extrem selten Probleme – es wäre ja auch dumm, wenn mich jemand für Hitler verantwortlich machte, ich war damals ja noch ein ganz kleines Kind! Mich ärgert's auch, wenn in den amerikanischen Filmen die Deutschen, die Bösen, immer »Fritz« heißen, mein Vater hieß nämlich Fritz. Unseren Kindern wurde hier in Nordfinnland aber manchmal schon »Sakemanni« nachgerufen, und wisst ihr, warum? Weil sie schwarzes Haar haben und dicke schwarze Augenbrauen und relativ dicke Lippen. Das kam aber von meinem Mann, dem Finnen, der nicht wie ein Finne aussah. Ich war als Kind ganz blond!

Finnland ist heute für mich Heimat. Aber Deutschland ist mein Hintergrund, und zwar ganz stark, da sind meine Wurzeln. Und ich bin so deutsch, dass man es fast nicht aushalten kann. Ich hab schon auch versucht, was von den Finnen anzunehmen, wenigstens so ein bisschen. Aber dann hab ich gedacht: Verflixt nochmal, so wie ich dahin kam, so haben sie mich akzeptiert, also kann ich ja eigentlich auch die bleiben, die ich war! Ich unterhalte mich leidenschaftlich gern und wenn ein Deutscher von etwas begeistert ist, dann fällt er dem anderen auch mal ins Wort – aber das ist in Finnland ja gar nicht höflich. In Finnland sagst du was und die Leute hören dir zu, hören dir zu, hören dir zu und dann, wenn du auf eine Reaktion wartest, passiert erst mal überhaupt nichts und du denkst: He, seid ihr noch da?! Und dann kommt eine brillante Antwort. Aber diese lange Pause musst du eben ertragen.

Bei unserer Hochzeit war Antti ganz still. Er hat nur geguckt, und es hat zwei Jahre gedauert, da erst hat er zu mir gesagt: »Du warst schön bei unserer Hochzeit!« Und ich: »Was, das sagst du mir jetzt? Darauf hatte ich damals gewartet!« Aber wenn ich daran denke: wie der Fotograf mich als Braut fotografierte und er daneben stand und mich ansah … Einmal kam er, in Schweden noch, zu mir nach Hause und ich hatte ihm so wunderschöne deutsche Brötchen gebacken. Er kam, setzte sich, aß sie. Ich fragte: »Schmeckt's gut?« Er: »Mhm.« – Gott sei Dank hat er nicht so auf richtig finnische Art gesagt: »Kyllä sitä syö« (»Kann man essen«). Als wir dann drei kleine Kinder hatten, da wurden wir mal von der Redakteurin einer deutschen Frauenzeitschrift interviewt, das war eine Story! Sie hat erst mich allein interviewt, und dann ihn: »Was hat Sie denn damals an Ihrer Frau so fasziniert, als Sie noch nicht verheiratet waren?« Darauf antwortete er: »Sie hat so gute Brötchen gebacken.« Das hat mir die Reporterin dann erzählt! – Man versteht einen Finnen vielleicht besser, wenn man ihn einfach nur spürt. Er hat ja Bände gesprochen, so im Nachhinein betrachtet.

Ich hab ja viele Freunde, gell, und das soll man ja auch haben. Mein Mann war nie eifersüchtig, nur einmal, und das war am Abend vor seinem Tod. Ja … Aber dadurch ist auch etwas passiert, wofür ich dem lieben Gott sehr dankbar bin: Da haben wir nämlich wirklich richtig miteinander gesprochen. Es war so, dass ich bei einem Treffen auf den Ålandinseln einen jungen Schweizer kennengelernt hatte, und der kam uns besuchen. Der war wahnsinnig nett, aber der Antti mochte ihn nicht. Und der ging auch nicht, und der Antti hat gedacht: Warum bleibt er denn so lange? Und als wir später allein waren, da wendet sich der Antti an mich und sagt: »Hast du was mit dem Schweizer?« Da hab ich gesagt: »Um Gottes willen, nein!« Und dann: »So, Antti, jetzt gehen wir raus!« Und dann hab ich zu ihm gesagt, was ich ihm vorher noch nie so direkt gesagt hatte: »Antti, verstehst du eigentlich, wie sehr ich dich liebe? Ich hab dich so wahnsinnig lieb!« Gott sei Dank konnte ich das noch sagen – am Abend war er tot.

Ganz plötzlich. Die Gäste waren noch da, wir saßen noch zusammen, er war schon ins Bett gegangen. Er ging immer vor mir ins Bett, er brauchte immer mehr Schlaf als ich. Eigentlich hat er immer gewartet, bis ich kam, oder er hat im Bett gelesen und dann das Licht ausgemacht und ist eingeschlafen. Wenn's Licht noch an war, dann wusste ich, er ist wach, da hab ich mich immer gefreut. Ich hab also den Gästen noch zu trinken gegeben, die wollten noch nicht schlafen gehen, dann ging ich rauf und sah: Ach, das Licht brennt, er ist noch wach. Aber wie ich gucke, liegt er da mit geschlossenen Augen, das Buch, es war eine Geschichte über *Eino Leino*, war so auf die Seite geglitten, und er war tot. Er hatte nur die Augen zu, aber ich hab's gesehen, dass er tot war.

Das ist eine ganz schwere Belastung in den Genen seiner Familie: Die haben alle hohen Blutdruck, brüchige Adern und sterben früh. Der Vater starb früh, die Schwester ist mit vierzig beinahe gestorben, der eine Bruder starb mit vierundfünfzig, und Antti war gerade fünfzig. Wir hatten kurz vorher so eine Open-house-Geburtstagsfeier mit ihm gemacht, und an dem Abend hatte ich zu ihm gesagt: »Ach, Antti, das war anstrengend, ich glaub, ich feiere meinen Fünfzigsten nicht.« Da sagt er: »Na, Frauen feiern doch auch nicht.« Dann guckt er mich an und denkt, jetzt hab ich sie wahrscheinlich ein bisschen gekränkt, und sagt dann: »Weißt du, was wir nächstes Jahr machen?« – er war genau zwei Jahre und zehn Tage älter als ich – »Da feiern wir unseren Hundertsten zusammen!« Den haben wir nicht gefeiert, da war er tot.

Nach seinem Tod hab ich ein schlechtes Gewissen gehabt, aber das hat man wohl sowieso. Man hat wohl immer das Gefühl: Warum hab ich ihm nicht öfter gesagt, wie lieb ich ihn hab! Aber dann hab ich hinterher gedacht: Ach, das hat er gespürt. Die Finnen sagen das ja auch nicht so oft. Da gibt es diesen Witz: »Rakastatko sinä minua?« – »Ilmoitan kyllä jos tilanne muuttuu.« (»Liebst du mich?« – »Ich sag Bescheid, wenn sich was ändert«). Und er hat immer gesagt: »Das weißt du doch.« Im Nachhinein hab ich gedacht, ich hatte einfach mehr Kraft. Er hat viel mehr Schlaf gebraucht als ich, er hat sich jedes Mal nach dem Essen hingelegt. Während ich meistens gedacht hab: Jetzt haben wir gegessen, jetzt ran an die Arbeit. Er hat auch viel gearbeitet, aber er ruhte so in sich, hat nie Eile gehabt. Das hat ihn wohl so lange am Leben erhalten. Die Kapazität von den Menschen ist verschieden. Dass ich das gespürt hab, ich glaub, da hatte ich einfach Glück! Dass ich manche Sachen nicht in Frage gestellt hab und nur gedacht hab, das ist eben so. Da sieht man wieder: Die Menschen sollten jung heiraten, jung ihre Kinder kriegen, dann können sie besser auch zu zweit sein, wenn die Nachkömmlinge dann ausfliegen – aber das halten viele ja nicht aus, zu zweit sein! Junge Menschen können noch zusammenwachsen. Mein Mann war ganz anders als ich, aber wir haben uns gut ergänzt; ich war die Kreative, er der Systematische. Und unsere Kinder sind alle mathematisch hoch begabt, und die Jüngste ist Künstlerin. Sie lebt in der Schweiz und unterrichtet an der Akademie. Und unser Sohn ist genau in die Fußstapfen seines Vaters getreten, er ist Pilot. Mein Vater war Flieger, mein Mann ist geflogen und ich kann jetzt immer billig fliegen.

Ich war achtundvierzig, als mein Mann starb, da fühlte ich mich noch so schrecklich jung. Alles mögliche Verrückte hab ich hier angefangen, und die Leute haben das angenommen. Ich hab nicht nur diesen finnisch-deutschen Kindergarten gehabt, sondern dann auch das Babyschwimmen hier in Finnland eingeführt. Afrotanz habe ich angeboten an der Volkshochschule, angehende Kindertheaterregisseure habe ich unterrichtet ... Da habe ich auch meinen jetzigen Freund kennengelernt. Er ist Lehrer, und wir mögen uns. Wir wohnen in der Nähe voneinander und machen viel gemeinsam: halten Keramikkurse, gehen ins Konzert und ins Theater, wandern, fahren Ski, wir helfen und ergänzen einander. So was macht froh.

Der Antti ist jetzt länger tot, als wir verheiratet waren. Und jetzt am Sonntag, da war sein fünfundzwanzigster Todestag, da hab ich das gemacht, was ich jedes Jahr mach: Ich hab einen großen Kranz gewunden aus allen Blumen, die noch blühen jetzt im Herbst – also nur Naturblumen – und den bring ich gegen Mitternacht aufs Grab. Dann mach ich eine Kerze an. Ich hab ein Kissen, das überziehe ich mit Plastik und dann sitze ich da auf dem Gras und es ist ganz dunkel.

Und dann denke ich meistens an diesen ersten Sommer mit ihm: Er war ganz braun, er hatte dunkelbraune Haut im Sommer und sah überhaupt nicht finnisch aus. Die Deutschen haben immer gedacht, er wäre ein Türke. Er hatte schwarzes Haar und starke Augenbrauen und so eine leichte Hakennase, und, das vergesse ich nie, ganz blitzende blaue Augen. Er war ein ganz arg schöner Mann, ich hab auch arg schöne Kinder. Er war klein und breitschultrig und schmalhüftig, er war kein großer Sportler, aber in der Natur konnte er stundenlang mit mir herumlaufen. Wir sind auf den schmalen Rentierpfaden hintereinander gelaufen und wir waren glücklich zu zweit. Und als unser »iltatähti« (Abendstern), dieses Mädelchen, die Riikka, geboren war, da waren wir zu dritt und es war wunderschön.

Wenn ich am Grab bin, dann sehe ich ihn vor mir. Er war ein armer Bauernbub. Er hatte einen stark blauen Frottee-Pullover an, der ihm zu klein war, der lag ganz eng an. Bevor er sich mit mir getroffen hat, hatte seine Schwägerin wohl gesagt: »Nimm dir mal ein paar Blumen aus meinem Garten mit.« Und dann kam er mit diesem Blumenstrauß hinter seinem Rücken zu mir, und dann stand er so und hat mich angeguckt mit seinen blitzenden blauen Augen.

Wieder zurück

Petra: Die Unterschiede innerhalb Finnlands sind wirklich groß! Eine deutsche Frau in Lappland hat uns erzählt, dass sie höchstens einmal im Jahr nach Helsinki reist. In der Hauptstadt ist für sie alles anders als in »ihrem Finnland«: Die Sprache, die Menschen, das Tempo. Und eine junge Finnin aus Lappland sagte mir mal: »Ich verstehe gar nicht, warum die Leute in Helsinki sich ärgern, wenn sie mal eine Metro verpasst haben, wo doch zwei Minuten später bereits die nächste fährt. Bei uns in Lappland fährt manchmal tagelang noch nicht einmal ein Bus.« Für mich unvorstellbar.

Ulrike: Wir merken, wie sich unsere Sichtweise auf Finnland aufgrund unserer Gespräche mit den anderen deutschen Frauen hier verändert. Diese Reise hat uns auch innerlich vorangebracht. Es ist beeindruckend, dass viele der Frauen schon früh gespürt haben, dass ihr individuelles Glück gerade in Finnland liegt – und nicht nur an einen finnischen Mann oder die berufliche Karriere hier gebunden ist. Für die letzten Gespräche überdenken wir nun einige Fragen und Ansatzpunkte. Nach den Geschichten, die eher von dem Leben in kleinen Dorfgemeinschaften erzählen, sind wir gespannt auf weitere Stimmen aus der Hauptstadt.

Petra: Immer wieder ist auch die finnische Sprache ein Thema. Alle Frauen haben sich das Finnische erst mühsam erschließen müssen. Damit bin ich offensichtlich also nicht die Einzige. Die Finnischvokabeln muss ich mir immer noch täglich wie Pflastersteine in den Kopf hauen, damit der Wortschatz allmählich Grundlage für eine begehbare Straße wird.

Sprachliche Missverständnisse gehören bei jedem Neuankömmling dazu. Eine wahre Geschichte: Am Abend des »Red nose day« geht eine deutsche Frau in einen finnischen Kiosk, um eine Tafel Schokolade, einen Bond-Film und drei rote Pappnasen zu kaufen. Als sie an der Reihe ist, nennt sie dem freundlichen Verkäufer laut die gewünschten Dinge: »Minä haluaisin suklaalevyn, Bond-elokuvan ja kolme nänniä.« Bis auf die drei Pappnasen bekommt sie alles sofort, und auch die legt der Verkäufer mit unbewegter Miene noch dazu, als sie darauf deutet. Als die Frau dann voller Stolz zu Hause diesen Satz wiederholt, klärt ihr finnischer Mann sie darüber auf, dass sie gerade statt drei Nasen (kolme nenää) im Kiosk drei Brustwarzen (kolme nänniä) bestellt habe!

Ulrike: Wie sehr sich die Gesellschaft in den vergangenen Jahrzehnten in Finnland verändert und geöffnet hat, kommt in vielen unserer Gespräche vor. Das habe auch ich selbst so erlebt in meinen bald zwanzig Jahren hier. Besonders in letzter

Zeit sind Erfahrungen von Ausländern in und mit Finnland immer wieder auch in der Öffentlichkeit ein Thema. Dazu gehört auch die Frage, die in vielen unserer Gespräche aufkommt: Wird oder ist man Finnin, wenn man lange in Finnland wohnt? Sollte man dann den finnischen Pass haben? Im öffentlichen Sprachgebrauch fällt mir oft die Gleichsetzung »wir in Finnland« sind »wir Finnen« auf, wie in der Werbung einer Telefonauskunft: »Die Nummer, unter der du die Finnen erreichst«. Da frage ich mich: Ist da meine Nummer nicht registriert? Fehlen da all die Anschlüsse der hier lebenden Ausländer?!
Eine Situation neulich in einer Apotheke: An der Kasse wurde mir mit der Quittung auch ein Gutschein überreicht, der für ein Vitaminpräparat warb, und zwar mit den Worten »für Finnen zusammengestellt«. Ich habe schnell reagiert und ihn der Kassiererin zurückgegeben: »Das kann ich dann wohl nicht kaufen, ich bin Ausländerin.« Darauf meinte die: »Stimmt, das ist schon merkwürdig ausgedrückt. Darüber hab ich noch nie nachgedacht.«

In der ersten der folgenden Geschichten gibt eine Frau ihrer Hoffnung Ausdruck, auch als nicht-finnische Mitbürgerin aktiv einen Beitrag zur Gestaltung einer multikulturellen Gesellschaft leisten zu können.

Entweder man dreht durch – oder man macht's anders

Antje, 42, aus dem Emsland, ein Kind, seit elf Jahren in der Hauptstadtregion

In unserer Familie gibt es viele Sprachen. Als mein Mann und ich uns in Italien kennengelernt haben, haben wir Englisch miteinander gesprochen. Jetzt, wo wir einen Sohn haben, spricht jeder die eigene Muttersprache mit ihm, und wir wechseln jeden Montag die Sprache, in der wir miteinander sprechen – eine Woche so, eine Woche so. Das klingt kompliziert, funktioniert aber gut.

Als wir damals vor vielen Jahren nach Finnland gezogen sind, konnte ich kein Finnisch. Da bin ich zur Universität gegangen und habe gesagt: »Ich möchte jetzt Finnisch lernen, in einem Intensivkurs.« Dann habe ich vier Monate lang fünfundzwanzig Stunden pro Woche Finnischkurs gehabt, bin nach dem Unterricht jeden Tag in die Bibliothek und habe weitergelernt, also vierzig Stunden pro Woche nur Finnisch. Und nach den vier Monaten bin ich zum Arbeitsamt gegangen und habe gesagt: »Nun kann ich ein bisschen Finnisch, ich möchte jetzt einen Job.« Da haben sie mir einen Kurs angeboten, wo man auf Finnisch für das Arbeitsleben vorbereitet wird, also drei Monate lang auf Finnisch Lebenslauf schreiben, Bewerbungen üben und so etwas.

Danach habe ich richtig Arbeit gesucht und dabei eine Stellenanzeige als Deutschlehrerin in Vertretung gesehen: sechs Wochen in einer gymnasialen Oberstufe. Da habe ich einfach angerufen: »Guten Tag, mein Finnisch ist nicht so gut, aber ich bin eine gute Lehrerin, kann ich hier arbeiten?« Und der Schulleiter hat gesagt: »Kommen Sie mal vorbei.« Und dann habe ich mich intensiv vorbereitet, um mich selbst auf Finnisch sehr gut vorstellen zu können. Das habe ich mit meinem Mann geübt. Am nächsten Tag bin ich dahin gegangen, und ich habe mich wirklich gut auf Finnisch vorgestellt – und der Schulleiter war begeistert von mir, weil ich ja erst neun Monate in Finnland war. Aber er hat gesagt: »Wenn ich noch jemanden finde, der als Deutschlehrer qualifizierter ist, dann haben Sie Pech gehabt, sonst nehme ich Sie.« Tja, und dann bin ich fünf Jahre dort geblieben, denn die andere Lehrerin ist dann erst zurückgekommen. Der Schulleiter hat mir auch vorgeschlagen, dass ich noch Germanistik studiere, um als Deutschlehrerin wirklich qualifiziert zu sein und dort bleiben zu können. Ich hatte zwar eine Ausbildung als Sprachlehrerin, aber nicht für Deutsch.

Ich hab meinen Mann in Italien kennengelernt, dann haben wir in Holland gewohnt und schließlich hier in Finnland. Hier ist es ruhig, hier ist es schön, hier gibt es viel Natur, hier sind nicht so viele Leute – warum sollten wir zurück? Vorher war ich ein oder zwei Mal als Tourist in Finnland gewesen. Wir waren zum Beispiel in Oulu, aber ich hab gleich deutlich gemacht: »Dahin ziehen wir nicht, da stinkt es so von der Papierindustrie; es ist auch zu kalt, zu viel Schnee.« Aber ansonsten war ich von Finnland begeistert. Und meinem Mann hatte es in Mitteleuropa nicht gefallen: zu voll, zu viele Leute. Und ich habe ja auch gesehen, dass Finnland einfach besser war, er hatte Recht.

Ich bin eine Person, die überall leben kann. Es ist mir wirklich egal, wo ich wohne. Ich kann die Umgebung nicht ändern, ich kann den Lebensstandard nicht ändern, aber ich kann damit klarkommen. Wenn es dunkel ist und kalt und es dauert noch drei Monate bis die Blumen blühen, dann finde ich das auch nicht schön, aber ich stell mich darauf ein und versuche andere Dinge zu finden, die mir Spaß machen. Da sind die Leute unterschiedlich. Viele meiner ausländischen Kunden finden es schwer, sich anzupassen und beklagen sich oft. Ich sag denen immer: »Schaut mehr auf die Sachen, die gut sind!« Und wenn es bei mir so ist, dass es mir reicht, dann mach ich auch was! So wie letztes Jahr zu Ostern, da war hier so viel Schnee und es war so kalt, dass ich einfach keine Lust mehr hatte. Da habe ich einen Flug gebucht und wir sind zu meinen Eltern gereist, wo es warm und sonnig war und die Blumen schon blühten. Da bin ich die aktivere, und das ist nicht nur mit meinem Mann so, sondern auch mit meinen Freunden hier in Finnland.

In meinem zweiten Jahr hier hab ich etwas Wichtiges gelernt: Ich hatte mich gewundert, dass mich nach dem September keiner mehr angerufen hat und etwas unternehmen wollte. Mein Mann hat mir gesagt: »Jetzt kommt der Winter, da ist man eben drinnen und für sich.« Und ich habe gerechnet: Oktober, November, Dezember, Januar, Februar, März, April – sieben Monate, machen da wirklich alle Finnen nichts mehr? Und ich finde, es stimmt, im Winter ist man hier viel passiver. Die Leute sind einfach drinnen und mehr nur mit der Familie, und sie sind damit zufrieden. Wenn man aber jetzt so ist wie ich, dass man Leute um sich herum haben und Dinge unternehmen möchte, dann hat man zwei Möglichkeiten: Entweder man bleibt drinnen und dreht durch, oder man sagt: Gut, ich mache das anders! Und ich rufe dann einfach meine Freundinnen an und schlage vor, dass wir ins Kino gehen oder etwas anderes zusammen machen – und meistens sind sie ganz begeistert davon. Dann kann ich wieder auf zwei unterschiedliche Arten reagieren: Entweder ich rufe immer wieder einfach an und freue mich, dass wir etwas zusammen machen – oder ich ärgere mich, dass ich immer diejenige sein muss, die aktiv ist. Manche denken natürlich, das ist doch keine Freundschaft, wenn man immer die

Aktivere sein muss. Ich denke aber: Wenn die Leute hier so sind, dann muss ich mich eben dafür entscheiden. Die Freunde sind mir wichtig, also warum nicht. Das ist meine Art von Anpassung.

Und wenn wir zu Hause bei meinen Eltern sind, dann muss mein Mann sich auch ein bisschen anpassen. Er ist sehr ruhig, und wenn wir dann bei meinen Freunden sind und die reden alle die ganze Zeit, dann sagt er nicht viel. Am Anfang haben sie immer wieder gefragt: »Ist er krank, oder versteht er uns nicht, oder ist was los?« Und da habe ich erklärt: »Es ist für euch vielleicht komisch, aber auf dieser Welt gibt es Leute, die nicht so viel kommunizieren, nicht so viel reden wie wir! Aber wenn er dabei ist und Spaß hat und so ist, wie er ist, dann sollte euch das nicht stören.« Das hat eine Weile gedauert, aber dann haben sie es verstanden. Es ist auch so, dass mein Mann und ich uns ein bisschen aneinander angepasst haben – ich bin ruhiger geworden in den letzten Jahren, und er ist auch aktiver geworden.

Ich bin, wie ich bin, und es ist mir eigentlich völlig egal, was die anderen von mir denken. Ich versuche mich anzupassen, aber es gibt bestimmte Sachen, die ich an mir nicht ändern kann. Und wenn jemand damit ein Problem hat, dann ist das nicht mein Problem. Ich habe mich wirklich bemüht mich zu integrieren, ich habe die Sprache gelernt und ich habe auch gelernt, wie man hier in Finnland reagieren sollte – aber es gibt bestimmte Situationen, wo ich nicht so reagieren kann, wie ein Finne das erwartet, und das versuche ich dann zu erklären. Aber wenn die das nicht verstehen, haben sie Pech gehabt.

Das geht mir manchmal auch mit meinen Schwiegereltern so. Zum Beispiel war es vor ein paar Jahren so, dass wir über Weihnachten zu meinen Eltern fahren wollten. Ich hatte für meinen Sohn einen Kalender gemacht, wo er jeden Tag sehen konnte, wie viele Tage es noch waren bis zum Abflug am Heiligabend. Und dann bekam er am 23. Dezember Windpocken. An dem Tag waren meine Schwiegereltern bei uns, und mein Sohn hat natürlich sehr geweint, weil er so ja darauf gewartet hatte, dass wir losfliegen, und ich eigentlich auch – und nun ging das alles nicht. Meine Schwiegereltern haben nur gesagt: »Naja, was soll's, dann fliegt ihr eben erst später, das ist doch kein Grund zum Weinen.« Da bin ich völlig ausgerastet und habe gebrüllt: »Versteht ihr denn nicht, worum es hier wirklich geht, wir haben uns so darauf gefreut, alle dort zu sehen, und da darf ein Kind dann doch auch mal weinen!!« Denn wir durften ja gar nicht fliegen, Windpocken sind eine langwierige Sache. – An dem Punkt hätte ich finnisch reagieren sollen und sagen sollen: »Natürlich habt ihr Recht, man sollte sich nicht darüber aufregen«, aber ich konnte das nicht! Das war einfach so, dass es mir wehtat, dass mein Sohn traurig war und dass wir nicht fahren konnten. Später habe ich meine Schwiegereltern dann angerufen und mich entschuldigt und versucht, die Sache aus meiner Sicht zu erklären, aber sie haben es nicht verstanden, warum ich so heftig reagiert habe. Und sie haben auch nicht verstanden, warum ich zu meinem Sohn gesagt hatte, dass er weinen und schreien durfte. Ihrer Meinung nach hätte er seine Gefühle nicht so zeigen müssen. Aber ich habe gesagt: »In unserem Haus darf man das, da darf ein Kind seine Gefühle zeigen!« Seitdem akzeptieren sie, dass bei uns die Sachen auf unsere Weise gemacht werden. Und es ist mir auch wichtig, dass ich zeigen kann, wie es mir geht, und dass der Rest meiner Familie das auch darf. Mein Mann hatte es auch nicht wirklich verstanden, er hat gesagt, dass ich seinen Eltern mehr Respekt zeigen muss. Da habe ich gefragt, ob sie denn auch für mich Respekt haben und für unseren Sohn und seine Gefühle. Sie hatten gar nicht verstanden, dass er sich seit Wochen jeden Tag darauf gefreut hatte, dass er jeden Tag ein Kreuzchen im Kalender gemacht hatte! Aber zum Glück haben wir dann darüber gesprochen und die Sache einigermaßen geklärt.

Ich finde, es sollte mit der Anpassung von beiden Seiten funktionieren. Ich versuche mich anzupassen, aber ich bin hier nicht aufgewachsen, ich bin keine Finnin. Es wird immer Situationen geben, in denen ich »unpassend« reagiere. Wenn ich das hinterher selbst spüre, dann gehe ich hin und entschuldige mich. Und ich versuche es auch zu erklären, damit die anderen auch sehen, dass ihre Art und Weise nicht immer die einzig richtige oder mögliche ist. Ja, es stimmt, wie man auf Finnisch sagt: »Maassa maan tavalla«, also: Man sollte in einem Land nach den Gewohnheiten des Landes handeln. Man sollte also Finnisch sprechen, die finnische Art respektieren und versuchen, die finnische Kultur zu verstehen. Aber ich finde: Das alles, ja, aber ohne die eigene Identität zu verlieren.

Gerade auch in der Paarbeziehung ist das mit der Anpassung und dem Ausgleich nicht immer so leicht. Wenn der Finne mit etwas nicht einverstanden ist, dann kann er schweigen, und zwar sehr lange. Am Anfang habe ich versucht, dieses Schweigen zu durchbrechen, aber da kommt man nicht durch. Doch wenn ich gar nichts sage, sondern ihn einfach in Ruhe lasse, dann geht es vorbei und das Leben geht einfach weiter. Wenn jetzt solche Perioden sind, dann mache ich einfach nur meine Sachen. Denn wenn ich drei Tage sitzen und darüber nachdenken würde, was da schief gegangen ist – auch wenn das vielleicht gar nicht mein Fehler ist und ich sowieso nichts ändern kann –, dann ist das schlecht für mich. Also mache ich andere Sachen, nehme mir ein Buch oder gehe mit Freunden aus und konzentriere mich auf das, was mir Spaß macht.

Mein Sohn ist irgendwie ähnlich wie ich. Er ist ziemlich lebendig, und in der Vorschule kamen die Lehrerinnen zu mir und haben gesagt: »Er ist zu energisch und zu aktiv und immer so laut und froh. Er muss jetzt lernen, sich mehr zu beherrschen und er muss ruhiger werden.« Da habe ich gesagt, dass ich daran garantiert nichts ändern werde, wenn mein Kind aktiv und gut drauf ist. Wenn er jemanden schlägt oder sich schlecht benimmt oder aggressiv ist, dann kann man mich anrufen und mir sagen, dass da etwas gemacht werden muss – aber solange mein Kind so ist, wie es ist, mache ich nichts. Ich sehe es ja als positiv an, wie er ist!

Auch jetzt in der Schule hat die Lehrerin gesagt, dass mein Sohn sich immer sehr deutlich und direkt ausdrückt, und dass das für manche Kinder zu stark ist. Da habe ich versucht, das zu erklären und umzudrehen und habe gesagt: »Ja, mein Sohn ist sehr direkt und sehr ehrlich und er sagt, wenn ihm etwas nicht gefällt. Das ist vielleicht manchmal sehr stark, aber dann wissen die anderen, wie es ihm geht. Er schlägt nicht, er beißt nicht, er benutzt keine Schimpfwörter – er sagt nur seine Meinung. Und das Problem entsteht, wenn das finnische Kind dann nichts sagt und das alles so nimmt, und dann irgendwann, wenn die Grenze überschritten ist, anfängt zu schlagen. Ich sage nicht, dass einer recht hat und der andere nicht, sondern ich finde, dass beide in der Situation etwas lernen können, also darüber, wie man mit diesen Unterschieden umgeht. Mein Sohn sollte lernen, ruhiger zu reagieren, das stimmt, aber die anderen Kinder könnten vielleicht auch lernen, mehr zu sagen und sich direkter auszudrücken.« Da hat die Lehrerin mir zugestimmt.

Finnland ist mein Zuhause und ich wohne gern hier. Ich habe überlegt, auch die finnische Staatsbürgerschaft zu beantragen, aber dann müsste ich den Einbürgerungstest machen, viel Geld bezahlen, und die Wartezeiten sind auch gerade sehr lang. Nur die finnische Staatsbürgerschaft zu haben, kann ich mir nicht vorstellen, ich bin eben keine Finnin. Ich hoffe aber für meinen Sohn, dass er immer beide Pässe haben kann, er ist ja wirklich beides, er kann sich da nicht entscheiden. Ich weiß nicht, ob ich für immer in Finnland bleiben will. Wenn ich dann pensioniert werde, gehe ich sicher zurück. Ich denke, dass das Leben in Finnland für ältere Menschen schwer ist. Hier gibt es für sie nicht so viele Möglichkeiten, ihr Lebensstandard sinkt, viele sind einsam. Ich weiß nicht, ob mein Mann mit mir gehen würde, bestenfalls würden wir vielleicht in den Süden Europas ziehen, wenn wir in Rente sind.

Finnland hat sich schon verändert seit 1997, als ich hergekommen bin. Jetzt gibt es schon sehr viele Ausländer hier, in sehr kurzer Zeit sind das viel mehr geworden, und die ganze Stimmung hat sich verändert, im negativen Sinne. Viele von den

Ausländern, die jetzt gekommen sind, sprechen kein Finnisch, und vielleicht haben die Finnen dann Angst, dass die Ausländer sich nicht integrieren. Das ist meine persönliche Erfahrung, denn 1997 war es so: Wenn man etwas Finnisch sprach, war das gut und man hatte die Möglichkeit, dann auch Arbeit zu finden. Als wir 2004 nach ein paar Jahren in Frankreich wieder hierhergezogen sind, da war es schon anders. Damals habe ich hundertfünfzig Bewerbungen geschrieben, in denen stand, dass ich fließend Finnisch spreche – und ich habe kein einziges Vorstellungsgespräch bekommen! Da habe ich gemerkt, bewerben reicht nicht, man muss persönlich mit den Leuten sprechen, sonst glauben sie nicht, dass man wirklich Finnisch kann.

Ich hatte mich beispielsweise auf eine Stelle als Direktionssekretärin beworben, da wurde fließend Finnisch, Englisch, Deutsch und Französisch verlangt. In genau so einer Funktion hatte ich in Frankreich auch gearbeitet, und da habe ich natürlich gedacht: Das ist mein Job. Wenn ich keine Arbeit als Deutschlehrerin bekomme, dann eben als Sekretärin. Aber ich habe keine Einladung zum Gespräch bekommen, also habe ich da einfach angerufen, mich bis zum Chef durchgefragt und wollte wissen, warum. Der Chef war sehr erstaunt, dass ich fließend Finnisch sprach mit ihm – und er hat gesagt: »Anscheinend habe ich einen Fehler gemacht, dass ich nicht geglaubt habe, dass Sie wirklich Finnisch können.« Und er hat sich entschuldigt. Den Job habe ich aber trotzdem nicht bekommen. Und ich habe gedacht: Wenn ich die Arbeit nicht bekomme, weil meine Muttersprache nicht Finnisch ist, dann ist da etwas schief. Es kann natürlich auch sein, dass ich für die dort zu akademisch ausgebildet war. Trotzdem denke ich: Wenn ich mich bewerbe und ehrlich reinschreibe, was ich kann, dann sollte man mir auch glauben!

Dann bin ich zum Arbeitsamt gegangen und habe gesagt, dass ich eine eigene Firma gründen möchte und dass ich einen Kurs dafür brauche. Sie hatten einen Kurs für ausländische Frauen mit akademischer Bildung und guten Finnischkenntnissen im Angebot, da haben sie aus hundertfünfzig Bewerberinnen sechzehn für den Kurs ausgewählt. Den habe ich dann mitgemacht. Da waren Asiatinnen und Russinnen und zwei aus Europa. Die meisten waren nicht wirklich in der Lage, normale Gespräche auf Finnisch zu führen, und da habe ich mich dann schon gefragt, was »gute Finnischkenntnisse« bedeutet – und habe auch den Chef von der Firma, die mich nicht genommen hat, besser verstanden. Viele von den Kursteilnehmerinnen wollten aber auch nicht Finnisch sprechen, es war ja viel einfacher für sie, weiter Russisch zu reden. Da habe ich mich beschwert und darauf bestanden, dass wir alle dort Finnisch sprechen. Denn ich finde, wir müssen uns integrieren und wir müssen Finnisch lernen. Aber wir brauchen auch die Hilfe der Finnen, um Finnisch zu lernen. Das ist manchmal das Problem, wenn die merken, dass man kein Finnisch spricht, dann gehen sie einfach weg. Das habe ich jetzt in einer Firma, wo ich Finnisch für Ausländer unterrichte, versucht zu ändern: Da hat sich jeder Ausländer einen Mentor gesucht, der sich dreimal in der Woche mit ihm in der Kaffeepause auf Finnisch unterhält. Sie lesen dann zusammen kleine Artikel und sprechen miteinander. Auch die finnischen Mentoren haben gesagt, dass ihnen das sehr gefällt und dass sie jetzt die Probleme der Ausländer mit dem Finnischen viel besser verstehen.

Was Finnland für mich bedeutet? Es gibt mir Ruhe. Hier muss man selbst wissen, was man will, und man braucht sehr sehr viel Geduld. Und man muss sich trauen, offen zu sein und seine Meinung zu sagen. Aber hier ist es sicher, hier muss man keine Angst haben, es gibt keine Gefahren. Finnland bietet mir einen guten Lebensstandard und ein gutes Leben und gibt mir die Möglichkeit, auch für das Land etwas zu tun, für die Entwicklung zu einer multikulturellen Gesellschaft. In dem Sinne ist es für mich das Land der unbegrenzten Möglichkeiten.

Wir sitzen zusammen und schweigen zusammen

Lena, 27, aus dem Rheinland, seit vier Jahren in Helsinki

Meinen Mann habe ich getroffen, als er mir die Wohnungstür aufgemacht hat. Das war so: Ich hab hier eine Wohnung gesucht, aber es war alles so teuer, und dann hab ich über eine Freundin eine Telefonnummer bekommen, wo ich mal anrufen sollte. Das war eine WG mit fünf Männern. Ich hab gedacht: Ich kann doch nicht mit fünf Männern zusammenwohnen! Aber die Wohnung war günstig, 250 Euro, und da bin ich mir das mal angucken gegangen. Und als ich an der Tür geklingelt hab, hat er mir aufgemacht, mein Mann Jouni. Ich war so nervös, dass ich erstmal überhaupt nicht wusste, was ich sagen sollte, weil mein Finnisch auch noch nicht so gut war, aber er hat direkt mit mir gesprochen und mir alles gezeigt. Ich hab mir nur gedacht: Für eine Männer-WG ist es ja einigermaßen okay, ich bleib immerhin nicht am Boden kleben ... Die Küche war ein bisschen unansehnlich, aber ich hab gedacht, na ja, wenn man mal putzt, geht das schon – und ich bin dann da eingezogen. Das war sehr spannend, eigentlich ganz toll, muss ich sagen, ich würde immer wieder mit fünf Männern zusammen wohnen. Es gab keinen Stress, es wurde nicht herumgezickt, es war eigentlich ganz entspannt. Zwei von den Mitbewohnern waren Musiker, der eine hat immer gesungen, der andere hat Bass gespielt. Es war schon schön dort, abgesehen davon, dass die Männer halt nicht geputzt haben, aber dafür war ich ja dann da.

Jouni hat dort auch gewohnt und dadurch waren wir natürlich viel in Kontakt und haben rausgefunden, dass wir uns beide für Kunst interessieren. Also waren wir mal im Museum, zum Beispiel im *Kiasma*, zusammen und auch Schlittschuh laufen und so ... Und dann hab ich mir gedacht: Vielleicht ist da ja auch mehr. Am Anfang haben wir Englisch miteinander geredet, aber später Finnisch. Und auch als wir dann zusammen waren, sind wir erstmal da wohnen geblieben, denn Helsinki ist teuer und das war recht günstig.

Jouni ist in Hongkong geboren, seine Eltern sind Missionare in China gewesen. Man merkt halt doch, er ist im Ausland gewesen. Er ist schon ein bisschen redseliger als manch anderer Finne, trotzdem ist er sehr ruhig, im Gegensatz zu mir. Und er ist groß, blond, grüne Augen – sehr schön ... Diese ruhige Art, das hat mich irgendwie fasziniert. Ich bin eher jemand, der nicht so zur Ruhe kommen kann, und er hat mich da immer runtergeholt. Manchmal sitzen wir zusammen, aber da muss nicht geredet werden. Es ist eher: »Komm, wir sitzen zusammen und schweigen zusammen.« Aber damit komm ich ganz gut klar. Grade weil ich auch arbeite, als Kellnerin, und wenn ich dann den ganzen Tag mit Kunden zusammen war, bin ich abends eigentlich auch mal froh, wenn ich meine Ruhe hab.

Meine Schwiegereltern waren glücklich darüber, dass ich aus Deutschland bin. Die haben gesagt: »Gott sei Dank, keine Finnin!« Sie sprechen natürlich fließend Englisch, das war praktisch, als mein Finnisch noch nicht so gut war. Grad mit meiner Schwiegermutter versteh ich mich unglaublich gut, da gibt's gar keine Probleme. Warum die froh waren, dass sie eine deutsche Schwiegertochter haben? Also, finnische Frauen haben schon ihre eigene Art, sagen wir das mal so. Die sind vielleicht so ein bisschen herrisch. Wenn ich zum Beispiel das nehme, was ich in Restaurants so gesehen habe: »Nein, du isst jetzt das Hühnchen! Das ist viel besser für dich.« Dann denk ich mir: Das ist doch ein erwachsener Mann, der darf wohl allein entscheiden, was er essen möchte, oder? Dass nicht alle so sind, ist klar. Aber ich kenn Männer, die gesagt haben: »Wenn ich noch mal eine Beziehung hab, dann bitte nicht mit einer Finnin.«

Meine eigene Familie hat es nicht so gut gefunden, dass ich einen Finnen geheiratet habe. Grade meine Mutter war wenig begeistert. Ich stand meiner Mutter immer sehr nah und es war für sie ziemlich schwer zu akzeptieren, dass ich jetzt im Ausland bin. Sie spricht auch kaum Englisch, und Jouni und sie haben daher irgendwie keine gemeinsame Sprache. Sie mag ihn schon, aber ich merk, dass sie nicht so ganz warm miteinander werden. Meine Mutter versteht auch nicht, dass er sich ab und an mal zurückzieht, wenn wir in Deutschland zu Besuch sind. Grade am Anfang hat sie sich dadurch manchmal angegriffen gefühlt: »Will er denn nicht mit uns zusammen sein?!« Dann sag ich: »Mama, das ist einfach seine finnische Art. Er braucht manchmal seine Ruhe.« – Und man muss sich auch mal in seine Lage versetzen: Er spricht ja nicht so ausgezeichnet Deutsch, und wenn man dann mit Leuten zusammen ist, die die ganze Zeit reden und unterhalten werden wollen ... Aber irgendwann hat meine Mutter das verstanden. Wenn wir bei meiner Schwester sind, läuft das ein bisschen besser, weil sie auch einen relativ ruhigen Mann hat. Da sind unsere Männer dann eher so für sich, und das ist auch ganz in Ordnung. Aber ich merke, ich fahr viel lieber alleine nach Deutschland als mit ihm. Auch wenn es schön ist, wenn ich ihn dabei hab und ihm was zeigen kann. Aber da sitzt man dann immer so zwischen zwei Stühlen.

Meiner Familie in Deutschland gegenüber muss ich mich selbst aber manchmal auch abgrenzen. Zum Beispiel verstehen die teilweise nicht, wenn ich gesagt hab: »Ich hab aber auch hier mein Leben, und ich hab hier meine Familie!« In Deutschland ist die Verpflichtung der Familie gegenüber viel stärker, da ist mehr Druck. Manchmal ist es ein bisschen schwierig, für beide gleichzeitig da zu sein. Hier in Finnland ist das lockerer: Als zum Beispiel mein finnischer Schwager letztes Jahr vierzig geworden ist, sind wir nicht hingegangen, wir hatten einfach keine Zeit. Das haben wir so gesagt, und das war dann für ihn auch in Ordnung. In Deutschland wär das schon anders, da müsste man gute Gründe vorbringen! Mit der Zeit bekomme ich nun auch das Gefühl, dass es ein bisschen albern ist, dass man sich in Deutschland immer überall erklären muss – und das ist auch anstrengend. Hier muss ich nicht darüber nachdenken, was wie aufgenommen wird, und das find ich doch sehr entspannend. Ich darf hier einfach sein.

In Deutschland hab ich manchmal auch das Gefühl, ich muss meinen Mann vor meiner Familie in Schutz nehmen. Er hat eine Krankheit, die immer wieder auftritt, und dadurch ist er manchmal ein bisschen eingeschränkt und kann dann auch nicht arbeiten. »Aber er muss doch gucken, dass der Unterhalt da ist und dass er für die Familie sorgt und wenn ihr Kinder haben wollt ...« Da sag ich: »Wir leben heutzutage in einer ziemlich modernen Zeit, ich bin eine Frau, ich kann auch für die Familie sorgen«. Das sind einfach diese Klischees, die erfüllt werden müssen! Grade so mit Kindern, das ist ein wunder Punkt bei uns beiden. Wenn man aus einer Familie kommt, wo's eigentlich verlangt wird, Kinder zu haben, und man selbst keine möchte, ist das schwierig. Und es ist schwer, dann jemanden zu verstehen, der so ein traditionelles Familiendenken hat.

Ich lebe irgendwie in zwei Welten, und das ist nicht immer leicht. Kann ich hier so sein, wie ich eigentlich wirklich bin? Ich merk das vor allem, wenn ich zum Beispiel mit meiner Schwester zusammen bin, dann bin ich ganz anders, wir sind ziemlich verrückt zusammen! So offen würd ich hier in Finnland nicht sein, das wäre unangemessen. Wenn man hier so wäre, dann würden die Leute denken: Guck mal, schon wieder jemand, der gesoffen hat! Als meine Schwester jetzt in Helsinki zu Besuch war, haben wir so viel Krach gemacht, dass man sich wirklich auf der Straße nach uns umgedreht hat. Mein Mann lief zwanzig Meter hinter uns, nach dem Motto: Ich kenn die nicht.

Natürlich hab ich manchmal Heimweh nach Deutschland, wer hat das nicht? Ich könnte mir auch vorstellen, irgendwann wieder dahin zu ziehen, auf jeden Fall. Und ich hoffe, dass mein Mann dann mitkäme. Denn ich kann mir nicht wirklich vorstellen, mein Leben lang hier zu bleiben. Oder wir ziehen noch in ein anderes Land, da ist er auch ganz offen. Mittlerweile ist es aber schon so, dass ich da zu Hause bin, wo meine Familie ist, also mein Mann und meine Katze. Ich glaube, ich könnte mich auch irgendwo anders wohlfühlen, ich bin nicht so an ein Land gebunden. Aber wenn man die Möglichkeit hätte, einfach in beiden Ländern zu leben! Das wär eigentlich für mich das Optimale, zum Beispiel vier Monate im Jahr in Deutschland und den Rest in Finnland. Aber das ist halt schwer machbar.

Was mich hier ab und an nervt: Wenn man morgens in den Supermarkt geht und die Kassiererin sitzt einfach da, und man merkt ihr an, die denkt »Ich hass das hier!« Und dann kriegt man nicht mal ein Hallo oder so was an den Kopf geworfen oder Tschüss oder Danke – nichts! Man vermisst es einfach, dass jemand mal »Schönen guten Morgen!« sagt oder so. Immer wenn ich in Deutschland bin, dann denk ich mir: Ich bin wirklich willkommen, und man will mir wirklich Brötchen verkaufen.

Mit dem Finnischen ging es relativ schnell ganz gut, aber das Sprechen funktioniert immer noch besser als das Schreiben. Ich komme ganz gut klar, irgendwie passt man sich ja ein Stück weit an. Denn wenn man die ganze Zeit redet und laut ist, ist das für die Finnen schon ein bisschen seltsam. Man muss den Finnen Zeit geben, ein bisschen Geduld haben, dann sind sie auch aufgeschlossener. Grade die Arbeitswelt ist da ganz interessant, weil man da auf so verschiedene Menschen trifft, und manche Leute fragen auch nach: »Ich kann hören, du hast einen kleinen Akzent, woher bist du denn?« Aber ich hab auch solche Erfahrungen gemacht, dass zu mir gesagt wurde: »Wir hätten gern einen finnischen Kellner!« Da hab ich gerade mit einem Kollegen zusammengearbeitet, der Grieche ist, also hab ich gesagt: »Leider sind heute keine finnischen Kellner da. Wenn Sie finnische Kellner haben wollen, dann müssen Sie leider gehen« – und dann hab ich sie freundlich rausgeschmissen. Es war ein älteres Ehepaar, und der Mann war damit gar nicht einverstanden und hat meiner Chefin dann geschrieben: Wie kann denn das sein, dass in einem Restaurant in Finnland keine finnischen Mitarbeiter sind! Aber Gott sei Dank war meine Chefin, eine Finnin, sehr positiv mir gegenüber eingestellt, und sie hat dann auch geantwortet: »Wir haben sogar sehr viele ausländische Arbeitskräfte und wenn Ihnen das nicht recht ist, dann brauchen Sie auch nicht wiederzukommen.«

Bevor ich damals als Austauschstudentin hergekommen bin, also, erstmal nach Oulu, war ich schon zwei oder drei Mal im Sommer hier gewesen, das ist schon was anderes. Die Ruhe, die Natur, die langen Nächte im Sommer, nicht so heiß – ich hab's genossen. In meinem ersten Winter hier bin ich dann richtig in den finnischen Alltag reingekommen. Da hab ich mit einem finnischen Kumpel von mir zusammengewohnt, das war schon irgendwie anders. Da hat man auch eher so die Dunkelheit gemerkt. Hier den Anfang zu machen und sich irgendwo anzuschließen, war gar nicht so leicht. Ich bin aus dem Rheinland und bin ziemlich aufgeschlossen, denk ich. Aber als ich hier Anschluss gesucht hab, waren die Leute höflich, aber reserviert. Es dauert halt einfach ein bisschen. Nach dem Austausch hab ich ein Jahr gearbeitet, um mit der Sprache weiterzukommen und mich zurechtzufinden, und dann hab ich in Helsinki weiterstudiert.

Mit den Leuten hier darf man nicht zu aufdringlich sein, nicht zu persönlich. Ich mache kaum Smalltalk mit den Kunden, wie man es zum Beispiel in Deutschland eher machen würde. Wenn ich deutsche Kunden hab, rede ich mit denen deutlich mehr. Aber es gibt natürlich auch Finnen, die interessiert sind. Grade so ältere Damen, die zum Kaffeetrinken kommen, die wollen sich natürlich auch unterhalten. Aber man redet doch anders, es ist eher oberflächlicher. »Ja, es ist ja schönes Wetter, und Montag sollen es ja fünf Grad werden! – Nein, wirklich? – Ach wie schön!« Wenn man in Restaurants arbeitet, merkt man leider auch, dass die Finnen schon ein ziemlich großes Problem mit Alkohol haben. Und ich bin dem Alkohol gegenüber eher negativ eingestellt. Also, zum Genuss ja, aber nicht zum Saufen – und das passiert mir halt hier zu viel. Wenn man zum Beispiel mit Arbeitskollegen unterwegs ist und sich ein Wasser bestellt, da wird man schon ziemlich komisch angeguckt.

Ich bin Deutsche, nicht Finnin – also schon anders. Hier fällt man nicht so mit der Tür ins Haus, es ist eher ein vorsichtiges Vortasten. Ich kann mit meinem Mann zum Beispiel nicht so direkt reden wie mit meiner Schwester, der sag ich: »Ach, heute geht's mir Scheiße.« Das würde ich zu meinem Mann irgendwie nie sagen, eher: »Na ja, heute war vielleicht nicht mein Tag« oder so. Man ist halt doch anders auf Finnisch, man will jemandem vielleicht nicht zu nahe treten. Aber manchmal hilft mir das auch, wenn ich merke, das wäre ein bisschen zu viel für ihn, denn dann versuch ich, von dem Thema weg zu kommen und mich selbst zu beruhigen. Ich bin nämlich echt gut darin, wenn mich irgendwas stört oder nervt, darüber mindestens eine halbe Stunde zu reden. Wenn ich was hab, was mich wirklich belastet, dann rede ich mit meiner Schwester darüber, weil ich weiß, ich kann da mit ihr eher kommunizieren als mit meinem Mann. Aber das stört mich auch nicht.

Jouni ist in manchen Sachen vielleicht doch ziemlich finnisch. Er hat zum Beispiel ein Problem damit, Nein zu sagen. Wenn ich einen Vorschlag mache und er damit eigentlich nicht einverstanden ist, dann ist es immer: »Naja, mal gucken, vielleicht« – und damit sagt er immer irgendwie »Nein«. Ich merk das natürlich mittlerweile, aber grade so am Anfang war das manchmal ganz schön schwierig. Weil »vielleicht« für mich heißt: Ich denk da mal drüber nach. Aber für Finnen heißt es wohl eher: »Nein«.

Bei uns war ich mir am Anfang gar nicht so sicher, ob das überhaupt gut gehen würde, weil wir auch viel gestritten haben. Das war grade wegen diesem Kulturunterschied, weil ich einfach nicht gemerkt hab, wenn ich ihn überfordert hab und er seine Ruhe brauchte. Am Anfang hab ich auch immer gesagt: »Was denkst du denn hierzu und dazu?« Aber ich hab relativ schnell gemerkt, dass es ihm zu viel wird. Und ich versuch auch, mich dann zurückzuhalten, denn ich nehm einfach mehr auf als er. Ich merk das zum Beispiel, wenn wir zusammen durch die Stadt laufen, dass ich viel mehr gleichzeitig mitkrieg als er. Ich nehm die Menschen um mich wahr, ich hör die Sprachen, ich hör die Gespräche, ich sehe alles um mich herum. Und er ist eher so: Tunnelblick. Und wenn ich dann sagen würde: »Guck mal, der Typ da sah ja echt lustig aus, und guck mal hier, da ist ja ein neues Buch, und guck mal dort und guck mal da« – damit würde ich ihn total überfordern. Und zu viele Forderungen bei einem finnischen Mann, das geht gar nicht!

Man nimmt für sich persönlich so viel mit davon, dass man ins Ausland geht. Man lernt halt ein Stück weit für's Leben, man lernt viel über sich selbst. Mich hat das unglaublich unabhängig gemacht hierherzukommen. Vorher in Deutschland hatte ich noch den Schutz von der Familie, auch als ich schon alleine gewohnt hab. Aber als ich dann hier war, war da erstmal niemand. Und das war ganz gut für mich, glaub ich, ich war immer so das Nesthäkchen in der Familie. Aber man muss wissen, wer man ist, wenn man so einen Schritt macht. Und grad wenn man nach Finnland zieht, sollte man vorher nicht depressiv sein. Wenn man als depressiver Mensch nach Finnland ziehen würde, ich glaub, da würde man nicht mehr lange leben! Und als fröhlicher Mensch sollte man sich seine Fröhlichkeit behalten, auch wenn man sich hier insgesamt ein bisschen zurücknimmt.

Es gibt für mich nichts Schöneres, als im Sommer irgendwo in einer Hütte an einem See zu sein. Das ist es, was mich immer noch fasziniert. Früher war ich impulsiver und hab alles, was ich gedacht hab, direkt rausgehauen – was natürlich auch nicht immer das Wahre ist. In der Hinsicht hab ich mich echt verändert, das merk ich auch selbst. Man wird vielleicht ein bisschen melancholisch. Aber ich find's auch positiv. Bevor mein Vater gestorben ist, hat er noch zu mir gesagt: »Du bist ein ganz anderer Mensch geworden, es ist viel leichter mit dir umzugehen, seit du in Finnland wohnst.«

Im Finnischen gibt's so schöne lautmalerische Wörter

Ruth, 58, aus dem Rheinland, zwei Kinder, seit 33 Jahren in Helsinki

Ehrlich gesagt hatte ich vorher von Finnland keine Vorstellungen. Es lief so, dass meine Lehrerin einen Brief bekommen hatte von einem finnischen Major, der für seine Tochter jemanden suchte, mit dem sie Deutsch sprechen konnte. Und das war reiner Zufall, dass ich grade größte Lust hatte ins Ausland zu reisen – ohne die Eltern. Wohin, war im Grunde egal. Also hab ich dann erst angefangen etwas über Finnland zu lesen und mich zu informieren. Dieser erste Aufenthalt in Finnland muss 1969 gewesen sein, da war ich sechzehn und wohnte also bei dieser finnischen Familie. Der Major war gesprächiger als der Durchschnittsfinne – wenn's den denn gibt. In Finnland war mir natürlich vieles erst mal fremd, aber auf der anderen Seite gehörte das auch irgendwie dazu, ich war ja im Ausland.

Ich war mit der Familie auch im *mökki*, und das war sehr viel primitiver als ich es je erlebt hatte, das hatte eine ganz eigene Faszination! Man hatte sehr viel Freiraum – also, man ging in die Sauna und es gab dann irgendwann Essen, aber da war nicht dieser starre Zeitplan: Jetzt machst du das und jetzt machst du dieses. Man hatte sehr viel Luft, und das fand ich gut.

Später dann war ich in Sotkamo in Nordfinnland als Au-pair-Mädchen in einer Familie. Na, die war irgendwie schon sehr finnisch: Alle machten sehr viel Sport, zu essen gab's wenig Gemüse, aber sehr viel Milch wurde getrunken … Die Landschaft dort beeindruckte mich natürlich und dann auch das Erlebnis, dass man diese komische Sprache wirklich lernen kann! Das war für mich in dem Alter faszinierend. Und später hab ich's als Nebenfach studiert, weil ich einfach was anderes machen wollte als nur die üblichen Schulfächer. Vielleicht ein bisschen Lust auf Exotik, wenn man so will. Ich habe Finnougristik, Geschichte und Romanistik studiert und hab dann halt meine Staatsexamensarbeit über finnische Geschichte gemacht, weil ich das Finnische ein bisschen nutzen wollte.

Jarmo habe ich 1979 getroffen, das war auf dem Schiff nach Tallinn. Damals war Estland ja noch Sowjetrepublik. Es war so, dass ich für neun Monate ein Stipendium für Finnland bekommen hatte, und da wollte ich möglichst viel erleben, unter anderem vielleicht auch mal nach Leningrad fahren oder dann nach Estland. In meinem Studentenwohnheim hab ich eine kanadische Studentin kennengelernt, die wiederum einen englischen Studenten kannte, der eine estnische Lebensgefährtin hatte. Aber die durfte nicht ausreisen, er konnte nicht einreisen ... Sie hatten ein gemeinsames Kind und er nutzte jede Gelegenheit, um nach Tallinn zu fahren. Und deshalb war er über sämtliche Studentengruppen, die dorthin fahren durften, informiert. Da gab es eine Reisegruppe vom Seminar für politische Geschichte, hat er uns erzählt, und dann sind wir alle drei mitgefahren. Tja, und einer der Studenten dabei, das war Jarmo. Wir haben uns also wirklich auf dem Schiff nach Tallinn kennengelernt! Die hatten das im Vorfeld erfahren, dass da jetzt zwei Studentinnen mitkommen, die eine aus Kanada, die andere aus Deutschland, und es waren tatsächlich bei der Gruppe auch nur zwei Studenten dabei, und der Rest waren Lehrkräfte. Und die zwei haben sich untereinander aufgeteilt, dass Jarmo mit der Kanadierin spricht, weil er besser Englisch konnte, und dieser andere sollte mit mir sprechen. Aber der hat sich nicht mehr vom Tresen wegbewegt. Jarmo hat dann beschlossen, das ist jetzt egal, er versucht es mal auf Deutsch. Aber ich wollte natürlich Finnisch lernen, also haben wir von Anfang an Finnisch gesprochen.

Bei ihm hat's offensichtlich gleich gefunkt, bei mir hat's noch ein bisschen gedauert. Ich war zu dem Zeitpunkt hier, um meine Doktorarbeit zu schreiben – die ist immer noch nicht fertig! Es hat sich dann relativ schnell herausgestellt, dass ich hierbleiben würde. Ich hab das Stipendium nochmal verlängern können, und wir sind dann schon zusammengezogen. Ich hab nach wie vor ein bisschen an der Dissertation gearbeitet und nebenbei angefangen Deutschunterricht zu geben. 1981 haben wir geheiratet, und dann hab ich die Übersetzerprüfung gemacht, weil ich dachte, wenn man ein kleines Kind hat, ist das eine Arbeit, die man zu Hause tun kann. 1982 ist dann unsere Tochter geboren. Das mit der Kinderbetreuung ging völlig unformal und flexibel. Wir hatten beide keine feste Stelle damals. Mein Mann hat noch an seiner Magisterarbeit geschrieben und nebenbei als Historiker Auftragsarbeiten übernommen. Das heißt, mitunter hatte er viel zu tun, mitunter nicht. Bei mir war's auch so, und wir haben uns einfach immer untereinander abgesprochen, wer wann mit dem Kind zusammen ist.

Damals hat auch meine Schwiegermutter bei uns gewohnt, ich hatte also auch zu Hause sehr viel direkten Kontakt mit Finnland. Auch mit älteren finnischen Werten, zum Beispiel diese strikte Ablehnung von Alkohol, die für einen Teil der älteren Bevölkerung schon typisch ist. Und sie führte ein sehr sehr einfaches und anspruchsloses Leben, sehr sparsam, das steckte in ihr einfach drin: Kartoffeln und ein Stück Gurke reicht als Essen, da muss man nichts mehr dazu haben; ein Becher heißes Wasser reicht zum Trinken. Man braucht keine neuen Kleider, die alten tun's auch noch, es sei denn sie gehen kaputt. Nicht der Mode nachzurennen, das gehörte auch dazu. Zu Konflikten zwischen ihr und uns kam es aber nicht. Denn anspruchslos leben mussten wir damals sowieso, da wir ja beide kein festes Einkommen hatten, insofern passte das sehr schön zusammen. Das Einzige war: Wenn meine Eltern zu Besuch kamen und eine Flasche Wein mitbrachten und es den zu trinken gab, dann hat sie das zwar akzeptiert, aber nicht so wahnsinnig gern. Im Großen und Ganzen haben sich die Familien aber verstanden. Die finnische Familie war ja relativ klein, da waren eben die Schwiegermutter und noch ihre Schwester, die aber nicht bei uns gewohnt hat. Und dann noch ein Vetter meines Mannes und seine Frau, mit denen wir öfter Kontakt hatten. Die beiden waren ziemlich international, haben viel im Ausland gelebt, und für sie war das keine große Sache, dass da jemand aus Deutschland kommt. Ich habe mich immer mit allen auf Finnisch verständigt, und wenn meine Eltern da waren, musste ich dolmetschen, weil weder Schwiegermutter noch meine Eltern so richtig Englisch konnten.

Jarmo ist von meiner Familie an sich gut aufgenommen worden. Das einzige Problem war, dass er mit den Kindern auch in Deutschland natürlich Finnisch gesprochen hat – das wurde nicht akzeptiert! Da kam dann sehr schnell: »Sprecht Deutsch! Ihr seid hier in Deutschland.« Das wurde sehr viel weniger akzeptiert als hier. In Finnland war es in Ordnung, mit den Kindern Deutsch zu sprechen. Also, ich mein, natürlich macht man das nicht, wenn man im großen Kreis sitzt, dass man sich ausklinkt und eine andere Sprache spricht. Aber wenn man mal eben nebenbei was zum Kind sagt, das da spielt – das war kein Problem, das auf Deutsch zu sagen. Das aber gehörte sich in Deutschland wohl nicht. Mein Mann hat sich bei mir gelegentlich drüber beschwert. Das hat er als Ablehnung empfunden.

Bei der Kindererziehung hatten wir eigentlich keine unterschiedlichen Auffassungen. Wir hatten da eine diskursive Linie, also: begründen, nicht so sehr »du machst das jetzt!«, relativ freizügig, was nicht bedeutet ohne Grenzen, aber sehr weitgehend ohne Befehlston. Ich hab's mit meinem Sohn sehr viel später in der deutschen Krabbelgruppe erlebt, dass es sich irgendwie eingebürgert hatte, dass man alles, aber auch alles erklärt: »Du darfst dieses Buch nicht nehmen, weil das diesem Kind gehört, das weißt du doch, das hab ich dir doch schon ganz oft gesagt« – also, das wurde mir jedenfalls zu viel. Ich hab eher zum Beispiel nur gesagt: »Nee, das Buch nehmen wir jetzt nicht, guck mal das hier an.« Das war irgendwie weniger auf Diskussion und Konflikt aus. In Deutschland ist es einmal passiert, da war meine Tochter vielleicht vier, dass sie irgendwann ankam und sagte: »Darf ich jetzt schlafen gehen?« Da hab ich gesagt: »Ja, natürlich, sag schön Gute Nacht« – und dann hab ich sie ins Bett gebracht. Später hörte ich meine Mutter vollkommen fassungslos am Telefon erzählen: »Das Kind wird überhaupt nicht erzogen, aber es geht von sich aus ins Bett!« – Das hat eigentlich alles auf den Punkt gebracht! Also: Was wir als Erziehung empfanden, war keine aus der Sicht meiner Mutter. Aber sie war ja auch eine andere Generation.

Dass mein Mann sich auch so viel um die Kinder gekümmert hat, war irgendwie selbstverständlich, ich weiß nicht, ob ich es damals als »finnisch emanzipiert« empfunden hab. Es kam hinzu, dass er Einzelkind war und seine Mutter war relativ kränklich, so hat er als Kind eigentlich schon gelernt Hausarbeit zu machen, das war selbstverständlich. Also war bei uns auch schon von vornherein klar, dass das nicht nur Frauenarbeit ist, staubsaugen und so weiter.

Leute kennenzulernen ging natürlich zum Großteil zuerst über den Freundeskreis meines Mannes. Aber als unser erstes Kind klein war, bin ich in einen Mutter-Kind-Kreis gegangen von einer finnischen Gemeinde. Ich hab mich damals noch sehr bewusst von allen Deutschen fern gehalten, weil ich noch nicht so fit im Finnischen war. Und weil ich nicht jemand werden wollte, der nur dasitzt und denkt: »Ach, wär ich doch in Deutschland!« Ich wollte wirklich rein in die finnische Gesellschaft – und das war nicht so einfach. Man hat sich damals doch ziemlich abgegrenzt. Aber ich hatte ja ähnliche Erfahrungen aus dem Dorf, wo ich während des Studiums gewohnt habe. Da war das auch nicht anders, man muss halt einen langen Atem haben, geduldig ein halbes Jahr lang kommen – und dann wird man schon notiert. Damals brauchte man hier noch Geduld, ich find das heute nicht mehr so stark. Es ist auch nicht mehr so unüblich, dass jemand aus dem Ausland kommt.

Am Anfang tritt man in manches Fettnäpfchen, weil man ja nicht weiß, was sich gehört und was nicht. Aber ich hab dann natürlich registriert, wie die Leute reagieren, wenn ich irgendwas tue. Ich erinnere mich, dass ich eine finnische Mutter auf dem Spielplatz kennengelernt hatte, mit einem gleichaltrigen Kind. Wir haben uns ganz gut unterhalten und sie hat uns zu sich eingeladen. Wir hatten damals eine winzig kleine Wohnung, die Schwiegermutter noch dabei, und wir haben beide dort auch Arbeiten gehabt, der Schreibtisch war also ständig beladen. Deshalb hab ich dann gesagt: »Ich lad dich auch gern mal ein, aber ich muss erst mal gucken, dass ich den Stapel vom Schreibtisch hab.« Das gehörte sich aber nicht. Ich wurde nicht mehr eingeladen, ich wurde auch nicht mehr angesprochen. Ich hab's erst hinterher irgendwie begriffen: Es geht nicht, dass man zwei-, dreimal eingeladen wird, ohne selber einzuladen. Aber das muss man eben lernen.

Was ist schon typisch finnisch, was ist schon typisch deutsch! Mein Vater zum Beispiel war ein überaus schweigsamer Mann. Ich hab in Göttingen studiert und auf dem Land gewohnt, wo man sich ein halbes Jahr beguckt, bevor man sich guten Tag sagt. Es war mir hier also eigentlich so fremd nicht. Also ich hab fast eher den Eindruck, mein Mann war und ist derjenige von uns beiden, der bereitwilliger über seine Gefühle spricht. Während ich, wenn man so will, da eher die typische Finnin bin. Oft muss man halt über die Unterschiede reden. Ich kann mich entsinnen, in den ersten Zeiten habe ich sehr viel mit den Händen geredet und sehr schnell – so gut ich das eben konnte. Und da kam die Frage: »Was ist denn? Worüber regst du dich so auf? Was hab ich denn gemacht?« Das waren also Signale, die für ihn etwas ausdrückten, was sie für mich nicht ausdrücken sollten. Aber das spricht man an, dann ist das klar.

Mit der Sprache ging es eigentlich relativ schnell, einfach, weil ich die Grundlagen schon hatte. Aber ich konnte keine Umgangssprache und der Wortschatz war zu klein, da gab's dann schon noch eine ganze Menge zu tun. Und wenn mehrere beieinander saßen und Finnisch gesprochen haben, da war ich sehr schnell draußen, weil man sich dann ja auf mehrere Stimmen einstellen muss. Die Leute waren eigentlich positiv mir gegenüber, wenn ich Finnisch gesprochen habe. Es ist mir auch nicht passiert, dass irgendjemand auf Englisch umgeschaltet hätte oder so – wahrscheinlich konnte ich doch schon ein wenig mehr als Ausländer in der Regel. Aber als wir einmal bei Verwandten auf dem Land waren, bei einer Hochzeit mit Vettern und Vetters Vettern, da wurde dann nicht ich, sondern mein Mann gefragt, wie es mir denn in Finnland gefiele. Und da war ich schon fünf Jahre da! Das fand ich dann schon ein bisschen seltsam ...

Es hieß in den 1970er Jahren noch, Finnisch könne man nicht lernen. Die Finnen waren sehr stolz darauf, dass man das nicht lernen kann. Da ist es natürlich anspornend, wenn man merkt, es geht doch. Die finnische Sprache hat phantastische Ausdrucksmöglichkeiten. Man kann Dinge sehr knapp ausdrücken, wenn man will. Und es gibt so schöne lautmalerische Wörter, die lieb ich sehr! Bei Gedichten merkt man's, manchmal auch bei Prosatexten, wie gut man lautliches Material und Inhalt miteinander verschränken kann. Was wahrscheinlich im Deutschen auch geht, aber nicht beim Übersetzen, nicht unbedingt.

Hier in Helsinki ist es mittlerweile ja völlig normal, Ausländer zu sein. Zumal, wenn man äußerlich nicht auffällt. Also, dass man nachweisen muss, warum man nach Finnland gekommen ist und wie lange man zu bleiben gedenkt, und dann nur für drei Monate eine Aufenthaltsgenehmigung kriegt, das ist ja nicht mehr so. Früher musste man ja einen finnischen Bürgen haben und später musste man auch immer eine bestimmte Summe Geld nachweisen – aber das hat mich nicht betroffen, denn zu dem Zeitpunkt war ich schon mit einem Finnen verheiratet. Aber, was uns passiert ist, als wir 1980 gemeinsam nach Deutschland gefahren waren und dann mit dem Schiff – die *»Finnjet«* zwischen Travemünde und Helsinki war ja damals die einzige direkte Verbindung nach Deutschland – zurückkamen: Bei der Passkontrolle wurde mir gesagt, ich dürfe nicht mehr einreisen, weil ich ja doch ausgereist sei aus Finnland. Ich hatte im Pass eine gültige Aufenthaltsgenehmigung, aber der Passbeamte war der Meinung, dann muss man auch im Land bleiben, wenn man die hat. Er hatte natürlich nicht Recht, aber er hat sich sehr darauf versteift. Daraufhin hat sich Jarmo eingemischt, was das denn solle. Da hat er auch ihm den Pass abgenommen und gesagt, so, was er überhaupt wolle und wieso er denn jetzt in Deutschland gewesen sei. Der Mann war offensichtlich nicht ganz dicht, oder er hat irgendeinen Fehler gemacht und wollte es nicht zugeben, was weiß ich. Zu guter Letzt durften wir beide doch wieder einreisen. Aber das war eine wirklich merkwürdige Erfahrung.

Ich musste so alle halbe Jahre auf die Ausländerpolizei gehen und die Genehmigung verlängern lassen und vor allen Dingen auch die Arbeitserlaubnis. Im Großen und Ganzen waren die Leute da sehr korrekt und sehr freundlich zu mir. Ich hatte eben den Vorteil, dass ich Finnisch sprach und einen finnischen Mann hatte. Und dass ich aus Deutschland kam, das hilft auch – oder aus Europa. Inzwischen gibt's so viele Finnen, die im Ausland gelebt haben, und es gibt so viele Ausländer, die hierhergekommen sind, dass das alles wesentlich unproblematischer geworden ist, find ich. Ich werde sowieso nur noch selten überhaupt als Ausländerin wahrgenommen.

Das Leben hier hat sich ziemlich stark verändert in diesen Jahrzehnten. Wenn man zum Beispiel an Restaurants denkt: Wir waren Anfang der 1980er zum Beispiel im Restaurant Elite und damals bekam man kein Bier, kein Glas Wein, wenn man nicht auch etwas zu Essen bestellte. Sie hatten dann so ein billiges Alibi-Essen, »Oopperan voileipä«, das Oper-Butterbrot, wenn man das bestellte, dann konnte man sich auch ein Bier kommen lassen. So etwas ist doch undenkbar heute!

Während der neunziger Jahre hat sich meine Perspektive auf Finnland verändert, weil ich seit 1987 nun für eine deutsche Institution arbeite und dadurch sehr viel mehr auch in diese deutschen Kreise reingekommen bin. Und natürlich hat sich auf der anderen Seite auch mein Lebensrhythmus verändert, als ich dann regelmäßig ganztags gearbeitet hab. Am Anfang hier in Finnland war mein Grundgedanke: Ich will hierbleiben, also muss ich ordentlich Finnisch lernen – ich kann mich nicht irgendwo hinsetzen und sagen, ich bin die Deutsche. Ich musste dran arbeiten in die finnischen Kreise reinzukommen und deswegen habe ich mich zuerst von den Deutschen ferngehalten. Aber in dem Moment, wo man ein Kind bekommt und sich entschließt, das zweisprachig aufzuziehen, da sieht es dann natürlich wieder anders aus, da sucht man eher den Kontakt. Ich fand das dann auch nicht mehr schlimm, weil ich in Finnland ja schon irgendwie dazugehörte. Eigentlich waren meine Erfahrungen mit den deutschen Kreisen dann auch sehr gut. Für die deutsche Gemeinde, wo der Kindergarten meiner Kinder war, ist es ja auch typisch, dass da sehr viel Fluktuation ist, dass immer sehr viele Leute von außen dazu kommen. Dadurch kann sich die Gemeinde nicht so einigeln: Hier darf sonst keiner rein. Im Grunde ist das eine ziemlich lebendige Gemeinschaft.

Ich kenn aber auch Leute, die sind seit zwanzig oder dreißig Jahren hier, sprechen mit ihrem Mann oder ihrer Frau grundsätzlich Deutsch, können ein bisschen Finnisch, aber nicht viel, und finden's eigentlich in Deutschland viel schöner. Aber sie müssen nun halt hierbleiben, dabei finden sie hier immer alles zu teuer oder zu nass oder was weiß ich. Und dann gibt's welche, die sind vollkommen integriert, ohne aber deswegen das Deutsche aufzugeben. Ich merk jetzt auch oft, dass ich sehr viel mehr Leute im Bus Deutsch reden höre, sehr viel mehr als früher. Oder in der Stadt, da unterhalten sich welche – die sprechen ja Deutsch! Es ist so viel mehr geworden, dass es eigentlich schon fast normal ist.

Ich hab immer noch keinen finnischen Pass. Ich hab vor ihn zu beantragen, das Papier liegt auf dem Schreibtisch. Es spielt aber kaum noch eine Rolle. Das Einzige, was ich dann in Finnland mehr machen könnte, wäre wählen. Und dann ist da noch ein Punkt: Also, ich war vor einiger Zeit mal beim Zahnarzt, und daraufhin kriegte ich einen Brief von *Kela*, sie könnten die Kosten nicht übernehmen, weil ich hier nicht mehr gemeldet sei. Aber ich war hier doch gemeldet, ich hab gearbeitet, ich hab Steuern gezahlt, alles! Als ich nachfragte, stellte sich raus: Als EU-Bürger brauche ich zwar keine Aufenthaltsgenehmigung mehr, aber bei der Ausländerpolizei gibt es ein Register aller EU-Staatsangehörigen, die in Finnland leben. Dort hatte ich mich nicht eintragen lassen, weil ich davon nichts wusste. Dort hatte Kela aber nachgefragt und festgestellt, mich gibt's da nicht – also haben sie gesagt: Dann können wir auch nicht zahlen. Da bin ich also zur Ausländerpolizei hin und hab das richtiggestellt. Ich musste einen Antrag stellen, das kostete Geld und vor allem kostete es mich sechs Stunden Zeit, weil da furchtbar viel Andrang war. Da hab ich mir gedacht: Jetzt kann ich das noch, also, ich krieg frei, kann mich da hinsetzen, kann auch mit den Leuten reden – aber lass mich erst mal achtzig sein, dement oder was weiß ich! Gut, dann müssten die Kinder das für mich tun. Aber wenn ich die finnische Staatsbürgerschaft annehme, dann können sie mich nicht mehr rausschmeißen! Und jetzt kann man ja auch beide Staatsangehörigkeiten gleichzeitig haben. Ich glaube, wenn ich den deutschen Pass dafür abgeben müsste, das wär schwieriger. Ich hab zwar nicht vor nach Deutschland zurückzuziehen, aber irgendwie wär es doch komisch, ohne deutschen Pass.

Ich lebe gern in Finnland. Mein Leben hier ist mit der Zeit selbstverständlich geworden, so dass man das gar nicht mehr hinterfragt. Ich denke schon an Deutschland. An bestimmte Landschaften, bestimmte Speisen, mitunter auch an das: Miteinander frotzeln zu können. Das gibt's hier so nicht. Also, sich wirklich freundlich, ohne böse Absicht, übereinander lustig zu machen – und auch so verstanden zu werden. Es ist einfach eine andere Art. Dinge, die für mich im Umgang mit einem Deutschen nichts Negatives bedeuten würden, würden direkt übersetzt hier als negativ, als Kritik aufgefasst. Im Finnischen gibt's dafür natürlich andere Wege sich aufzuziehen. Aber auch Ironie ist hier generell einfach anders. Auf der Ebene verstehen sich die beiden Kulturen am allerwenigsten, und so kann es zu Missverständnissen kommen.

Es hat sich in Finnland nicht geändert, dass man wahnsinnig drauf achtet: »Was denken die von uns?« Das war schon früher so. Das Bild von Finnland in Deutschland, also, was ich auf Dienstreisen so mitkriege: Die Stellung der finnischen Frau wird sehr viel positiver gesehen, als sie's ist. Es gibt diese bestimmten Klischees über Finnland, die in Deutschland immer noch und überall da sind. Man hört manchmal Leute bestimmte Dinge loben und wenn man dann sagt: »Naja, ganz so ist es ja nicht« – dann kann es gar nicht anders sein: »Ich hab das so erlebt, das muss jetzt genau so sein.« Es gibt eine Neigung – das ist vielleicht typisch deutsch – alles entweder total positiv zu sehen oder dann total negativ, so ein Drang nach Typisierung! Wenn ich jetzt an meine Tätigkeit denke: In der Literatur gibt es die Möglichkeit Grautöne aufzuzeigen. Und das macht das Literaturübersetzen ja gerade auch spannend … Das offizielle Finnlandbild, dieses Branding, ist ja immer nur Loben über allen Klee. Da gibt's eigentlich keine Grautöne, und das ist schade.

Finnland ist für mich das Land, in dem ich praktisch mein ganzes erwachsenes Leben verbracht hab. Es ist das Land, in dem meine Kinder geboren sind, in dem meine Kinder sehr wahrscheinlich auch weiter leben werden. Das Land, in dem ich fast all meine Berufserfahrungen gemacht hab. Ein riesiger Teil meiner Persönlichkeit ist letzten Endes hier geprägt worden. Vielleicht hatte ich hier ein wenig mehr Freiheit. Wenn es knapp an Geld ist, ist man dann zwar nicht so frei zu reisen oder zu kaufen, was man will, aber trotzdem fühlte es sich hier freier an … Es kommt noch dazu, dass ich aus einem relativ kleinen Ort komme, wo jeder jeden kannte und auch jeder jeden beguckte. Und im Verhältnis dazu ist Helsinki eine riesige Großstadt und war es auch schon damals. Es gab hier diese soziale Kontrolle in dem Sinne nicht. Oder wenn es sie gab, dann hab ich sie nicht gemerkt, weil ich von außen da reinkam. Nee, das gab's nicht, dass Nachbarn sagten: Dann und dann ist der und der erst nach Hause gekommen!

Wenn ich in Deutschland geblieben wäre, wäre ich sehr wahrscheinlich Lehrerin an einem Gymnasium geworden, und wahrscheinlich hätte ich dann auch gar keine andere Alternative im Kopf gehabt und wäre damit glücklich geworden. Aber jetzt, von hier aus betrachtet, kann ich mir das nicht mehr so vorstellen – ich bin schon froh, dass ich hier bin! Ich hab zwar im März immer mal wieder das Gefühl: Ich bin ja verrückt, was mach ich hier, wo der Winter nie aufhört! Aber das vergeht dann wieder. Ich fahr jetzt immer ein bis zwei Mal im Jahr nach Deutschland, meistens beruflich, das ist ganz schön. Es ist nicht so, dass es mir widerwärtig wäre, dort wieder zu leben, obwohl es mir manchmal ein bisschen zu hektisch ist, ein bisschen zu unfreundlich, gerade in den großen Städten. Deutschland hat sich in all den Jahren weniger verändert als Finnland. Hier hab ich das Gefühl, die Leute rennen alle viel zu langsam, ich muss die überholen, und in Deutschland hab ich das Gefühl, die schubsen mich die ganze Zeit zur Seite, weil die es so eilig haben. Dort gibt es so eine unfreundliche Grundhaltung, so eine Ingenieursmentalität vielleicht – dass niemand das als negativ empfindet! Hier in Finnland braucht man eine gewisse Bereitschaft, sich auf fremde Dinge einzulassen. Man sollte nicht stur an dem festhalten, was man erwartet und wie man glaubt, dass Dinge laufen sollen – Pragmatismus braucht man vielleicht schon.

Ich stelle hier zurzeit manchmal eine gewisse Tendenz zum Einigeln fest, also »Das Ausland ist meistens schlecht und wir müssen für unsere eigenen Leute sorgen«. Nicht, dass es sich wirklich durchsetzt, aber ich finde, es ist stärker geworden. Oder vielleicht wird es auch nur stärker geäußert. Es ist sozusagen gesellschaftsfähiger geworden, das zum Ausdruck zu bringen. Neulich war ich zu einer Untersuchung im *terveyskeskus* und die Frau, die mir dort Blut abgezapft hat, war eindeutig Ausländerin, man sah es ihr und ihrem Namensschild an. Wir haben uns unterhalten – ich bin schließlich auch Ausländerin – und es stellte sich heraus, sie hatte die finnische Staatsbürgerschaft. Sie kam aus dem Iran, sprach wesentlich schlechter Finnisch als ich, war auch seit wesentlich kürzerer Zeit hier als ich. Aber von uns beiden war sie die Finnin. Wenn ich mir jetzt vorstelle, wir gehen zusammen auf der Straße, dann wäre die Reaktion der Leute wahrscheinlich völlig anders, die würden nur sie als Ausländerin ansehen! Aber sie hat stolz erzählt, sie hat vor zwei Wochen den finnischen Pass gekriegt. Absurd – wieso fühle ich mich eigentlich finnischer als sie, wo sie doch den Pass hat?!

Ich muss schon sehr aktiv sein und viel selbst machen

Sandra, 27, aus Sachsen-Anhalt, seit einem Jahr in Helsinki

Er hat mich gleich sehr fasziniert, er ist wirklich anders, schwierig, irgendwie speziell. Ich habe »meinen« Finnen kennengelernt, als ich auf Weltreise war, in Neuseeland in einem kleinen Hostel. Er saß auf einer Bank und wir sind ins Gespräch gekommen, alles auf Englisch natürlich – und mein Englisch war nicht so super! Abends sind wir ausgegangen, und dann war's auch schon passiert. Wir sind in Neuseeland zusammen herumgereist, im Auto. Meine Freundin und ich hatten das Auto gemietet und eigentlich sollte er nur eine Woche dabei sein, aber dann waren es vier Wochen, und danach ist er weitergeflogen nach Südamerika. Wir hatten schon verabredet, dass wir uns dort dann wieder treffen, also, ich habe das verabredet und er hat gesagt: »Ja, wenn es passt.« Und zweieinhalb Monate später haben wir uns in Chile wiedergetroffen und sind noch zwei Monate zusammen gereist. Ich hatte eigentlich schon in Neuseeland beschlossen, dass ich dann nach Finnland ziehe, ich wollte eh nicht in Deutschland wohnen. Ich habe mir nicht wirklich viele Gedanken gemacht, was Finnland eigentlich für mich bedeutet, ich habe nur von Anfang an gesagt: »Kein Problem, ich ziehe nach Finnland.« Dann sind wir getrennt zurückgereist, ich nach Deutschland, er nach Finnland, und ein paar Wochen später, letztes Jahr im September, bin ich nach Helsinki gezogen. Schon auf der Reise habe ich mich oft gefragt, was mich an ihm fasziniert, wie er es geschafft hat, dass ich ihm folge. Woher dieses Vertrauen kam, warum ich mich überhaupt verliebt habe. Er erzählt ja nicht viel über sich, es ist eher schwierig, Sachen über ihn herauszubekommen.

Nach Finnland zu ziehen hatte ich mir einfacher vorgestellt. Er hat mir erzählt, dass die meisten Leute hier Englisch sprechen, aber ich fand es schwieriger, als ich gedacht habe. Es ist eben nicht alles auf Englisch, und es geht ja nicht nur um die Sprache. Als ich in Malmi die Polizeistation gesucht habe und auf Englisch danach gefragt habe, haben manche Leute mich nur erschrocken angeguckt und sind einfach weitergegangen. Auch die ganze Bürokratie – jetzt, wo wir im vereinigten Europa sind, habe ich gedacht, muss das doch ein Klacks sein! Aber leider ist das nicht so. Das war ein langer Weg, bis ich meine Sozialversicherungskarte hatte. Da konnte mein Freund mir auch nicht helfen, er wusste auch nicht, was ich machen, zu welchen Stellen ich gehen musste. Die Finnen selber wissen das eben nicht und auch im Internet habe ich nicht alles gefunden.

Arbeit zu bekommen war gar nicht so leicht. Zuerst habe ich mich bei allem beworben, was mit Deutsch zu tun hat – deutsche Schule, deutsche Kindergärten und so weiter. Dann habe ich per Zufall eine Stellenbeschreibung auf Englisch gefunden und arbeite jetzt als Integrationshelferin von einem behinderten Mann. Das geht auf Englisch und ab und an ein bisschen auf Finnisch. Jetzt habe ich drei Monate intensiv Finnisch gelernt – ich glaube, alle anderen Sprachen könnte ich jetzt schon sprechen! Finnisch aber leider nicht. Vokabeln habe ich eine Menge gelernt, aber der Unterschied zwischen der Sprache im Kurs und der gesprochenen Sprache um mich herum ist so riesig, da müsste ich alles nochmal lernen! Etwas lesen kann ich schon, aber wenn ich jemanden sprechen höre, kriege ich einfach nichts mit. Zu Hause spreche ich Englisch mit meinem Freund, und das zu ändern ist schon schwierig. Wenn er etwas auf Finnisch sagt, verstehe ich es nicht unbedingt, und dann geht er wieder zum Englischen über. Wenn ich mal richtig mutig bin und mir im Café meinen Kaffee auf Finnisch bestelle, dann wird mir sowieso auf Englisch geantwortet. In Spanien würde so etwas nicht passieren, die reden mit einem einfach in ihrer Sprache.

Ich musste schon sehr aktiv sein und sehr viel selbst machen. Das fing gleich am Anfang an. Als ich ankam, hat er mich nicht vom Flughafen abgeholt, sondern wir haben uns in der Stadt am Bahnhof getroffen, ich mit meinem großen Koffer, dann in den Bus und zu ihm nach Hause. Aber dann mussten wir erst mal einkaufen gehen, denn er hatte nichts zu essen im Haus. Und als wir in die Wohnung reingekommen sind, war das Erste, was ich gesehen habe, der Staubsauger, der stand mitten im Wohnzimmer. Irgendwie war nichts vorbereitet für meine Ankunft, ich glaube, er wusste gar nicht, auf was er sich einlässt. Er hat sich nicht wirklich darauf eingestellt. Wäre irgendjemand zu mir nach Deutschland gekommen von irgendwo anders her, ich hätte wohl erst mal etwas tolles Deutsches gemacht, »Herzlich willkommen!« – aber das gab es hier nicht, und das ist genau, wie er ist. Allerdings: Es wurde am gleichen Abend noch die Sauna angemacht.

Ich muss auch sehr oft nachfragen, können wir nicht dies oder das mal machen, mal etwas sehen von Helsinki – ich habe eigentlich noch nichts gemacht, was hier besonders ist. Bei den meisten Sachen habe ich mich alleine durchgewurschtelt und hatte dann mehr Unterstützung von Deutschen, die ich hier kennengelernt habe. Aber er unterstützt mich schon in einer anderen Art, denn er macht mir zumindest keinen Druck, das ist schon hilfreich. Ich wohne bei ihm, er bezahlt die Miete, und ich habe allmählich auch ein bisschen Platz in seiner Wohnung bekommen, ich habe schon eineinhalb Schränke für mich. Ich muss mir keine Sorgen machen, das ist schon ziemlich sicher.

Es ist faszinierend: Mit ihm lebe ich einen ganz anderen Lebensstil als ich ihn vorher in Deutschland hatte. Freitagabend – ich will schon ins Bett gehen – da beschließen seine finnischen Freunde und er, nachts um zwei: Jetzt gehen wir raus, in die nächste Bar. Oder wir fliegen mal irgendwo hin, weil wir gerade Lust dazu haben. Dieses Spontane und Unberechenbare ist für mich schon faszinierend. Von seinen Freunden bin ich super gut aufgenommen worden. Dass die finnische Mentalität nicht so offen wäre, das kann ich gar nicht bestätigen, denn die haben mich gleich sehr herzlich willkommen geheißen, auch seine Familie. Mit seinen Geschwistern spreche ich Englisch, mit seiner Mama ein bisschen Deutsch, mit ihr könnte ich vielleicht auch Finnisch sprechen.

Unsere Familien sind schon sehr unterschiedlich. Als ich mit ihm bei seiner Familie war, da fuhr er auch das erste Mal wieder hin nach seinem Jahr auf Weltreise – allerdings war er zu dem Zeitpunkt schon zwei oder drei Wochen wieder in Finnland! Das hätte ich mich zu Hause nicht getraut, da bin ich gleich nach der Rückkehr sofort zu meiner Familie gefahren, klar! Der erste Abend bei seiner Familie war sehr nett, es gab typisch finnisches Essen, es wurde viel getrunken … Und am nächsten Tag, da haben alle bis um zwölf oder eins geschlafen, nur ich war morgens um neun draußen und dachte: Was mach ich denn jetzt. Meine Familie in Deutschland steht zu Hause normalerweise um sieben Uhr auf, um halb acht gibt's Frühstück und dann geht es los. Bei ihm zu Hause gab es dann an dem Sonntag auch nicht so viel Kontakt zwischen den Eltern und uns, jeder hat so sein Ding gemacht, da wurde nicht mehr viel miteinander geredet.

Als er dann mit mir das erste Mal in Deutschland war, da hat er auch festgestellt, dass es anders ist. Er fand, dass wir in meiner Familie eine sehr enge Beziehung haben, er war begeistert davon, so begeistert, dass er sich sogar vorstellen kann, vielleicht nach Deutschland zu ziehen – irgendwann. Meine Eltern fanden ihn nett, aber sie sprechen eigentlich kaum Englisch, das war dann etwas schwierig. Obwohl meine Mama extra einen Englischkurs gemacht hatte, aber sie hat sich nicht getraut, viel zu sagen. Meine Eltern fanden es aber schön ihn kennenzulernen, denn ich war schon über ein Jahr mit ihm zusammen und sie wollten endlich wissen, wer das denn ist und wo ich mich da herumtreibe. Wir waren auch bei meinen Großeltern, das lief ganz super, obwohl die nun wirklich kein Wort Englisch sprechen. Er hat einfach auf Englisch geredet und sie haben einfach Deutsch gesprochen und ich habe ab und an ein bisschen übersetzt. Auch mit meinen Freunden – ich war ganz begeistert, wie einfach das alles war. Obwohl es auf Englisch sein musste.

Ich hatte von Finnland vorher kaum eine Vorstellung. Ich wusste natürlich, dass es sehr kalt ist – was mir überhaupt nicht gefallen hat, denn ich wollte eigentlich nach Spanien ziehen. Dann habe ich irgendwann erfahren, dass hier der Weihnachtsmann wohnt, dass die Menschen eher so »nördlich« verschlossen sind und dass überall Englisch gesprochen wird. Mehr wusste ich eigentlich nicht. Ich bin also sehr naiv drangegangen: Okay, ich ziehe da hin. Dann bin ich hierhergezogen und das war alles sehr anstrengend, anstrengender, als ich gedacht hatte. Die Kälte und vor allem die Dunkelheit fand ich schon sehr schlimm. Und was mich richtig nervt, sind die Preise. Ich wollte neulich in der Stadt einfach nur eine Schüssel kaufen, um eine Salatschüssel mehr zu haben, und das war überall so teuer, unglaublich! Das ist für mich eine große Herausforderung, weil ich das Gefühl habe, mir wird ein bisschen Freiheit genommen, wenn alles so teuer ist. Und weil ich eben nicht weiß, wo ich hingehen kann, um ein Schnäppchen zu bekommen. Vielleicht gibt es das ja irgendwo, aber ich weiß nicht, wo. Die Zeit vor Weihnachten war wirklich hart, es war kalt, es war dunkel, ich hatte noch nichts zu tun, keinen Job, hatte auch keinen Finnischkurs bekommen. Da musste ich mir die ganze Zeit sagen: Es wird besser, der Sommer kommt, irgendwann kommt der Sommer. Da war es wichtig, dass ich die Hoffnung nicht aufgegeben habe.

Andererseits hat Finnland mir schon viel gegeben. Für mich war es eine große Überraschung, dass ich wirklich Englisch sprechen kann, das hätte meine Englischlehrerin sicher auch nicht gedacht! Es macht mich stolz, dass ich einen Intensivkurs Finnisch gemacht und bestanden habe, dass ich Arbeit gefunden habe, dass ich endlich meine Sozialversicherungsnummer bekommen habe. Wenn man darüber nachdenkt, dann waren das schon einige große Leistungen – dafür, dass ich erst sechs Monate in Finnland bin. Ich bin ein Stück erwachsener geworden. Ich wollte ja auch, als ich von der Weltreise gekommen bin, sowieso nicht wieder zurück in das normale Leben mit Arbeiten von acht bis sechzehn Uhr, dann nach Hause, jeden Tag dasselbe ... Und hier: Der Job, den ich mache, ist vielleicht nicht mein Traumjob, aber ich verdiene Geld, kann nebenbei weiter Finnisch lernen, hab meine Freiheiten, eben auch die Freiheit mir etwas Neues zu suchen. Das passt gerade gut für mich.

Wenn ich die Beziehung mit meinem Freund hier vergleiche mit der Beziehung, die ich vorher vier Jahre lang in Deutschland hatte, dann gibt es da schon riesige Unterschiede. Das sind einfach zwei völlig unterschiedliche Männer. In Deutschland sind wir, wenn wir frei hatten, um neun aufgestanden und sind dann Rad fahren oder klettern oder einfach raus gegangen. Wir waren sehr aktiv, tagsüber, sind aber fast nie tanzen oder schick essen gegangen. Aber er hat mir fast jeden Morgen

Frühstück gemacht. In meiner finnischen Beziehung mache ich das Frühstück, ich stehe meistens um zehn oder elf auf, er kann manchmal auch bis um vier Uhr nachmittags schlafen. Hier ist es eben mehr dieses Nachtleben oder dass Freunde vorbeikommen, dann wird die Sauna angemacht und man sitzt auf dem Balkon, trinkt Bier und unterhält sich bis zum nächsten Nachmittag. Das läuft dann automatisch auf Englisch, wenn ich dabei bin, das ist das Gute, da bin ich integriert. Die mögen das auch, Englisch zu sprechen. Das ist aber für mich eine ganz andere Lebensweise hier, bei der ich mich anpasse, bei der ich mich verändere und vielleicht auch genieße, dass ich mich verändere – aber es ist eben einfach ein großer Unterschied zu meinem Leben früher. Manchmal vermisse ich schon dieses Aktive, morgens raus und klettern gehen. Aber vielleicht ist es hier auch einfach das Großstadtleben. Zu Hause konnten wir schnell raus in den Harz, waren oft draußen, haben nicht wirklich ein Stadtleben gelebt.

Über eine Finnin, die ich auf Weltreise in Südamerika kennengelernt habe, bin ich hier in so eine deutsch-finnische Gruppe reingekommen. Das sind lauter Finnen, die gerne Deutsch sprechen wollen und das auch echt perfekt können, und außerdem einige Deutsche. Über die habe ich hier Kontakte bekommen, und die haben mir auch viel geholfen mit praktischen Dingen. Durch die deutsche Gemeinde habe ich natürlich auch Kontakte gehabt. Insgesamt möchte ich aber lieber mehr mit den Finnen zusammen sein, ich finde es immer noch komisch, in Finnland in einer Bar zu sitzen und mich mit zehn Deutschen auf Deutsch zu unterhalten. Mein Interesse, mich in deutschen Kreisen zu bewegen, ist nicht so stark, auch wenn ich da schon Freundschaften geschlossen habe. Jetzt nach meinem Sprachkurs möchte ich mich auch zum Beispiel einer Klettergruppe anschließen, das ist dann halb auf Finnisch und halb auf Englisch.

Ja, ich vermisse meine Freunde und meine Familie, auch mein Auto. Außerdem ist mir klar geworden, dass ich, wenn ich in Finnland wohne, dann meinen Haupturlaub immer in Deutschland verbringen muss, um alle zu sehen, und nicht mehr woanders Urlaub machen kann – das ist schon ein großes Opfer! Eine große Einschränkung ist für mich auch, dass ich mich hier beruflich erst mal nicht verwirklichen kann. Auch dass die Wohnung nicht meine Wohnung ist, stört mich. In Deutschland war ich sehr sehr selbstständig, war gut in meinem Job, habe immer gutes Feedback bekommen und wusste, wo ich hin wollte. Das hab ich hier jetzt gerade nicht. Deswegen weiß ich auch nicht, ob ich in Finnland bleiben kann und will. Ich will schon mit ihm zusammen bleiben, aber das Gute ist, dass er sagt, er kann auch woanders leben. Vielleicht gehen wir nach Deutschland oder woanders hin, irgendwann in den nächsten fünf Jahren. Darauf arbeite ich hin. Allein diese Kälte hier, ich glaube, das überlebe ich nicht lang.

Trotzdem ist Finnland jetzt erst mal mein Zuhause, oder es fängt gerade an, mein Zuhause zu werden. Sachen werden sicherer, ich muss mich nicht mehr darum kümmern, irgendwelche Papiere zu bekommen, sondern ich kann den nächsten Urlaub planen, kann sagen, lass uns mal eine neue Schrankwand bestellen – es wird mein Zuhause, wenn ich weiß, wie ich zu Ikea komme.

Irgendwie habe ich das Gefühl, der finnische Mann hat traditionellere Ansichten. Frau ist Frau mit Haushalt und kochen, und Mann ist Mann. Auch in dem Buch von meinem Finnischkurs gibt es andauernd solche Beispiele, über die ich nachdenke – dort gehen die Männer in die Sauna und die Frauen kochen. Ist das wirklich Zufall? Ich laufe hier auch dreimal mehr mit dem Putzlappen hinter ihm her und sage: »Jetzt bist du mal dran!«

Wir wollten den Reichtum der zwei Kulturen

Marion, 68, aus Norddeutschland, zwei Kinder, seit 48 Jahren in Helsinki

Hab ich denn mein Leben ganz und gar auf Finnisch verbracht? Vieles in meiner Vergangenheit ist so stark mit dem Finnischen verbunden, dass ich mich das manchmal frage. Ich bin wirklich sehr integriert hier. Von Anfang habe ich versucht Finnisch zu lernen und in die finnische Gesellschaft hineinzuwachsen. Das war eine ganz bewusste Wahl, schon als ich 1964 herzog: Ich wusste, ich würde hier sonst keine Wurzeln schlagen. Wir haben natürlich zu Hause Deutsch gesprochen, auch am Arbeitsplatz und mit den Kindern habe ich Deutsch gesprochen, insofern war das Deutsche ganz wichtig. Aber ich habe damals bewusst keine deutschen Freunde gesucht.

Als ich gerade sechzehn war, gab es einen Schüleraustausch mit einer Partnerschule in Oulu. Da hatten sie eine sehr gute Deutschlehrerin, eine sehr strenge, zielbewusste, die alles tat, damit ihre Schüler besser Deutsch lernten – und sie konnten auch schon eine ganze Menge. Ich hatte dann eine fünfzehnjährige Austauschpartnerin, sie kam zuerst für einen Monat zu uns und anschließend ging ich dann für vier Wochen in ihre Familie nach Oulu. Wir, das war eine Gruppe von etwa zehn Schülern aus mehreren Schulen, sind damals mit dem Zug dorthin gefahren, über Puttgarden durch ganz Schweden und kamen dann über Nordfinnland in Oulu an. Und als der Zug im Bahnhof einlief, wartete da eine wunderschöne Frau auf dem Bahnsteig, die hatte einen herrlichen Sommerhut auf, und ich dachte: Oh, wäre das schön! – und sie war tatsächlich meine Gastmutter. Es war von Anfang irgendwie so, dass Wünsche in Erfüllung gingen, und ich hab mich da unglaublich wohl gefühlt.

Ich hab meinen Mann schon bei diesem ersten Aufenthalt kennen gelernt. Da haben die Austauschmütter gesagt: Diese jungen Leute, die sind alle so wunderbar, die sind so gut miteinander ausgekommen. Und sie haben uns zum Abschluss ein Fest – damals nannte man das wohl »Hausparty« – arrangiert. Da kam er rein, und das war Liebe auf den ersten Blick. Bei beiden von uns. Es schlägt bei einem ein wie ein Blitz, ich weiß es. Und Finnland, ja, das war auch Liebe auf den ersten Blick für mich, muss ich sagen.

Nach dem Blitz ging es aber erstmal langsam weiter. Wir haben uns ein Jahr lang Briefe geschrieben, jede Woche einen – und wenn der nicht kam, war das eine Katastrophe! Telefonieren ging nicht, das war viel zu teuer, das tat man zu der Zeit noch nicht. Es war der gute alte Briefträger, der diese Beziehung retten musste. Im folgenden Jahr haben wir uns dann wieder getroffen, den Schüleraustausch haben wir auf privater Ebene noch über viele Jahre weitergeführt, es kamen noch die Geschwister des Mädchens hinzu, in deren Familie ich war. Die ganze Familie war bei uns in Deutschland, und es war wirklich eine sehr schöne Freundschaft, die immer noch zwischen ihr und mir besteht.

Vier Jahre lang haben mein zukünftiger Mann, Antero, und ich uns regelmäßig geschrieben und selten gesehen. Er studierte damals schon und war auch in der Studentenpolitik engagiert. Da kamen dann ziemlich viele Repräsentationsaufgaben auf ihn zu, und er sagte einmal, als er in Deutschland war – das muss Weihnachten gewesen sein –, dass ihm da die Partnerin fehlt. Also hab ich gesagt: »Na gut, dann komm ich!« Und das war's. Ich hab überhaupt nicht überlegt. Ich studierte inzwischen auch, in Münster, und dann musste man herausfinden, wie das überhaupt ging, nun nach Helsinki zu wechseln. Zum Glück hatten wir finnische Stipendiaten in Münster und da war jemand, der mir geholfen hat mit all diesen Formalitäten, und dann bin ich halt nach Finnland gekommen – und geblieben.

Aber einfach so dahin ziehen, das ging natürlich nicht, das waren ja noch andere Zeiten damals, Anfang der sechziger Jahre. Man hatte höchstens davon geträumt, man war sehr bescheiden damals, man träumte sehr viel – aber bevor ich nach Finnland kam, 1964, haben wir uns verlobt. Dann bin ich hergekommen, und zwei Jahre später haben wir geheiratet. Und erst damit konnte ich Mitglied der finnischen Gesellschaft werden. Bis dahin brauchte ich noch einen finnischen Bürgen, der, wenn ich Dummheiten gemacht hätte, alles wieder in Ordnung gebracht hätte. Denn selbst wenn man hierher kam und hier studierte und alles selbst finanzierte, brauchte man so einen Bürgen, und jedes Jahr musste man zur Polizei und seine Aufenthaltsgenehmigung verlängern lassen. Und wenn man ein Examen aus dem Ausland mitbrachte, wurde das nie so akzeptiert wie die finnischen Examen, da brauchte man noch alles Mögliche zusätzlich. Stipendien gab es zu der Zeit auch noch nicht. Unsere Eltern hatten ihr Leben lang für unser Studium gespart.

Die finnische Staatsbürgerschaft hab ich automatisch mit der Vermählung bekommen, konnte aber die deutsche auch behalten. Ich glaub, die hab ich immer noch. Ich hab die deutsche Staatsbürgerschaft nie abgegeben, aber ich hab sie auch nie mehr aktiv genutzt, ich hab immer meinen finnischen Pass benutzt. Das war vom Gefühl her natürlich, hatte aber auch praktische Gründe, denn als die Kinder da waren und man reisen wollte, waren die im Pass der Eltern eingetragen und das wären sie nicht gewesen, wenn ich nur meinen deutschen Pass gebraucht hätte.

An Antero hat mir wohl von Anfang an seine finnische Schweigsamkeit gefallen. Aber er war ja keineswegs immer schweigsam, und er hat in den entscheidenden Momenten damals die richtigen Worte gefunden, sonst wär das wohl nicht weitergegangen. Er war natürlich anders als die jungen Männer, die ich in Deutschland kannte – obwohl ich nicht viel Erfahrung in Deutschland hatte, eigentlich gar keine. Aber er war halt jemand, wie ich ihn mir in meinen Träumen vorgestellt hatte: so zuverlässig, ernsthaft, sehr wohlerzogen und, wie sich herausstellte, ein absoluter Gentleman – ohne das wäre es für mich auch nicht gegangen. Er sprach Deutsch, er war hochintelligent, er war offen für Neues ...

Es war damals unter den finnischen jungen Männern offenbar doch ein Wunsch, mit der größeren Welt in Kontakt zu kommen. Da war so eine Sehnsucht nach dem Ausland, wo es andere Gedanken gab, vielleicht auch freiere. Das muss eine Auflehnung gegen das finnische Establishment gewesen sein oder gegen das, was in Finnland damals als die einzige Wahrheit galt. Und so ein Mädchen aus dem Ausland war wohl auch eine Eröffnung dieser größeren Welt, denn es gab mehrere in unserem Bekanntenkreis, die eine Ausländerin geheiratet haben.

Diese Ernsthaftigkeit und dieses überlegte, wenn auch eher sparsame Sprechen haben mich fasziniert. Selbstverständlich hatte die Schweigsamkeit manchmal auch ihre negativen Seiten, und damit muss man dann leben können. Doch hat das Schweigsamsein manchmal eben auch die Komponente, dass man besser zuhören kann – und das ist etwas, was wir Deutschen nicht können: zuhören. Und das Zuhören schätzen wir auch manchmal nicht genug, vielleicht weil es nicht so auffällt. Sprechen ist ja oft auch Selbstdarstellung. Ja, eben die fehlende Selbstdarstellung hier, das finde ich so angenehm.

In der Familie haben wir immer beide Sprachen gesprochen: Ich hab Deutsch, mein Mann Finnisch mit den Kindern gesprochen. Mit mir sprach er aber Deutsch. Sein Deutsch war sehr gut. Finnisch haben die Kinder dann auch bei den Tagesmüttern gelernt, ich hab sehr gute Tagesmütter gehabt. Ich erinnere mich noch, als ich meinen zweiten Sohn zu dieser Tagesmutter brachte, da war mein einziger Wunsch, dass sie den Kindern viel vorliest – und das hat sie gemacht. Auf die Weise haben sie dann beide Sprachen bekommen. Es ist und war ja hier in Finnland auch üblich, dass man als Frau dann bald wieder arbeiten geht. Ich hab nie darüber nachdenken können, nur Hausfrau zu sein, weil es wirtschaftlich absolut nicht möglich gewesen wäre. Das fing in den siebziger Jahren an, als die finnische Wirtschaft so umgewandelt wurde, dass alle Frauen in die Berufe gedrängt wurden. Da war es üblich, wenn man eine Ausbildung hatte, dass man dann gleich in den Beruf ging, auch der Mutterschaftsurlaub war zu der Zeit sehr kurz: Drei Wochen vor und vier Wochen nach der Geburt, das war alles. Das Gehalt war klein, und um überhaupt irgendwie existieren zu können, mussten beide berufstätig sein, das ging gar nicht anders. Dadurch waren zu der Zeit die Kinder in Finnland, bei uns in der Familie vielleicht nicht unbedingt, auch etwas selbständiger als in Deutschland. Sie wurden nicht so verhätschelt. Und meine Mutter – das war ihre Beobachtung im Vergleich mit Deutschland – sagte immer: »Ach, eure Kinder haben es gut, die können so frei aufwachsen.« Die Umgebung war damals noch sehr sicher, auch in Helsinki, vor allem wenn man in der Vorstadt wohnte, unsere Kinder konnten also frei spielen gehen. Man musste nicht die ganze Zeit daneben stehen, die Kinder wurden nicht so viel gegängelt und im Sinne von Kästner »wuchsen sie wie Gemüse im Garten«.

Das Wort Freizeit war mir eigentlich Jahrzehnte ein Fremdwort, so etwas hab ich nicht gehabt, mit Kindererziehung und Beruf, da blieb keine Freizeit übrig. Und ansonsten hab ich meinen Alltag gelebt, meist auf Finnisch. In der Familie meines Mannes wurde zwar Deutsch gesprochen, das wäre kein Problem gewesen, aber sie sind einfach davon ausgegangen, dass ich Finnisch lerne und mir dabei auch Mühe gebe. Das war selbstverständlich. Und ich hab es ja auch für den Beruf gebraucht, ohne Finnisch wäre das nicht gegangen.

Ein Schlüsselerlebnis hatte ich ziemlich am Anfang, nach einigen Monaten in Finnland: Es gab da in der Familie meines Mannes eine Großtante, die noch in der Zarenzeit aufgewachsen war. Das war eine sehr feine Dame, sie wurde von allen verehrt. Sie fragte mich etwas auf Finnisch, was ich durchaus verstand, aber ich konnte noch nicht genug, um einen richtigen Satz zusammenzubringen und hab ihr deswegen wohl nur mit einem Schulterzucken und verlegenen Lächeln geantwortet, worauf sie etwas konsterniert sagte: »Ach, die versteht nichts!« – Das war für mich so ein Augenöffner: Wenn ich nicht antworten kann, dann denkt sie, dass ich es nicht einmal verstanden habe. Und wenn ich nicht kommunizieren kann, dann wird mich auch keiner akzeptieren können, weil keiner weiß, wer ich bin und wie ich denke und was ich hier überhaupt will. Und dann finde ich meinen Platz in dieser Gesellschaft auch nicht. – Das hat wehgetan damals, ich hab mir aber sofort klargemacht: Sie hat vollkommen recht.

Heimweh hatte ich eigentlich nie. Ich hab mich von Anfang an sehr wohl gefühlt, auch wenn es nicht leicht war. Ich war nämlich ein sehr empfindliches junges Mädchen, das sehr wenig Lebenserfahrung mit auf den Weg bekommen hatte. Ich hatte eine beschützte Kindheit gehabt, mit sehr wenig Selbständigkeit. Wir waren damals noch nicht so selbständig wie die Jugend heute, und ich hab mir eigentlich alle Freiheiten erkämpfen müssen. Neben dieser sehr großen Empfindlichkeit habe ich aber auch meine Kämpfernatur entdeckt, und die ist mir hier in Finnland gut zustatten gekommen. Die hab ich gebraucht, sonst wär ich untergegangen. Es ist gut, dass man noch so formbar ist, wenn man jung ist. Da ist es leichter sich an Neues anzupassen und sich dafür zu begeistern. Und in meinem Fall: Ich war verliebt, für mich war es die Erfüllung meiner Träume, den Mann zu bekommen, den ich haben wollte – und dass er mich auch haben wollte, war natürlich genauso wichtig!

Und ich hatte ja auch meine Familie in Deutschland, die mir geholfen hat, wenn es mal nicht einfach war. Meine Mutter hat sicherlich darunter gelitten, dass ich nicht mehr in der Nähe war, aber irgendwie hat sie verstanden, dass diese Sache gut für mich war und mich glücklich machte. Sie hat mich unterstützt. Wir fuhren natürlich jedes Jahr einmal zu meiner Familie, öfter war nicht möglich. Man sparte das ganze Jahr überall, wo man sparen konnte, und dann fuhr man einmal im Sommer nach Deutschland – und das war dann das andere Paradies. Ich hatte also zwei Paradiese: erstens das hier, von dem ich noch nicht wusste, dass da auch einige Schlangen sind, und dann das Paradies in Deutschland, das unser Ferienland wurde. Der Lebensstandard war damals ja in Deutschland höher als in Finnland, auch das machte unser Ferienparadies aus. Wenn wir mit dem Auto – als wir dann endlich eins hatten – nach Finnland zurückfuhren, war das vollgepackt mit allem, was die Familie uns für den Haushalt mitgegeben hatte. Wir waren dankbar für alles, was wir kriegten, und es war, als käme man aus dem Schlaraffenland hierher zurück. Denn das Paradies war es dann hier vielleicht doch nicht mehr, der finnische Alltag war ziemlich schwierig in den siebziger Jahren. Wenn man die Zeit nicht erlebt hat, dann weiß man gar nicht, wie das war. Man konnte leben, aber man musste genau Buch führen, wie viel für den Haushalt drauf ging und wofür man besser etwas hinterlegt. Wenn man irgendetwas für die Wohnung kaufen wollte, musste man halt lange lange vorher sparen, aber es hat auch richtig Spaß gemacht, wenn man es dann kriegte. Dieser Überfluss, den wir heute so haben, der ist gar nicht gesund.

Finnland hat mich schon sehr geformt, denke ich – eben weil ich noch so jung war, als ich herkam. Jetzt hab ich das Gefühl, wenn ich in Deutschland bin, dass ich mich eher als Finnin sehe. Aber wenn ich in Finnland bin, dann werde ich immer wieder daran erinnert, dass ich Ausländerin bin. Das ist natürlich manchmal auch ein bisschen ärgerlich. Aber an und für sich habe ich mich hier so angepasst und so vieles übernommen, dass ich mich manchmal in Deutschland schon etwas eigenartig fühle. Ich werde da natürlich noch akzeptiert innerhalb des

Familienkreises, aber außerhalb der Familie empfinden mich die Leute doch als die Frau, die nach Finnland gegangen und Finnin geworden ist. Wahrscheinlich ist beides in mir, in Finnland kommen halt diese deutschen Eigenarten oder Eigenschaften mehr in den Vordergrund oder fallen zumindest mehr auf, und wenn ich in Deutschland bin, eben mehr das, was in Finnland dazugekommen ist. Und das ist in meinem Fall eine ganz gute Symbiose geworden. Es ist ein Reichtum, zwei Länder zu haben. Ich sehe das nicht als negativ an, im Gegenteil. Wir haben uns in unserer Familie auch immer die besten Sachen aus beiden Kulturen herausgesucht und sie gepflegt, und die anderen haben wir beiseitegelassen. Wir wollten den Reichtum der zwei Kulturen haben.

Ich hab mich zwar sehr integriert und wirklich viel Finnisches übernommen, aber ich hab durchaus auch Phasen gehabt, wo diese bewusste Anpassung mir zu viel wurde und wo ich rebelliert habe. Diese Phase hatte ich mit vierzig, das scheint so eine typische Wende im Leben zu sein. Es war ja so, dass ich in eine Familie eingeheiratet habe, wo ein sehr starkes Familiengefühl herrschte. Man hat mich freundlich aufgenommen, aber man erwartete auch, dass ich mich anpasste. Eine Krise kam dann, als wir die Kinder in die deutsche Schule schickten – und meine Schwiegermutter das doch ein bisschen zu viel deutschen Einfluss fand und rebellisch wurde. Da merkte ich, aha, ich habe mich also nicht genug angepasst, und das Deutsche, was durch mich in diese Familie gekommen ist, ist dann vielleicht doch nicht so willkommen. Meine Schwiegermutter hatte auch ihre eigenen Probleme damals und damit muss das auch zusammengehangen haben, darüber wurde aber nicht geredet, davon wussten wir eigentlich nicht. Also dachte ich, das wäre gegen mich gerichtet, und hab mir gesagt: Nun habe ich zwanzig Jahre versucht mich anzupassen, und ich bin so finnisch geworden, wie ich nur konnte – und wenn es nicht reicht, dann tut es mir leid, mehr geht nicht, jetzt könnt ihr nichts mehr von mir fordern! Das hat geholfen, diese Entscheidung hab ich ganz bewusst getroffen, und ab da habe ich mein Leben gewendet. Das hat auch für die anderen die Sache geklärt. Meine entschiedene Art, dann zu sagen, tut mir leid, aber so geht das nicht mit mir, die erregt manchmal ein bisschen Erstaunen, aber so ist es eben. Sich anpassen heißt ja nicht, dass man sich aufgibt, sondern erstmal, dass man für sich selbst Bedingungen schafft, um sich wohlfühlen zu können. Andererseits kann man aber auch nicht die ganze Zeit gegen den Strom schwimmen. Man kann ja nicht in diese Kultur kommen und sagen: Ich hab aber eine andere Kultur, und die ist besser. Sondern man muss die Kulturen einander angleichen und sich von beiden das Wichtige bewahren. Damit bin ich gut gefahren.

Ich hab mich hier schon verändert, und Finnland hat sich seit den sechziger Jahren auch ziemlich gewandelt. Ich habe eigentlich eine ganze Menge gesellschaftlicher Veränderungen mitgemacht – positive wie negative. Als ich herkam, gab es hier fast keine Ausländer. Man war ziemlich exotisch, wurde aber auch geschätzt. Und das eben auch als Deutsche, was ich damals natürlich nicht voll begriffen habe, weil mir die deutsch-finnische Geschichte im Hintergrund nicht klar war. Man traf noch auf sehr viele Leute, die Deutsch gelernt hatten, die Deutsch sprachen und einem positiv begegneten. Das war irgendwie so befreiend. Ich hatte ja zu der Zeit, in den letzten Jahren in der Schule, erst mitbekommen, was es mit der deutschen Vergangenheit eigentlich auf sich hatte. Das war ein riesiger Schock für mich gewesen – und dann in ein Land zu kommen, wo man freundlich und positiv aufgenommen wird, das war unglaublich schön!

Finnland war damals noch ein sehr geschlossenes Land, aber es gab Bestrebungen sich zu öffnen. Das ging über die Jugendlichen, gerade den Schüleraustausch, das ging über die Studenten, da gab es relativ viele, die schon im Ausland gewesen waren. Was mir damals auch gefallen hat, war eben dieser Nationalstolz, den die Finnen offenbar immer gehabt haben, von dem ich später aber auch etwas andere Nuancen kennengelernt habe. Aber damals nahm man alles halt ziemlich unkritisch auf, was vielleicht auch richtig ist. Man war jung und neugierig und man ließ die Sachen auf sich zukommen, und obwohl wir zur Kritik erzogen worden waren, war es meiner Meinung nach nicht nötig, alles nur mit Kritik aufzunehmen. Hier in Finnland bemerkte ich, dass ich in Deutschland ja überhaupt kein Nationalgefühl mitbekommen hatte, das war so in meiner Generation.

In den Sechzigern ging eigentlich die Nachkriegszeit zu Ende, und was in ganz Europa passiert ist, ist auch in Finnland passiert – wenn auch vielleicht nicht ganz so laut. Die Studentenunruhen hat es hier natürlich schon gegeben, und damit wurde eigentlich die alte Zeit beendet, genau wie in Deutschland. Und dann kamen als Reaktion die aus meiner Sicht entsetzlichen siebziger Jahre, wo die ganze Gesellschaft in sehr kurzer Zeit umgewandelt wurde: ideologisch, sozial, wirtschaftlich. Vieles war das, worauf wir heute aufbauen, aber es kam keineswegs ohne Opfer.

Hinzu kam nämlich diese innere Entwicklung, wo Gedankenfreiheit zwar herrschte, Finnland war ja ein demokratisches Land – aber um Himmels willen, wenn man Gedanken vorbrachte, die nicht mit der herrschenden Meinung, und das war in diesem Fall eine sehr ideologisierte Meinung, übereinstimmten, dann wurde man ausgeschlossen. Zum Beispiel so, dass in unserem Freundeskreis jemand sagte: »Mit denen wollen wir nichts zu tun haben, die sind zu bürgerlich.« Bürgerlich wurde damals zum Schimpfwort, »bourgeois«. Da hörte die Freundschaft auf und wir wussten nicht, warum – das haben wir erst Jahre später auf anderen Wegen gehört. Und das hab ich als sehr schlimm empfunden. Die siebziger Jahre und auch noch die achtziger fand ich ziemlich schwer.

Auf der anderen Seite, wir waren mit der Kindererziehung beschäftigt, wir hatten wahnsinnig viel zu tun und also keine Zeit, uns um Politik zu kümmern. Es wurde sowieso über Politik eigentlich nicht geredet, zumindest nicht in den bürgerlichen Kreisen. Das waren ja die Gedanken, die nicht erwähnt werden durften, dagegen hatte man gerade gekämpft. Ich erinnere mich, dass ich einmal in der U-Bahn einen Bekannten traf, den ich lange nicht gesehen hatte, und er fragte: »Wie fühlst du dich?« Und ich sagte: »Ich hab das Gefühl, dass ich nicht mehr atmen kann, ich ersticke bald.«

Freiräume haben wir für uns darin gefunden, dass wir Zeitungen gelesen haben, besonders deutsche und ausländische, um zu wissen, was in der Welt vor sich ging. Und Freiräume hatten wir in unserem eigenen Freundeskreis, wo es nicht nur so engstirnige Leute gab. Aber wir wurden oft abgestempelt, hatte ich den Eindruck. Ich hab es zum Beispiel bemerkt, als ich meine Kinder im Kindergarten unterbringen wollte und mir gesagt wurde: »Nein, für Sie ist das nicht!« – Ich nehme an deswegen, weil wir beide in einem Beruf waren, der eher als bürgerlich galt und wir ein festes Gehalt hatten, auch wenn das sehr gering war. Die finnische Gesellschaft wurde damals völlig umgewandelt und bestimmte Bevölkerungskreise wurden zurückgewiesen, um eben die Basis erstmal zu verändern. Das war eine heftige Veränderung zu der Zeit, ganz heftig.

Ich hab das auch bemerkt, als ich im Vorstand der deutschen Schule mitgearbeitet habe. Es war nämlich so, dass das Schicksal der deutschen Schule ziemlich lange auf der Kippe stand, als das finnische Gesamtschulsystem hier eingerichtet wurde. Das war anfangs so ein starker Prozess, dass andere Schulen nicht mehr geduldet wurden. Und dass die deutsche Schule weiter bestehen bleiben konnte als deutsche Schule, also außerhalb des finnischen Schulsystems, das war absolut nicht gewährleistet, dafür haben wir jahrelang kämpfen müssen. Und es ist eigentlich dem damaligen Direktor zu verdanken, dass es die Schule noch gibt – weil er so lange ausgehalten hat, bis die Zeiten besser wurden. Ende der achtziger Jahre wechselte die Regierung und dann kam plötzlich, zumindest aus meiner Sicht, so ein Gefühl der Freiheit im Lande auf. Plötzlich schrieb *Helsingin Sanomat* Sachen, von denen ich gedacht habe: Das gibt es doch nicht, dass ich so was hier lese! – Da wurde es dann besser, da konnte ich wieder atmen.

Finnland heute ist eine schwierige Frage. Im Augenblick kann man natürlich nur ein Gefühl des Unwohlseins haben angesichts gewisser politischer Entwicklungen. Aber die sind nun mal auch ein Ausdruck der Demokratie. Wenn da irgendetwas schief läuft, dann müssen eben demokratische Korrekturbewegungen kommen, und das will ich hoffen. So, wie es im Augenblick ist, macht mir das keinen großen Spaß. Denn dies ist ein Land, in dem man gut leben kann. Ich hab ja ziemlich viel Erfahrung: Ich hab in Deutschland gelebt, dann drei Jahre in Schweden, drei Jahre in Belgien, teilweise in Dänemark ... Meine Erfahrung ist eben, dass es in jedem Land wundervolle Sachen gibt und eben auch weniger schöne Sachen. Und wenn man die Möglichkeit hat und stark genug ist, dass man die schönen Sachen sieht und sich die erhält, dann hat man eine ganz gute Grundlage auch für schwierige Zeiten. Man kann von einem Land nicht erwarten, dass es einem paradiesische Zustände bietet, aber der Rahmen, in dem man Freiheiten wirklich leben kann, der muss gegeben sein. Und in dem man Menschen trifft, die die gleichen Wertvorstellungen haben. Natürlich gibt es in einer Demokratie immer alles, auch immer etwas, was einem nicht gefällt – sicherlich gibt es auch viele Sachen, die einem in Deutschland nicht gefallen. Finnland hat mich nicht schlecht behandelt. Ich habe schwer arbeiten müssen, ich hab es nicht leicht gehabt, aber ich bin gewachsen, ich bin stark geworden hier in diesem Land. Und darauf bin ich eigentlich ganz stolz.

Nach Deutschland würde ich nicht zurückgehen, das möchte ich so behalten, wie ich es in Erinnerung habe, als die Zeit meiner Jugend. Danach ist zu vieles passiert, was ich nicht miterlebt habe. Es wäre schwer, da den Anschluss wieder zu finden. Ich möchte mir die Vorstellung so erhalten, wie es damals war, denn ich hab eine sehr schöne Kindheit gehabt. Eine ganz normale Kindheit, wie viele andere auch, aber eine schöne Kindheit, mit lieben Eltern.

Damals vor nun schon vielen Jahren, nach dem Tod meines Mannes, haben mich viele gefragt, ob ich nun wieder nach Deutschland zurückgehe. Ich war entsetzt über die Frage – das wäre mir nicht in den Sinn gekommen! Auch nicht, als ich es nach seinem Tod sehr schwer gehabt habe, denn die folgenden zehn Jahre waren wirklich nicht leicht. Da war ich sehr allein, muss ich sagen, und wenn ich nicht so stark gewesen wäre, wie ich inzwischen geworden war, dann hätte ich das nicht überlebt. Denn, und das ist nun auch wieder Finnland, hier lässt man einen Menschen in Ruhe, man tritt ihm nicht zu nahe – in meinem Fall wäre es jedoch schön gewesen, wenn da mehr Menschen auf mich zugekommen wären. Deshalb hab ich einige Jahre ziemlich isoliert gelebt. Denn wenn jemand seinen Partner verliert, dann wissen alle: Das muss schrecklich schwer sein, sie muss sich furchtbar fühlen. Aber kaum jemand weiß, wie er auf einen zukommen und darüber reden soll. Kaum jemand weiß es und kaum jemand wagt es. Wenn die Menschen um einen herum sich klar darüber wären, dass allein Zuhören schon reicht, dann müsste das ja eigentlich durch dieses finnische Zuhörenkönnen schon vorbereitet sein – aber ich glaube, es ist da auch mehr die Angst vor Gefühlen: Dass man Gefühle ausdrücken müsste, das fällt schwer. Ich wollte in der Situation auch nicht bitten: Komm zu mir, ich fühl mich allein, sprich mal mit mir. – Und dann kommen auch immer wieder Menschen, die einem beistehen und die einen retten, und dann fängt das Leben wieder an.

Aber ich wäre nie auf die Idee gekommen, nach Deutschland zurückzugehen, auch nicht in meiner damaligen Situation. Weil ich hier lebe, hier verwurzelt bin, hier meine Familie ist: meine Söhne mit ihren Familien, die herrlichen Enkelkinder und auch die Familie meines Mannes. Die ist die ganze Zeit hier im Hintergrund, und da bin ich ein fester Bestandteil, genau wie die anderen Schwiegertöchter, und das ist absolut wichtig. Da sieht man dann wieder die Stärke: Auch wenn man nicht viel redet, nicht so auf Leute zugeht, ist dann der Zusammenhalt trotzdem da. Wir haben vielleicht nicht sehr viel Kontakt, aber ich weiß, ich gehöre dazu. Und dieser größere Familienzusammenhang ist bestehen geblieben, und das Schöne ist: Sobald sie von meinem zweiten Mann erfahren haben, haben sie ihn mit offenen Armen aufgenommen. Lauri ist auch Teil dieser Familie geworden. Dass es so was gibt, finde ich unglaublich schön. Die Familie ist, wenn ich es mir genau überlege, das gewesen, was mir das Rückgrat gegeben hat in diesem Land.

Was mir hier oft fehlt: Es wird nicht genug diskutiert, und man wird sehr häufig vor vollendete Tatsachen gestellt. Aber so ist es hier auch in Gesprächen: Die Finnen müssen sich erst die Fakten klarmachen, das dauert eine Weile, und sich eine Meinung bilden – und dann kommt ein wohlbegründeter Satz, der diese Meinung ausdrückt, und daran ist nichts zu viel. Das Ganze, was dem voraus geht und was in Deutschland verbalisiert würde, wie man also zu diesem Endergebnis kommt, das machen die Finnen in ihren Köpfen ab. Auf der anderen Seite kann man es aber auch so sehen: In Deutschland wird vieles kaputt geredet. Denn wenn man viel redet, kommt auch eine ganze Menge Leerlauf auf und man redet dummes Zeug. Irgendwo zwischen diesen beiden Extremen ist dann die Wohlfühlzone.

Das war für mich auch in der Paarbeziehung schwierig, und ich erinnere mich, dass wir viel darüber diskutiert haben – das heißt, ich habe darüber geredet und mein Mann hat zugehört. Darunter hab ich manchmal gelitten und hab versucht, da etwas zu ändern. Es hat sich dann durchaus etwas geändert, als mein Mann in Belgien lebte und ich mit den Kindern hier bleiben musste, weil sie noch zur Schule gingen. Als wir uns nicht mehr so oft sahen, da gab es wieder mehr zu erzählen. Und dann war auch irgendwie einiges gereift auf beiden Seiten und etwas hat sich verändert. Man hatte das Gefühl, man war so zusammengewachsen, trotz der Schwierigkeiten, die es sicherlich in jeder Ehe gibt. Denn wenn zwei selbstbewusste Menschen, die ihre Verantwortung tragen müssen, eine Ehe führen, dann gibt es natürlich Dinge, über die man sich einigen muss. Das kann gar nicht anders sein, wenn es ein gemeinsames Unternehmen ist.

Als ich dann mit in Belgien wohnte, haben wir es, wie dort üblich, immer so gemacht, dass wir abends warm gegessen haben. Ich hatte ja viel Zeit und konnte mir was zum Kochen überlegen. Ja, da haben wir abends immer sehr lange am Tisch gesessen, oft ein Glas Wein getrunken und uns dabei ausgetauscht. Das war in der belgischen Umgebung natürlich, das gehörte dort in die Kultur – anders als in Finnland. Und das hab ich auch aus Belgien mit zurückgebracht, ich hab darauf bestanden. Auch sonntagmittags saßen wir später immer sehr lange am Tisch, zwei, zweieinhalb, manchmal drei Stunden. Dazu waren meine Schwiegereltern oft bei uns eingeladen. Einmal sagten sie: »Bei euch isst man immer so lange!« Da habe ich gesagt: »Ich finde es nur passend, dass man zumindest so lange am Tisch sitzt, wie es gedauert hat, das Essen zu machen. Wenn ich vorher zwei Stunden in der Küche stehe, dann kann man auch zwei Stunden am Tisch sitzen!« Das leuchtete ein. Wir haben wunderschöne Mahlzeiten mit vielen guten Gesprächen gehabt. Es war eine Regel in der Familie, dass man bei Tisch nichts Negatives bespricht.

Sprachlich haben mein Mann und ich es so gehalten: Wenn wirklich eine heftige Diskussion kam und es wurde ernst, dann hat jeder seine eigene Sprache benutzt, obwohl wir ja normalerweise miteinander Deutsch gesprochen haben. Und ich habe einen sehr guten Rat von meiner Schwiegermutter bekommen, das war in vieler Beziehung eine sehr kluge Frau: Man darf nie zerstritten schlafen gehen, man muss das vorher in Ordnung bringen. Sie hat von sich selbst gesagt: »Wenn wir richtig streiten und keiner mehr weiß, wie es weitergehen soll, dann guck ich mich von außen an – und das sieht so lächerlich aus, dass ich anfang zu lachen.« Und auch wir haben dann die Regel gehabt: Wenn einer anfängt zu lachen, ist es Zeit für einen Sherry. Da haben wir einen Versöhnungssherry getrunken und alles war in Ordnung.

Jetzt mit meinem zweiten Mann, Lauri, – auch er ein echter finnischer Mann, ein Kosmopolit, ein Gentleman – gibt es sehr viel Kommunikation, da würden andere neidisch werden, wie viel wir zu bereden haben! Wir haben den gleichen Sinn für Humor, doch wir streiten auch mal, aber immer auf Deutsch. Da habe ich den Heimvorteil, wenn auch nur einen kleinen, denn er beherrscht die deutsche Sprache viel zu gut! Und dann machen wir es auch so, dass wir uns von außen angucken und denken: Das ist doch eigentlich eine völlig verrückte Situation, wo zwei Erwachsene so außer sich geraten! Statt Sherry ist es bei uns jetzt Sekt, eine Piccoloflasche reicht da für zwei. Man muss halt diese kleinen Tricks haben, um aus schwierigen Situationen auch wieder heraus zu kommen, damit sich das nicht in die Länge zieht. Humor ist an und für sich das Allerwichtigste. Und die Finnen haben Humor – wenn auch vielleicht einen etwas anderen als wir. Der ist ein bisschen versteckter. Das hab ich z. B. gehört von den Kollegen meines ersten Mannes. In seiner Firma in Dänemark waren Leute aus vielen verschiedenen Ländern. Und die sagten: »Er ist ja immer so schweigsam und sagt nicht viel – aber zwischendurch sagt er etwas und das klingt humorvoll, but we don't always get it.« Das ist ein so subtiler Humor, der eben nicht zu dem Genre gehört, das in England üblich ist oder in Deutschland.

Ich will kein allzu rosiges Bild entwerfen, aber ich guck jetzt sehr oft auf mein Leben zurück und komme immer wieder zu dem Schluss: Es war nicht leicht, es war oft sogar hart, aber es hat sich gelohnt. Es war insgesamt ein glückliches Leben. Nicht jeder Moment war glücklich, aber wenn man Bilanz zieht: Es war ein Leben, das zu leben sich lohnte.

Was bleibt und was kommt

Petra: Fast zwei Jahre sind vergangen, seit Ulrike und ich beim Mittagessen beschlossen, uns auf eine Reise durch Finnland zu begeben, um mit anderen deutschen Frauen zu sprechen. Es war eine erlebnisreiche Zeit; jedes Interview brachte neue Sichtweisen und rundete das Bild weiter ab. Die Gespräche gingen oft tiefer, als wir vorher gedacht hatten.
Auch die Reise vom Gespräch zum Text war lang, viele Schritte waren zu gehen: Wir haben die Tonaufnahmen der Interviews angehört, wortwörtlich aufgeschrieben und dann in mehreren Phasen in eine direkte Ich-Erzählung umgewandelt. Diesen Text bekamen die Frauen vorgelegt. Ihre Vorschläge und Änderungswünsche dazu machten uns deutlich, welch großen persönlichen Stellenwert das Geschriebene für sie hatte. Die eigene Lebensgeschichte schwarz auf weiß – da werden auf einmal Einstellungen und Entscheidungen sichtbar, die man im Alltag oft selber nicht bewusst wahrnimmt. Für das Buch wollten einige Frauen ihren eigenen Namen behalten, andere wählten Pseudonyme. In einem Fall konnte die Interviewpartnerin den Text trotz Anonymisierung und Neutralisierung nicht für die Veröffentlichung freigeben. Die Konfrontation mit ihrer Geschichte hatte sie erschüttert.

Ulrike: Einige Sätze fielen in unseren Gesprächen immer wieder: »Ich bin in Finnland ruhiger geworden«, »Finnland hat mich stark gemacht«, »Hier hat man mich so angenommen, wie ich bin«. Diese Aussagen verbinden die doch sehr verschiedenen Frauen und verwischen die Unterschiede zwischen dem Leben in der Großstadt, auf dem Lande oder in der »Wildnis« – die Wertschätzung für Finnland ist der gemeinsame Nenner. »Deutschland ist mir mittlerweile oft zu hektisch«, »Den finnischen Pass möchte ich nur haben, wenn/weil ich den deutschen behalten kann«, »In Deutschland ist mehr Druck, aber auch mehr Verbindlichkeit in den persönlichen Beziehungen«. Das sind Aussagen, die das oft zwiespältige Verhältnis zum Heimatland beschreiben. Für die Frauen aus dem Osten Deutschlands hat sich die frühere Heimat sowieso stark verändert. Und wer im Pensionsalter auf sein Arbeitsleben in Finnland zurückblicken kann, für den ist Deutschland in erster Linie das Land der Kindheits- und Jugenderinnerungen. Sätze wie »Deutschland ist meine Heimat, Finnland mein Zuhause«, »In beide Richtungen fliege ich nach Hause« und das Wort vom »Reichtum der zwei Kulturen« drücken aber gerade den Mehrwert aus, den die deutschen Frauen in ihrem Leben hier, mit den Wurzeln dort, spüren.

Auch in unserer Sprache hier ist dieser Mehrwert deutlich sichtbar: Finnische Wörter fließen im hiesigen Alltag automatisch ins Deutsche mit ein und erweitern es. Im Gespräch unter uns »Finnlanddeutschen« ist es selbstverständlich, dass man *Kela*, *pulla* und *pikkujoulu* nicht mühsam übersetzt oder erklärt, wenn man davon ausgehen kann, dass man verstanden wird. Und selbst wenn das Finnische auch nach vielen Jahren noch nicht so vertraut ist wie die Muttersprache – man drückt seine Zugehörigkeit aus, indem man Sätze sagt wie »Ich hab auf dem *mökki* dieses Jahr wieder viele *karpalo* gepflückt«. Mit der Verwendung beider Sprachen wählt man auch beide Kulturen – eine Bereicherung, ein Mehrwert. Auch unsere Gesprächspartnerinnen benutzten finnische Wörter, die wir so in die Texte übernommen haben, um eine getreue Abbildung unserer Lebenswirklichkeit hier zu geben. Diese Begriffe sind im Glossar erläutert, und die finnische Kultur und Sprache wird den Lesern so nähergebracht.

Petra: Die Interviews waren gemacht, und der Kontakt zu den Gesprächspartnerinnen blieb. Seit unseren Treffen hat sich einiges getan: Eine der jüngeren Frauen hat sich von ihrem Mann getrennt und lebt nun in Berlin, wo sie auch schon Arbeit gefunden hat; eine andere ist mit ihrem finnischen Mann ins Ausland gezogen; eine ist nun verheiratet und trägt einen finnischen Nachnamen; eine erwartet ein Baby; eine engagiert sich verstärkt in der Lokalpolitik ... Wir sind dankbar, dass wir all diese Frauen treffen und kennenlernen durften, und unsere persönliche Finnland-Karte hat sich dadurch stark erweitert.

Ich bin inzwischen von meinem finnischen Mann geschieden. Jetzt lebe ich mit den beiden Kindern in der Nähe der Hauptstadt. Ich kannte am Anfang Finnland ja nur von den Urlauben mit der Familie und später, nach dem Umzug, hatte ich als Ehefrau eines Finnen automatisch einen festen Platz hier. Nun muss ich alle Behördengänge selbst erledigen, und ich erlebe, wie freundlich man mich unterstützt, auch auf Englisch. Die Familiensprache war und ist Deutsch, aber an den Wochenenden lerne ich jetzt intensiv Finnisch, gemeinsam mit Einwanderern aus Indien, Thailand und der Ukraine. Ich will beim Kommunizieren nicht mehr auf andere angewiesen sein. Keiner hat mir bis jetzt die Frage gestellt, warum ich nun, ohne finnischen Ehemann, immer noch im Land bleibe. Die Finnen sind hilfsbereit und offen. Auch ich bin offener geworden, unter anderem in Glaubensfragen. Ich bin katholisch, und früher war ich in meiner norddeutschen Gemeinde recht aktiv. Im Ausland aber ist der Zusammenhalt unter den Deutschen über die konfessionellen Grenzen hinweg stark. Ich als Katholikin gehöre nun hier zur deutschen evangelisch-lutherischen Gemeinde. Der Pastor hat mich sofort willkommen geheißen.

Martin Luther hätte sich so etwas vor knapp fünfhundert Jahren wahrscheinlich nicht vorstellen können, und ich mir vor fünf Jahren auch noch nicht.

Ulrike: Neulich, bei einem Besuch in London, fragte man mich, woher ich komme: »I'm from Finland, but I'm German.« Diese Antwort wurde im Einwandererland England ohne Erstaunen registriert. Nur »I'm from Finland« zu sagen, wäre für mich nicht die volle Wahrheit gewesen – die deutschen Wurzeln gehören dazu.

Genau wie menschliche Beziehungen ihre Höhen und Tiefen haben, habe ich in meiner Beziehung zu Finnland auch verschiedene Phasen erlebt. Nach dem desillusionierenden Austauschsemester gab es ein paar Jahre später mit dem Umzug nach Helsinki ein Hoch. Weil ich von Anfang an Nachbarn, Verwandte und Bekannte bat, möglichst nur Finnisch mit mir zu reden, musste ich bald immer seltener auf Schwedisch oder Englisch zurückgreifen. Über die Sprache kam ein Gefühl der Integration – und spätestens, wenn man auf Finnisch seine Kinder geboren hat, erreicht man eine natürliche Sicherheit in der Sprache.

Allmählich nähert sich der Zeitpunkt, an dem ich mehr als die Hälfte meines Lebens in Finnland verbracht habe. Das ist für mich unvorstellbar, denn Deutschland ist für mich in vielerlei Hinsicht ständig präsent, obwohl ich familiär und beruflich hier nun schon lange etabliert und zu Hause bin.

Petra: Für ein »Bei uns daheim« ist es mir noch zu früh. Aber immer öfter merke auch ich bei meinen gelegentlichen Besuchen in Deutschland, dass ich Sätze anfange mit »Bei uns in Finnland …«.

Glossar: Finnische Wörter und Kulturbegriffe erklärt

Deutsche in Finnland sind täglich umgeben von der finnischen Kultur, sie leben mit (mindestens) zwei Sprachen. Das beeinflusst natürlich, in unterschiedlichem Maße, auch die deutsche Sprache, wenn eine »Finnlanddeutsche« von ihrem Leben erzählt. Diese Färbung der Sprache ist in den Texten erhalten geblieben, damit die Leser dieses pure »Finnland-Gefühl« auch haben. Das Glossar enthält die nötigen Übersetzungen, Erklärungen und Zusatzinformationen zu den in den Texten kursiv markierten »Finnlandismen«.

Bei den Ausdrücken handelt es sich um verschiedene Phänomene: Einerseits sind es Wörter der finnischen Sprache, die mehr oder weniger übersetzbar sind, je nachdem, ob es überhaupt ein deutsches Wort dafür gibt (*karpalo* = ›Moosbeere‹) oder ob es nur umschreibbar ist (*sisu* = Stärke, Zähigkeit, Beharrlichkeit). Die Erzählerinnen in den Texten haben oft die finnischen Wörter verwendet, wenn diese im finnischen Alltag normal und häufig sind. Denn die deutschen Übersetzungen stellen oft selten gebrauchte, exotische Wörter oder nicht festgeprägte Ausdrücke bzw. Oberbegriffe dar (*pulla* = Hefegebäck/Zimtkringel/Milchbrötchen ...). Andererseits sind diese »Finnlandismen« kulturelle, historische oder politische finnlandspezifische Begriffe, die einiger Hintergrundinformation bedürfen (z. B. *Arm von Finnland; Juhannus*).

Im Glossar sind die finnischen Wörter in ihrer Grundform und nach finnischer Rechtschreibung mit kleinem Anfangsbuchstaben verzeichnet. Deutsche Bedeutungsangaben stehen in einfachen, Direktübersetzungen oder Umschreibungen in doppelten Anführungszeichen.

Das Glossar soll in erster Linie als Nachschlagewerk zum Verständnis der Texte dienen. Es hat aber auch einen Eigenwert und kann als eine Einführung in die finnische Kultur und das Leben in Finnland gelesen werden.

Abiturientenmütze Jeder finnische Abiturient bekommt am Tag seiner Abiturfeier (fi. *lakkiaiset* »Bemützung«) eine weiße Mütze mit schwarzem Schirm (*ylioppilaslakki*, auch *valkolakki*). Die trägt er dann stolz, meist bis ins hohe Alter, jedes Jahr am Maifeiertag (fi. *vappu*), der mit verschiedenen Traditionen als studentisches Fest begangen wird.

äiti fi. ›die Mutter‹, auch als Anrede ›Mutter, Mama‹

Alko Die Einzelhandelsläden der staatlichen Kette »Alko« haben seit 1932 in Finnland die Exklusivlizenz zum Verkauf von Alkohol. Nur Getränke mit weniger als 4,7 Prozent Alkohol können in normalen Lebensmittelgeschäften erworben werden.

Arm von Finnland Die geografische Gestalt Finnlands wird traditionell als *Suomen neito* (›die Jungfrau Finnlands‹), als Form einer Frau gedeutet. Der äußerste Nordwesten des Landes zwischen Schweden und Norwegen macht den Arm (fi. *käsivarsi*) dieser Gestalt aus. Den zweiten Arm stellte der nach dem Zweiten Weltkrieg an Russland abgetretene Zugang zum Eismeer bei Murmansk dar.

Eino Leino Eino Leino, eigentlich Armas Eino Leopold Lönnbohm, (1878-1926) ist neben Aleksis Kivi und J. L. Runeberg einer der Nationaldichter und wichtigsten Schriftsteller Finnlands. Sein lyrisches Werk wird noch immer viel gelesen und auch in Vertonungen rezipiert.

der finnische Löwe Ein goldener Löwe mit Krone und Schwert ist auf rotem Grund im Wappen Finnlands zu sehen. Es wurde im Jahr 1581 vom schwedischen König Johan III. verliehen. Der Löwe ist u. a. auch auf finnischen Münzen zu sehen. *Suomen leijonat* (›die finnischen Löwen‹) ist auch der Name der finnischen Eishockey-Nationalmannschaft.

Finnjet Fährschiff, das im Dienste der Reedereien Finnlines und Silja Line von 1977 bis 1997 im 48-Stunden-Takt zwischen Travemünde und Helsinki verkehrte und damals die schnellste und größte Autofähre der Welt war. Als einzige direkte Verbindung zwischen Finnland und (West-) Deutschland stellte die Finnjet eine Institution für die Verbindung der beiden Länder dar, bevor Flüge für jedermann erschwinglich wurden.

Finnländer Im Schwedischen ist *finländare* Oberbegriff für alle Personen finnischer Staatsangehörigkeit und umschließt damit Finnen, Finnlandschweden sowie alle anderen

Bevölkerungsgruppen (Samen, Roma etc.). Ins Deutsche gelegentlich mit »Finnländer« übernommen, wird der Begriff dort eher synonym mit »Finnlandschwede« verwendet und bezeichnet also einen Angehörigen der schwedischsprachigen Minderheit, die heute ca. 5,4 % der Gesamtbevölkerung Finnlands ausmacht.

Helsingin Sanomat auflagenstärkste und einflussreichste Tageszeitung Finnlands. Helsingin Sanomat (die »Helsinkier Nachrichten«) erscheinen seit 1904 und werden von gut einem Viertel aller Einwohner Finnlands gelesen.

hyvä ›gut‹

hyvää päivää ›Guten Tag‹

Hyvää Joulua ›Frohe Weihnachten‹; Weihnachtskarten mit diesem Text spielen eine wichtige Rolle in Finnland: Ca. 50 Mio. Karten werden jedes Jahr verschickt, an Verwandte, Bekannte und Geschäftspartner.

Inarisamisch eine der ostsamischen Sprachen, offizielle Minderheitensprache in der Gemeinde Inari in Nordlappland. Die Anzahl der Sprecher beträgt nur noch ca. 250 Personen und die Sprache gilt als vom Aussterben bedroht.

Juhannus St. Johannis, das finnische Mittsommerfest. Für die Finnen ist das Fest der hellsten Nacht des Jahres der wichtigste Feiertag nach Weihnachten. Meistens wird Juhannus am Samstag zwischen dem 20. und 26. Juni des Jahres gefeiert, unter anderem mit einem *juhannuskokko*, dem Johannisfeuer. Mit dem Anzünden eines Feuers z. B. am Strand sollten einst die bösen Geister ferngehalten werden. Juhannus ist auch ein beliebter Termin für Hochzeiten.

juntti v. a. von den Hauptstadtbewohnern gebrauchte spöttische oder abschätzige Bezeichnung für einfache Leute vom Lande, »Landeier«. Übertragen auch generell für Menschen, die tölpelhaft, derb und bäurisch oder auch spießig und kleinkariert auftreten.

Jyväskylä-Rallye Rallye Finnland (offiziell ‚Neste Rallye') ist eine seit den fünfziger Jahren rund um den mittelfinnischen Ort Jyväskylä stattfindende Autorallye-Großveranstaltung, die zur Qualifizierungsrunde für die Weltmeisterschaft gehört.

kaamos ›Polarnacht‹, auch ›Winterdunkelheit‹. Winterzeit, in der nördlich vom Polarkreis die Sonne gar nicht über den Horizont steigt. In Nordlappland dauert diese Zeit der ständigen Dunkelheit bzw. des Dämmerlichts gut zwei Monate. Kaamos bezeichnet aber auch in den anderen Teilen Finnlands die lichtlose, dunkle Zeit von November bis Januar.

Kalevala Das (auch: die) Kalevala ist das finnische Nationalepos. Die rund 23.000 Verse wurden mündlich überliefert und im 19. Jahrhundert von Elias Lönnrot gesammelt und bearbeitet. Die schriftliche Form der Erzählung vom Volk Kalevala und dem Volk Pohjola trug maßgeblich zur Entwicklung des finnischen Nationalbewusstseins bei und zählt zu den wichtigsten literarischen Werken finnischer Sprache.

Kappeli Das seit 1867 bestehende Café und Restaurant auf der Esplanade in Helsinki ist als Treffpunkt von Künstlern, Schriftstellern und Politikern vielfältig mit der finnischen Geschichte verknüpft.

karpalo ›Moosbeere‹ (lat. *Vaccinium oxycoccos*). In Finnland in Mooren weit verbreitete rote Beerenart. Sie ist sehr vitaminreich und wird traditionell auch als Heilpflanze verwendet.

katu ›Straße‹ (z. B. Liisankatu, Kasarmikatu)

Kela, Kela-Karte Eigentlich KELA als Abkürzung für fi. *kansaneläkelaitos* (›Volkspensionsanstalt‹), die finnische Sozialversicherungsinstitution. Die Kela-Karte dient als Nachweis über die Zugehörigkeit zum finnischen Sozialsystem und enthält die Personalnummer, die man u. a. auf Ämtern und bei Arztbesuchen angeben muss.

kelo	fi. *kelo* oder *kelohonka* bezeichnet einen meist im Stehen ausgetrockneten Fichtenstamm mit silbern verwitterter Oberfläche. Das Holz gilt als besonders wetterbeständig und ist deshalb beliebtes Baumaterial für Blockhütten.
Kiasma	Name des Museums für zeitgenössische Kunst in Helsinki. Es wurde 1998 eröffnet.
kiitos	›danke‹
Kirchenboot, (auch: **Kirchboot**)	fi. *kirkkovene*. Das Kirchboot ist ein langes hölzernes Boot mit Platz für circa 14 Ruderer und einen Steuermann. Es wurde in Finnland etwa ab der Reformationszeit dazu verwendet, die Gemeindemitglieder von den weit verstreuten Höfen auf verschiedenen Inseln abzuholen und zur Kirche zu bringen. Heute sind die Kirchboote noch zu sportlichen Zwecken im Einsatz, aber auch für Hochzeiten sehr beliebt, besonders an Juhannus. Dann wird das Juhannusbrautpaar mit dem Kirchenboot zum Strand gefahren, um das Juhannusfeuer anzuzünden.
Kloster Valamo	Kloster der finnischen orthodoxen Kirche, in der Nähe von Heinävesi in Karelien gelegen. Das »Neue Valamo« in Heinävesi trat nach 1940 die Nachfolge des auf einer Insel im Ladoga-See gelegenen historischen Klosters Valamo an, das infolge des Winterkriegs im russischen Teil Kareliens liegt.
kota	›Lappenzelt‹, ›Kote‹. Das traditionelle Heim der Samen aus Baumstämmen und Rentierfellen. Die runde, spitzdachige Kota-Form mit Feuerstelle in der Mitte wird inzwischen auch aus Holz gebaut und für verschiedene Freizeitzwecke verwendet.
laavu	›Schutzdach, Unterstand‹. Dient im Wald als offene Übernachtungsmöglichkeit mit Feuerstelle.
Lemmenjoki	ein 67 Kilometer langer Fluss im Norden Finnisch-Lapplands, der durch Goldgräbergebiet und den Lemmenjoki-Nationalpark fließt

Mannerheimintie — Die bekannte 5,5 Kilometer lange Hauptstraße mitten in Helsinki, die nach Marschall Mannerheim benannt wurde. An der Mannerheimintie liegen viele wichtige Gebäude, u. a. das Olympiastadion, das finnische Parlament, das Nationalmuseum, die Nationaloper, die Finlandia-Halle, das Musiikkitalo (Haus der Musik), das Kunstmuseum Kiasma, das Schwedische Theater, die Hauptpost und das Warenhaus Stockmann.

markka — Die finnische Mark (Abkürzung FIM), auch »Finnmark« genannt, war die finnische Währung bis zur Einführung des Euro 2002.

Multebeere (auch: **Moltebeere**) — fi. *lakka* oder *hilla*, botanischer Name *suomuurain* (lat. *Rubus chamaemorus*). Eine orangefarbene »Bodenbrombeere«, die vor allen Dingen im Norden Europas vorkommt. Sie wächst auf Torf- und Moorböden und überlebt Temperaturen bis zu -38 Grad. Sie ist sehr vitaminreich und wird u. a. zu Likör und Konfitüre verarbeitet.

mökki — ›Häuschen‹, ›Sommerhaus‹, ›Hütte‹. Die Finnen fahren am liebsten im Sommer aufs Mökki. Dort genießen sie mit genügend Abstand zum nächsten Nachbarn die Ruhe, das Baden im nahegelegenen Meer oder im See. Man erholt sich hier am besten beim Gang in die Sauna, beim Würstchengrillen, Beerenpflücken oder Dasein in der Natur. Für eine halbe Million der Finnen hatte sich laut einer Statistik aus dem Jahr 2006 der Traum vom eigenen Mökki bereits erfüllt.

Nuuksio — Nuuksio ist einer von 35 Nationalparks in Finnland und liegt nur 30 Kilometer von Helsinki entfernt. Der Park mit seinen Wäldern, Seen und Felsen ist 45 Quadratkilometer groß und ist beliebtes Ausflugsziel, wenn es die Menschen von Helsinki am Wochenende in den Wald zieht.

ope — Kurzform für fi. *opettaja* (›Lehrer/in‹); auch als Anrede verwendet. Finnische Schüler nennen ihre Lehrer ansonsten beim Vornamen.

Palsa-Moor Das fi. Wort *palsa* bezeichnet eine niedrige ovale Bodenerhebung, die in Mooren in Gebieten mit Permafrost durch gefrorenen Torf entsteht. Die durch diese Erscheinung gekennzeichneten Moore in u. a. Nordskandinavien, Island und Grönland werden auch auf Deutsch Palsa-Moore genannt.

pelimanni ›Spielmann‹, ›Musikant‹. Die finnischen Spielmänner spielten traditionell bei Festen und kirchlichen Feiern Volksmusik. Häufig waren das Musiker, die sich die Melodien (Tänze wie Polska, *jenkka*, Walzer etc.) ohne Noten, nur nach Gehör eingeprägt hatten. Hauptinstrumente der finnischen *pelimannit*, die auch heute noch eine gut gepflegte Tradition in Finnland darstellen und auf verschiedenen Folk-Festen zusammenkommen, sind die Geige, das Akkordeon, die Mandoline und das Harmonium. Zu den älteren Schichten der Volksmusik gehören auch die Kantele und verschiedene Flöten und Pfeifen.

perussuomalaiset ›die Wahren Finnen‹ oder ›Basisfinnen‹. Dabei handelt es sich um eine Partei der finnischen Nationalisten, die es seit 1995 gibt und die mittlerweile die drittgrößte Partei im finnischen Parlament ist. Die Partei machte sich durch ihre ablehnende Haltung gegenüber Einwanderern und EU-kritische Töne einen Namen.

pikkujoulu(t) wörtl. »Kleinweihnacht«. Bei den Finnen ist diese adventliche Feier in Betrieben, Firmen, Vereinen und Gemeinschaften aller Art außerordentlich beliebt. Man trinkt ein wenig *glögi* (Glühwein), oft auch ein wenig mehr, und man isst *riisipuuro* (Reisbrei), *piparkakkuja* (Pfefferkuchen) und andere weihnachtliche Gerichte. In den Schaufenstern sind schon Wochen vorher festliche Kleider ausgestellt, denn zu den kleinen Weihnachtsfeiern putzen sich die finnischen Damen gern heraus. Die Tradition des *pikkujoulu* begann in den 1930er Jahren und wird bis heute gelebt und gepflegt.

Pirogge fi. *piirakka*, vor allem *karjalanpiirakka* (Karelische Pirogge). Teigtasche aus Roggenmehl und Wasser, die mit Milchreis, Kartoffelbrei oder Möhrenbrei gefüllt ist. Traditionell wird dazu eine Mischung aus Butter und Eierstücken, *munavoi* (»Eierbutter«), serviert.

poroerotus ›Rentierscheidung‹. In Lappland werden im Frühling und im späten Herbst die Rentiere, die das ganze Jahr frei leben, vom Fjäll in die Täler in kreisförmige Gatter getrieben. Dort suchen die Besitzer ihre eigenen Tiere heraus, kennzeichnen die neuen Renkälber mit ihrer Ohrmarke und entscheiden auch, welche Tiere geschlachtet werden.

puliukko ›Penner‹, ›Stadtstreicher‹

pulla Finnisches Hefegebäck, das mit Weizenmehl, Zucker, Eiern, Milch oder Wasser gebacken und meist mit Kardamom und Zimt versehen wird. Der Teig kann in Form von kleinen Brötchen (*pikkupulla*), als Zopf (*pitko*) oder in verschiedenen anderen Formen z.B. als Schnecke (*korvapuusti*) oder mit Butterauge (*voisilmäpulla*) verwendet werden. Weil man sich früher nur selten süßes Gebäck leisten konnte, gab es *pulla* lediglich zu feierlichen Anlässen.

puukko ›Finnendolch‹, (›Messer‹). Der/das Puukko ist traditionell ein Muss für jeden richtigen finnischen Mann. Es wird bei allen handwerklichen Arbeiten und besonders zum Schnitzen, aber ebenso als Tranchiermesser bei der Jagd und beim Fischen sowie traditionell auch als Waffe benutzt. Finnische Väter schenken bzw. vererben ihren Söhnen gern so ein Messer, und zur Jahrtausendwende gab es in Finnland sogar die Spezialanfertigung eines »Millenniumpuukko«.

puuro ›Brei‹ aus Hafer oder anderem Getreide und Milch bzw. Wasser. Wird mit »Butterauge« (*voisilmä*), Zimtzucker, Beeren oder Honig traditionell zum Frühstück gegessen. Die Finnen schwören auf die positive Wirkung des Breis auf die Gesundheit.

Rauchsauna fi. *savusauna.* Eine traditionelle Art von Sauna, bei der der Ofen keinen Schornstein hat, so dass der Saunaraum beim Anheizen mit Rauch gefüllt ist. Wenn die Sauna heiß genug ist und sich der Rauch verzogen hat, kann man hineingehen. Die Rauchsauna wird für ihren besonders weichen *löyly* (Aufgussdampf) und ihre antiseptische Wirkung geschätzt – allerdings riecht man hinterher leicht geräuchert, und wenn man nicht rußig werden möchte, sollte man sich auch nicht an die Wände lehnen.

rieska ›Fladenbrot‹. Es kommt als u. a. *ohrarieska* (Gerstenfladen) oder *perunarieska* (Kartoffelfladen) in vielen Teilen Finnlands vor.

sakemanni früher umgangssprachlich, z. T. abfällig: ›Deutscher‹. Heute wird *sakemanni* u. a. auch als Synonym für *saksanpaimenkoira* (Deutscher Schäferhund) verwendet.

Schulsystem Das finnische Schulsystem gilt seit den PISA-Studien im Jahr 2000 europaweit als vorbildlich. Die finnischen Schüler schnitten damals überdurchschnittlich ab, und seitdem schaut der Rest von Europa auf Finnland und seine Bildungspolitik. Seit 1972 gibt es in Finnland die Einheitsschule mit den Klassen 1-9. Danach gibt es die Möglichkeit aufs Gymnasium (Klassen 10-12) bzw. auf die Berufsfachschule zu wechseln. Zentrales Ziel ist es, Bildung für alle zu gewährleisten, und so gibt es in den Schulen nicht nur Lernmittelfreiheit, sondern auch kostenloses Mittagessen.

sisu »Kraft/Ausdauer/Durchhaltevermögen«. Der Ausdruck bezieht sich auf die Willenskraft und Beharrlichkeit der Finnen und ist ein Konzept der nationalen Identität. Zugrunde liegt das Bild vom zähen Finnen, der mit den harten Naturbedingungen im Norden zurechtkommt, aber auch die finnische Geschichte spielt eine Rolle; so bewiesen die finnischen Soldaten im Winterkrieg (1939-40) ihr *sisu*, ihren Kampfgeist in einer nahezu aussichtslosen Situation. Der Begriff wird auch im Sport viel heraufbeschworen und besonders auf den Nationalsport Eishockey, aber auch z. B. auf das Langstreckenlaufen bezogen.

Steckrübenauflauf fi. *lanttulaatikko*. An Weihnachten gehören die Aufläufe, u. a. auch *perunalaatikko* (Kartoffelbreiauflauf) und *porkkanalaatikko* (Möhrenauflauf) neben dem *joulukinkku* (Weihnachtsschinken) und verschiedenen Fischsorten zum traditionellen Festessen, das meist von Heiligabend bis zum zweiten Feiertag gegessen wird.

Suomenlinna Die Seefestungsanlage »Suomenlinna«, 1748 von den Schweden als »Sveaborg« erbaut, liegt auf einer Insel vor Helsinki. Sie steht auf der Unesco-Liste des Weltkulturerbes und zählt mit rund 700.000 Gästen jedes Jahr zu den beliebtesten Sehenswürdigkeiten Finnlands. Seit dem Ende der militärischen Nutzung werden auf Suomenlinna Konzerte und Theateraufführungen veranstaltet, es gibt Museen und Kunsthandwerkswerkstätten, und die Inseln sind auch bei den Einwohnern der Hauptstadt ein beliebtes sommerliches Ausflugsziel zum Kaffeetrinken, Picknicken oder Baden.

Tankavaara Dieses Goldgräberdorf in der Nähe von Sodankylä ist eines der beliebtesten Ausflugsziele in Lappland. Hier kann man sich über die Geschichte des Goldbergbaus informieren und auch selbst Gold waschen.

tanssilava ›Tanzboden‹. Im Sommer nutzen die Finnen besonders gern auf dem Lande diese traditionellen Tanzböden aus Holz, die einer offenen Scheune ähneln oder einfach nur Holzdielen mit einem Dach darüber sein können. Dort tanzt man zu Livemusik dann *humppa*, *jenkka*, Walzer und andere Klassiker – und natürlich auch den finnischen Tango.

terveyskeskus Das ›Gesundheitszentrum‹ ist Anlaufstation für die kostenlose gesundheitliche Erstversorgung der Bürger. Jeder Stadtteil bzw. jede Gemeinde hat ein eigenes Zentrum, jeder Patient dort seinen Arzt. In den Gesundheitszentren haben Mütter ihre Vorsorgeuntersuchungen, dort werden die Kinder regelmäßig untersucht und die praktischen Ärzte sorgen für die Überweisung an die Spezialisten, falls das notwendig ist.

Ukonsaari ›Insel des Gottes Ukko‹. Die unbewohnte Insel liegt in Lappland im Inari-See und war früher für die Samen ein heiliger Ort. Sie ist im Sommer ein beliebtes Ausflugsziel für Touristen.

Utsjoki nördlichste Gemeinde Finnlands, in Lappland an der Grenze zu Norwegen gelegen. Dort leben etwa 1.300 Menschen; die Mehrheit von ihnen gehört zum Volk der Samen.

YKI-Test fi. *Yleinen kielitutkinto* ›allgemeine Sprachprüfung‹. Offizieller Finnisch-Sprachtest, der die Fähigkeiten im Schreiben, Sprechen, Text- und Hörverstehen prüft. Er ist vom finnischen Unterrichtsministerium anerkannt, und das Bestehen auf mindestens Stufe 3 (entspricht Niveau B1 des Europäischen Referenzrahmens für Sprachen) ist Voraussetzung für den Antrag auf die finnische Staatsbürgerschaft.

Dank

Dieses Buch konnte nur entstehen, weil viele Menschen daran geglaubt und mitgewirkt haben. Unser erster und allerherzlichster Dank gilt den Frauen, die von ihrem Leben so offen erzählt und uns ihre Geschichte anvertraut haben, sowie ihren finnisch-deutschen Familien – kiitoksia!

Auch unseren eigenen Familien danken wir für ihre Unterstützung und ihre Geduld mit uns beim Entstehungsprozess dieses Buches.

In dieser Reihenfolge, vom Anfang der Interviews bis zur Fertigstellung des Buches, haben uns viele Menschen persönlich und als Vertreter wichtiger Institutionen mit Rat und Tat geholfen:

Den Mitarbeiterinnen des Sprachenzentrums der Universität Helsinki sind wir für die unkomplizierte Bereitstellung der Aufnahmegeräte für die Interviews zu großem Dank verpflichtet. Die KollegInnen am Fachbereich Germanistik des Instituts für moderne Sprachen, namentlich Prof. Irma Hyvärinen und unsere geduldigen ArbeitszimmerkollegInnen, haben unsere Arbeit mit Interesse und Verständnis verfolgt. Pastor Hans-Martin Röker hat uns sehr geholfen bei der Kontaktaufnahme mit deutschen Frauen in ganz Finnland.

Sehr herzlich danken wir auch den folgenden Institutionen und ihren Vertreterinnen, die an unser Vorhaben geglaubt und uns mit Stipendien für die Interviewreisen und den Schreibprozess unterstützt haben: Dr. Uta Liertz von der Aue-Stiftung, Legationsrätin Mareike Geipel vom Kulturreferat der Deutschen Botschaft Helsinki und die Emil-Öhmann-Stiftung der Finnischen Akademie der Wissenschaften. Dem Goethe-Institut Finnland, namentlich Institutsleiter Mikko Fritze, danken wir für die gute Zusammenarbeit auf der Buchmesse Helsinki 2013.

An der Entstehung der Texte waren Doris Obermaier und Andrea Timcke mit einigen Transkriptionen und viele weitere FreundInnen und Bekannte als »Probeleser« beteiligt; wir danken Michael Prinz, Wiebke Richter, Dorothea Gesing, Christoph Schirrmann, Saskia von Sanden, Patrick Neumann, Hermann Schleihauf, Ulrike Meyer-Reiners, Bettina Martus, Saskia Drude-Koeth und Sandra Reimann. Ein besonderer Dank geht an Kirsten Sainio für ihre Anmerkungen zum Manuskript in der Abschlussphase.

In der Phase der Veröffentlichung haben uns u. a. Gabriele Schrey-Vasara, Arja Rinnekangas, Tuomas Tikkanen, Sophia Hungerhoff und Martin Schönemann sehr geholfen, kiitos!

Merja Sainio war uns in vielerlei Hinsicht eine kreative und immer positive Unterstützung – herzlichen Dank für Textfeedback, Finnischkorrekturen, Design-Ideen und für die Moderation auf der Buchmesse.

Für sein Interesse an unserem Projekt, seine Ideen und die konstruktive Kritik danken wir Juha Itkonen sehr herzlich!

An unseren Verleger Heiner Labonde geht ein großer Dank für seine Begeisterung und seine Flexibilität, unser Buch in dieser Form zu verwirklichen.

Helsinki, im Februar 2014 *Petra Schirrmann und Ulrike Richter-Vapaatalo*